ミネルヴァ日本評伝選

行基

文殊師利菩薩の反化なり

吉田靖雄著

ミネルヴァ書房

刊行の趣意

「学問は歴史に極まり候ことに候」とは、先哲荻生徂徠のことばである。

歴史のなかにこそ人間の智恵は宿されている。人間の愚かさもそこにはあらわだ。この歴史を探り、歴史に学んでこそ、人間はようやくみずからの正体を知り、いくらかは賢くなることができる。新しい勇気を得て未来に向かうことができる。徂徠はそう言いたかったのだろう。

「ミネルヴァ日本評伝選」は、私たちの直接の先人について、この人間知を学びなおそうという試みである。日本列島の過去に生きた人々の言行を、深く、くわしく探って、そこに現代への批判を聴きとろうとする試みである。日本人ばかりではない。列島の歴史にかかわった多くの異国の人々の声にも耳を傾けよう。

先人たちの書き残した文章をそのひだにまで立ち入って読み、彼らの旅した跡をたどりなおし、彼らのなしとげた事業を広い文脈のなかで注意深く観察しなおす——そのとき、はじめて先人たちはいまの私たちのかたわらによみがえってくる。彼らのなまの声で歴史の智恵を、また人間であることのよろこびと苦しみを、私たちに伝えてくれもするだろう。

この「評伝選」のつらなりのなかから、列島の歴史はおのずからその複雑さと奥ゆきの深さをもって浮かび上がってくるはずだ。これを読むとき、私たちのなかに新たな自信と勇気が湧いてきて、その矜持と勇気をもって「グローバリゼーション」の世紀に立ち向かってゆくことができる——そのような「ミネルヴァ日本評伝選」にしたいと、私たちは願っている。

平成十五年（二〇〇三）九月

上横手雅敬
芳賀　徹

行基菩薩坐像（唐招提寺蔵）

木像，彩色，鎌倉時代の作，像高83.3センチ，重要文化財。もと竹林寺（生駒市有里町）の所蔵で，同寺が明治の廃仏の際に廃寺になり，本寺唐招提寺に移された。

行基墓誌銅板（奈良国立博物館蔵）
文暦２年（1235）の発掘により発見。

行基の墓（奈良県生駒市有里町竹林寺）
大正10年（1921）の内務省の史跡指定。

行基——文殊師利菩薩の反化なり

目次

第三章　活動の活発化と国家の弾圧……45

図版写真一覧

第一章　若き日の修行と修学

1　行基の出自

父母の名

行基の弟子真成は天平二十一年（七四九）三月、師の中陰直後に師の伝記を作成し銅製墓誌板に刻んだ。その『大僧正《だいそうじょう》舎利《しゃり》瓶《びん》記《き》』（『行基墓誌』）に、「俗姓は高志《こし》氏にして、その考《ちち》の諱《いみな》は才智、字は智法君の長子なり。もと百済国の王子王爾《わに》のすえなり。その妣《はは》は蜂田氏にして、諱は古爾比売《こじひめ》、河内国大鳥郡の蜂田首《おびと》虎身の長女なり」とあり、行基の出自が明らかにされている。和泉《いずみ》地域は霊亀二年（七一六）に河内《かわち》国から分離し和泉監が成立したから、行基出生時に大鳥郡は河内国であった。

父方高志氏

父方のウジナについて、『続日本紀』の行基没時の伝記は「俗姓は高志氏、和泉の国の人なり」というから高志《こし》氏であったことはたしかである。

高志氏のカバネについては、神亀四年（七二七）起工の行基四十九院のひとつ、和泉国大鳥郡大野寺――行基の生家家原《えばら》寺の東方三・六キロ――の大野寺土塔（堺市中区土塔町）出土の瓦銘に「高志《こしの》史《ふひと》」があるので明瞭である。また天平十一年（七三九）八月の正倉院文書に、「亡者の為」に施薬院から銭を借用した高志史広道がみえる。同人は施薬院の下級官人であり医薬の知識技能の保持者であったと考えられ、高志史は医薬に関する知識技能を有した氏であった可能性がある。

天平神護二年（七六六）十二月に「和泉国人外《げ》従五位下高志毗登《ひと》若子麻呂ら五十三人、姓を高志連《むらじ》と賜う」ことがあった。毗登なる姓は天平勝宝元年（七四九）に首《おびと》と史《ふひと》の姓を改めたもので、宝亀元年（七七〇）九月には元に戻された。したがって高志氏の天平勝宝元年以前の姓は首か史であったが、上記の史料から史であったことは明らかである。下って九世紀初めの『新撰姓氏録』和泉国諸蕃に古志《こし》連があり、「文宿祢《ふみすくね》と同祖、王仁の後なり」という。したがって行基の時代に、高志（古志）史→高志毗登→高志連の変遷があったことになる。

王仁の子孫は『新撰姓氏録』によると、①文宿祢、②文忌寸《いみき》、③武生宿祢、④桜野首、⑤栗栖首、⑥古志連（河内）、⑦古志連（和泉）の七氏があり、繁栄した氏族であった。このうち本宗家にあたる①文宿祢は、河内国古市郡に西琳寺を建立し、同郡古市郷（大阪府羽曳野市古市辺）を本拠とする氏族であった。③武生宿祢も古市郡を本拠とし西琳寺の檀越であった。ほかに檀越として浄野・板茂《いたもち》・蔵の諸氏があり、これらも文氏の同族であったらしい。③武生宿祢の前姓は馬史であり、古志史は六百年代初めに古市郡の馬史から分裂して、和泉地域に定着するようになったものと考えられる。

なお西琳寺には宝元五年（六五九）銘の阿弥陀仏像があり、これは唐初期の阿弥陀信仰のいち早い採用を示している。王仁後裔氏族の仏教の特色として「先進仏教界の思想的変化に対する早い知的な反応」（井上光貞「王仁の後裔氏族と其の仏教」『日本古代思想史の研究』岩波書店、一九八二年）を挙げる説があるが、行基もそうした傾向を保持していたのであり、隋末唐初に隆盛をきわめた三階宗の影響を行基が受けたのはそうした「早い知的な反応」であった。

行基生家家原寺
（堺市西区家原寺町）

高志連氏の本拠地はどこであろうか。行基の生家は大鳥郡蜂田郷の家原寺《えばらじ》（堺市中区家原寺町）というから（『行基年譜』慶雲元年条）、家原寺は母方の屋敷であり、父はそこから遠くない所から妻問婚をしていたのである。高石神社（大阪府高石市高師浜四丁目）辺はまさしくそうした場所であり、家原寺から直線距離で四キロ弱にすぎない。ここは大鳥郡日下部郷に属していた。寛政七年（一七九五）成立の『和泉国名所図会』は、高石神社について「高志の祖、王仁を祭る」としている。高志連氏の本拠地はこの神社辺であった。

高志氏に属する人々の名は古代中世の和泉地域の史料に頻繁に現われ、この一族が繁栄したことを示している

高石神社
（高石市高師浜４丁目）

（『高石市史　第二巻』一九八六年）。なかでも鎌倉末の高野山金剛峯寺で学頭を勤めた玄海（一二六七～一三四七年）は、「俗姓高志氏、王仁公の末胤にして行基菩薩の遠甥なり。和泉国大鳥郡に弘法大師来臨の砌、行基菩薩遺訓の里に誕生す」とあり、興味深い。弘法大師が大鳥郡に来たことは確認できないが「行基菩薩遺訓の里」が大鳥郡内の里を示すことは認められよう。近世に『全堺詳志』を著した高志《たかし》芝巌、宝暦七年（一七五七）に『全堺詳志補』を著した高志泉溟らは和泉国人であったろう。延享三年（一七四八）に『骨継療治重宝記』を著した高志鳳翼、同四年に『医学童子問』を著した高志玄登は明らかに医学者であり、天平年間の高志史広道の医薬の技能を継承した子孫であったと見られるのではないか。幕末に家原寺住職であった高志《たかし》氏は、明治の廃仏毀釈時に寺を出て南河内の弘川寺（大阪府南河内郡河南町弘川）に移り、現在もその子孫が住持されている。

母方蜂田首・蜂田連

次に『舎利瓶記』に行基の母方は蜂田首《はちだのおびと》という氏族であったことが明記されているが、この氏族は古代の他の史料に全く見えないので、疑問を呈する向きがある。『日本霊異記』は「俗姓は越史《こしのふひと》、越後国頸城郡の人なり。母は和泉国大鳥郡の人、蜂田薬師《はちだのくすし》なり」（中巻七）とする。『日本霊異記』の成立は弘仁十三年（八二二）頃とみられるから、行基没後七十余年後の記録である。『大僧正舎利瓶記』が一等史料とすると『日本霊異記』の記述はそれより下る史料といわざるをえない。佐伯有清氏は『大僧正舎利瓶記』と『日本霊異記』を比較して、「墓誌の記載の方が古いから、行基の母は蜂田薬師の一族でなく、後に連姓となったと考えられる蜂田首氏の一族であったみなした方がよい」という（『新撰姓氏録の研究』第六、一九八三年）。

私の前著（『行基と律令国家』吉川弘文館、一九八七年）では、和泉国大鳥郡蜂田郷（堺市中区家原寺町・毛穴町・堀上町・八田寺町・八田北町・同南町など）を本拠とする氏族に蜂田薬師（和泉国諸蕃）と蜂田連（和泉国神別）があり、『日本霊異記』の蜂田薬師説は史料価値が低く信頼性に欠けるので、蜂田首が行基没後に連姓を賜ったものと考えた。蜂田連の例は少なく、貞観六年（八六四）九月、「大鳥郡人民部少録正七位下蜂田連滝雄」の本籍が大鳥郡から平安左京に編成替えになった例がある。カバネ不詳の蜂田は七〜十一世紀に数人見えるが、連姓者は滝雄ひとりしか確認できない。

蜂田連説に対し、蜂田薬師とする説がある。蜂田薬師は「呉主の孫権王」の子孫と「呉国の人、都久爾理久爾」の子孫との二系統があるがともに百済系であった。

蜂田首は①「カバネが首であることから、もともと西漢氏の一族だった」、②「もと蜂田首であったのが、薬部《くすりべ》として奉仕したので、薬師のカバネを与えられたもの」と考えるむきもある（和田萃「蜂と古代史」『高岡市万葉歴史館紀要』九号、一九九九年）。また蜂田首の実態が不明であり、③「一等史料とされる舎利瓶記の記述も、いま一度疑ってかかる必要がある」（加藤謙吉「古志史とコシ国」『日本

蜂田神社
（堺市中区八田寺町）

古代史研究と史料』青史出版、二〇〇五年）とし、『霊異記』以外にも母の諱を「蜂田薬師古」（行基菩薩伝）とする史料があるので、④「蜂田薬師の表記の方を妥当とすべき」という。

①について、和泉国には首のカバネを称する氏族が多く、『新撰姓氏録』に皇別氏族として掃守田《かにもりた》首・丈部《はせつかべ》首・日下部首・登美首・池田首の五氏があり、神別として高岳首・安幕《あまか》首・掃守首・和山守《にきのやまもり》首・和田《にきた》首・高家首・川枯首の七氏があるのにたいして、諸蕃としては信太《しのだ》首があるのみである。したがってカバネが首だから蜂田首が諸蕃であるという論理は成立せず、むしろ実態の示す状況からいえば神別と皇別であった可能性が高いということになる。

②について、宮内省の被官に典薬寮があり、所属する医生（医学生）・按摩生・呪禁《じゅごん》生・薬園生らは薬部《くすりべ》、つまり律令制以前から医術界に従事した家柄である薬師《くすし》のカバネをもつ子弟と、三代以上にわたり医業に従事した氏族の子弟をまず採用し、ついで庶人の十三～十六歳のものを採用するきまりであった。庶人とは八位以上の者の子弟で希望するものを意味していた（『令義解』医疾令、『令集解』職員令典薬寮条医疾令）。薬師の姓を持つ氏族として蜂田薬師・奈良薬師・難波薬師があり、和薬《やまとのくすりの》

使主《おみ》・後部《こうほう》 薬《くすりの》使主《おみ》もこれに準じたらしい。薬部は世襲職であり、そこから立身して位階を帯びる技術官僚になる有利な特権的立場にあった。仁和元（八八五）年八月、典薬寮中で頓死した「大属《さかん》蜂田岑範」は薬師姓であったに違いない。蜂田薬師船人は保元元年（一一五六）以前に医学書「黄帝内経太素　巻十七」を所持した人であり、典薬寮官人であったと考えられる。蜂田薬師文主と同安遊は承和元年（八三四）六月に深根宿祢を賜り、以後深根宿祢は、医博士深根宿祢宗継・権医博士深根宿祢輔仁など典薬寮の官人を輩出した著名な技術系官人の家柄であった。

蜂田首が薬師や薬使主を名乗る氏族と競争して薬部の地位を獲得したとの形跡はない。

③について、『舎利瓶記』を疑うということは原文に「蜂田薬師」とあったのを「蜂田首」に改変したということであろうか。この場合墓誌板の字配りは一行二十字詰めであるから、現存舎利瓶片に残る字と食い違ってしまうという無理が生じる。④について、『日本霊異記』や『行基菩薩伝』の史料価値を『舎利瓶記』の上に置くことになり、無理があるのではないか。

蜂田連とする例がひとつある。興福寺本『僧綱補任』の天平十七年条に「大僧正行基〈正月廿一日己卯任、法相宗、薬師寺、和泉国大鳥郡人、高志氏、蜂田連〉」とある。興福寺本『僧綱補任』は永治二年（一一四二）までの僧綱に任じた僧侶の記録で、現行本は平安末期の写本という。蜂田首が行基没後に蜂田薬師に改姓したのなら、世に著名な医療系官人の家柄である蜂田薬師と記すはずである。母方を「蜂田連」と記すのはこれが事実であったからである。

筆者は、行基母方が蜂田首なのか蜂田薬師なのか、家原寺の東方三・六キロの大野寺土塔の発掘調査により明らかになると考えていた。すでに父方「高志史」銘の瓦片が出土しているので、母方の氏族名を記す瓦片も発見されるであろうと考えたからである。しかし文字を刻した瓦片は千二百点余出土したが、蜂田の蜂の字も見ることができなかったのは意外であった。もっとも昭和二十七年（一九五二）までになされた土塔の土取り工事では、東北部が基底部から頂上まで削られ、全体積の約四分の一が削除されたから（『国史跡　土塔』堺市教育委員会、二〇〇九年）、このとき多数の瓦片が土砂と共に取られたはずである。「蜂田」銘の瓦が見当たらないのはこの工事のためなのかもしれない。

2　得度と受戒（十五歳〜二十四歳）

六八二年の得度

行基が出家したのは十五歳のときであった。『舎利瓶記』に「飛鳥の朝《みかど》壬午の歳に至り、出家し道に帰す」とあり、天武天皇十一年（六八二）のことであった。出家（得度）とは在家のものが剃髪染衣して仏門にはいることで、十二歳以上のものに限られた。得度の儀式では、戒師のまえに仏・法・僧の三宝に帰依することを誓いついで戒師が授ける十戒をよく守ることを誓い、法名を受けて沙弥（小僧）になる。沙弥は数年のあいだ師主僧の指導を受けて修行修学をかさね、二十歳以上になって二百五十戒からなる具足戒をうけ、比丘（大僧）として教団の正規の一員になった。この得度の際に行基の戒師になった師の名と場所は記録されていない。行基はべつに法行の名を持ったが、この法行は得度の際に受けた沙弥名であったろうか。

大宝律令が成立した七〇一年以降、課役免除を受ける僧尼の名は六年ごと作成の僧尼名籍と毎年作成の僧名帳に記され、寺ごとに作成報告されて国司や京職が集計報告し、当該国・中務省・治部省などが保管した。七世紀における僧尼名の把握はどのようであった明確でないが、庚午年籍《こうごねんじゃく》（六七〇）で僧尼名の国家による把握が成立したのであろう。

『日本書紀』において七世紀の得度記事を見ると、宮中や大寺において百人単位の臨時得度が行われている。持統天皇の十年（六九六）、毎年正月の宮中の御齋会《みさいえ》（国家安泰・五穀成就を祈る法会）に十人の得度者を創出する例得度（年分度）制が成立し、奈良時代に引き継がれた。例得度の試験はかなりむずかしく得度者の数も少なかったから、得度を望む者は、宮中や大寺における臨時得度の機会を待ち望んだ。行基の得度もそうした臨時得度の機会をつかむことにより得られたのではなかろうか。天武天皇の十一年（六八二）八月、日高（氷高）内親王の病気平癒の祈願のため、大官大寺（後の大安寺）で百四十余人の得度が行われた。この百四十余人の得度者の中に行基の姿を見出すことは可能であろう。

六九一年の受戒

行基は沙弥行を修めながら比丘戒を授かる機会を待ったが、『行基菩薩伝』によると、持統天皇の五年（六九一）、二十四歳で受戒した。戒師は高宮寺の徳光禅師であったという。

仏典は、比丘戒受戒の環境は戒師・羯磨《こんま》師・教授師の三師と七人の学証師からなる十師が必要といい（『四分律』三十）、仏教流布の遅れた辺境地でも三師二証の五師が必要という。奈良時代には三師七証による授戒儀式は存在せず、戒律師たる鑑真とその弟子二十四人が天平勝宝六年（七五四）来日して初めて可能になった。鑑真来日以前に、三師二証の五師による授戒が行われていた形跡はないので、行基の場合恐らくただ戒師と一、二の証師のみで授戒が行われたのであろう。

十五歳から二十四歳まで十年間を、比丘になるための戒律・仏典の学習に捧げたのである。奈良時代の例をあげると、近江国分寺々主に任じた行表（七二四～七九七）は、十八歳で得度し二十歳で受戒した。行表の弟子になった最澄（七六六～八二二）は、十五歳で得度し二十歳で受戒したから、行基の沙弥期間はやや長いものの異例ではない。

戒師となったのは高宮寺の徳光禅師であったという。彼については他に所伝がないが、以下に示すように高宮寺は山寺であり、そこは異能を獲得するための修行の根拠地であったから、徳光は山林の修行者であったと見られる。

高宮山寺と山林修行

高宮寺とは『日本霊異記』上巻第四にみえる「大倭国 葛上《かつらぎのかみ》高宮寺」のことであろう。高宮が地名とすると河内国讃良《さらら》郡と大和国葛上郡に高宮郷があるが、『日本書紀』に見えるタカミヤはすべて葛上郡を示している。奈良県御所市大字鴨神に小字高宮段があり、往時の高宮郷の名を残している。そこは標高一一二五メートルの金剛山（旧名は葛城山）の中腹、標高約五四〇メートルの地であり、奈良時代の礎石群が残り、旧内務省の「史跡高宮廃寺跡」の碑石が立っている。高宮寺は山寺であった。

『霊異記』はもと「百済国の師」であった圓勢が高宮寺に住み着いたことを記している。葛上郡の

高宮廃寺跡
（奈良県御所市鴨神）

高宮郷は朝鮮半島からの渡来人が多く住み開発された土地であり、高宮村主《すぐり》や同族の檜前調臣《ひのくまのつきのおみ》らが本拠としていた。高宮寺はかれら渡来人によって建立された寺院であり、百済滅亡（六六〇年）後に移住してきた圓勢にとって住み心地の良い場所であった。行基の受戒年次と圓勢の居住年次は接近しているから、両高宮寺は同一の寺と見られる。

『霊異記』の話は、高宮寺の北房に住み托鉢行に従う願覚は「聖の反化」であり、これを洞察した圓勢の偉をたたえるものであった。著者景戒には、圓勢は天眼通の能力をもつ聖人と感じられた。天眼通のような神通力は、山林における禅定波羅蜜の修行により獲得される（『大智度論』十七）のであって、高宮寺という山寺はそうした能力を獲得するための修行の根拠地であった。

また托鉢行に従う願覚――実は聖人の変化――は「凡夫の肉眼には賤しき人と見」える修行者であった。徳光は高宮寺に住したからこうした異能の修行者の行動を知り、弟子の行基に話したであろう。徳光は山林における修行を重んじ実行した人であった人と見られ、行基は沙弥戒受戒後の数年間戒師に従い比丘戒とその三千威儀の習得に励んだから、おのずから自身も山林修行に励むことになった。

高宮廃寺の現在

筆者は二〇一二年一月に高宮廃寺跡を探訪した。前もって御所市教育委員会に道順の教示をお願いしたところ、地図とともに「遺跡に至る道路は細く標識もない」と示されたので、以前に遺跡地を訪れた経験のある堺行基の会々員数人に同行をお願いした。堺市から高速南阪奈道路に入り葛城インターチェンジで降り、すぐ県道三十号線御所香芝線に入り南下、鴨神・大西橋西詰を経て「大川杉」の標識を右折、急こう配を十五分ほど登り、大弁天社前に駐車した。そこから徒歩四十分ほどで高宮廃寺跡に到着した。林道は幅二・五メートルほどあり、両側は杉木立が続き、登り道の右側に廃寺跡がある。遺跡のある道路の左右は平坦地で一帯に近世〜近代の瓦片が見られた。標高五四〇メートル。地番は御所市鴨神一八六七番で、小字は高宮段という。

地図を見ると、この道の西北延長上に金剛山葛木岳標高一一二五メートルがあり、そこに役行者開基という転法輪寺がある。道路から遺跡に入る林間に説明版があった。文章は以下のとおり。

高宮廃寺（御所市鴨神）　　国指定史跡一九二七年（昭和二）指定

金剛山の中腹、標高約五四〇メートル付近の高所に位置する寺院跡で、俗に高宮と呼ばれている。金堂と塔の基壇及びそれに伴う礎石がよく残っており、その横に空濠らしいものや土塁状のものも観察できる。金堂跡は五間×四間の建物で、桁行一二・八メートル、梁間九・八メートルと考えられる。その礎石はほとんど当初の姿をとどめており、とくに隅柱の礎石は円柱座と直角方向の地覆座が彫出されている。塔跡は金堂跡の南に約二十メートルはなれてつくられている。心礎はすでになくなっているが、他の礎石は自然石をすえたもので、三間×三間、一辺約五・五メートルある。
　採集されている瓦は、八葉複弁蓮華文軒丸瓦と扁向唐草文軒平瓦で、藤原宮の流れをひいた、奈良時代中頃のものである。「行基菩薩伝」には、行基三十四歳のとき、高宮寺の徳光について戒をうけたとあり、「日本霊異記」にも本寺に関する若干の記事がある。

一九八八（昭和六三）年三月三一日　御所経済クラブ（いぶき会）
御所市　教育委員会

高宮廃寺址内の碑伝

　金堂跡には礎石群が整然と残り、礎石群中央に二メートル余の石碑が立ち、正面に「高宮廃寺阯」、側面に「史蹟名勝天然記念物保存法ニ依　昭和二年四月内務大臣指定」の文字がある。
　遺跡地は現在では葛城修験の聖地らしく、礎石脇に修験者らの納めた木製納め札（碑伝《ひで》とよぶ）が数枚雨ざらしになっており、調べると二種類が見られた。札の年号は連続しており、連年の行場であることを示している。

①「　　平成二十三年　　　　金剛山転法輪寺
　梵字　奉修葛城峯中二十八宿巡拝修行如意円満祈攸
　　　　八月二十七日　　　　葛城修験道司講　」

②「　　平成二十三年　　　　熊野修験
　梵字　奉修行葛城入峯二十八宿天下泰平如意祈攸
　　　　九月吉祥日　　　　　那智山青岸渡寺　」

葛城峯二十八宿とは、役行者が葛城の峰々を法華経二十八品に見立て、二十八宿にそれぞれ経筒を埋納したという伝承にもとづく。和歌山市の友が嶋に始まり柏原市の亀の瀬に至る宿所・経塚で、高宮廃寺跡からさらに二十分ほど急坂を登ると路傍に石垣を残す石寺《いしでら》跡があり、ここが二十番経塚の地になっている（中野榮治『葛城の峯と修験の道』ナカニシヤ出版、二〇〇二年）。

高宮廃寺の説明板に「採集されている瓦は、八葉複弁蓮華文軒丸瓦と扁向唐草文軒平瓦で、藤原宮の流れをひいた、奈良時代中頃のものである」という。いっぽう奈良文化財研究所の『埋蔵文化財ニュース　四十号　飛鳥白鳳寺院関係文献目録』（一九八三年）に、高宮廃寺の関係文献と古瓦の図を掲載するので、同寺跡の瓦は白鳳時代のものと見ていることが分かる。説明版の「奈良時代中頃」と

『埋蔵文化財ニュース』の白鳳時代とはやや年代観に相違があるようだ。説明板は、瓦の文様は藤原宮式つまり七世紀末に始る形式で実際に制作されたのは八世紀中頃と見るのに対し、『埋蔵文化財ニュース』は、七世紀後半に始る形式で制作も同紀と考えたのであろう。七世紀後半の瓦とすると、行基が授戒した持統天皇五年（六九一）年には寺院として成立していたことになる。かりに瓦の制作が八世紀中頃としても、瓦を葺かない前身寺院の存在も考えられるから、高宮廃寺は行基の受戒と修行の場として適合する。

行基と小角

なお高宮寺跡の北西約三・三キロに標高一一二五メートルの金剛山（古名は葛城山）の峰々があり、ここは役君小角《えんのきみおづの》の修行場と伝え、峰のひとつ葛木岳に一言主《ひとことぬし》大神を祀る葛木神社と、役小角が開創したといい後に金峰山寺と同じく山岳修験の霊地となった転法輪寺がある。役小角は「葛木上郡茅原村の人」といい（『日本霊異記』）、金剛山の北東約八・三キロの御所市茅原の吉祥草寺付近の生まれという。

行基と役君小角は同じく山林を修行の場とする人であり、両人の修行の根拠地は意外に近接している。小角が流罪にされた文武天皇の三年（六九九）、行基は三十二歳でいまだ山林における生活を続けていたから、両人の間には面識があったのかもしれない。

小角はのち呪禁《じゅごん》師として著名になった韓国連《からくにのむらじ》広足を弟子としたが、この弟子が師匠を讒言したので処罰されたのである。韓国連広足がよくした呪禁とは道教系の呪術技術で、病気を防ぎ除くことが含まれていた。広足の呪禁という技術は師匠の小角から伝授されたものであろう。

小角の伝記に病気治療のことは記録されていないが、かれの呪術の一部に道教系呪術がふくまれていたとすると、それは呪術による病気治療であった可能性が高い。

中国の紀元二世紀、張角の始めた太平道は、病気の原因は病人の犯した罪にあるとし、反省悔悟の上、護符や神水を飲ませて治療する呪術儀礼が中心の宗教団体であった。弟子を各地に派遣布教した結果、数十万と伝える農民集団を組織した。後漢王朝の弾圧もあって西暦一八四年に挙兵反乱（黄巾の乱）に踏み切り、反乱は成功しなかったが後漢王朝の崩壊は早まった。同世紀の張魯の組織した五斗米道も太平道と同じく祈禱による病気治療を中心にすえた宗教団体であり、四川省東部に政治権力を樹立した。太平道・五斗米道は道教の源流であり、呪術による病気治療はのちの道教のなかでも大きな比重を占めていた。

大宝元年（七〇一）の「僧尼令」では僧尼が道術による符禁と湯薬を行うこと、つまり道教由来の護符とまじない、煎じ薬による病気治療などを行うことが認められていた。まして僧尼でもないまじない師にとって、道教由来の護符とまじない術による病気治療は先進治療として受け入れられたに相違ない。小角の呪術行為の中に病気治療を想定する理由があると考える。

当時の日本に道教教団と道士集団は存在しないにせよ、道教が持つ技術に関する理解と知識は早くもなされていたのである。その知識のひとつに、道士らが歴代の王朝に対して謀反反乱を起した事例が多く存したということがあり、知識人たる貴族層は道教の政治的危険性を認識していた。

行基と小角の間にどのような関係があったのか興味はあるが、行基が小角流罪事件から学んだことがあるとすれば、護符や神水による病気治療は僧尼に許されているにせよ、道教そのものを危険視する意識が為政者に存在する以上、病気治療には関わらぬことが安全であるという認識であったろう。

3　慶雲元年（七〇四）までの山林修行（三十七歳まで）

山林修行とその目的

さて行基は二十四歳で大和国高宮山寺の徳光を師として受戒し比丘としての歩みを始めたが、山林修行者であった師徳光に倣いその後も「山林に宿り荊藪を褥《しとね》となし、或いは原野に留まり沙石を床」とする苦修錬行の生活を続け、「慶雲元年まで山林に棲息」（『行基菩薩伝』）したという。『行基年譜』も「菩薩、少年より三十七歳に至るまで山林に棲息す」という。

この場合の「少年」とは受戒して比丘になった二十四歳の時を意味している。二十四歳の六九一年から三十七歳の七〇四年まで十四年間にわたるが、むろん山林修行ばかりに明け暮れていたわけではない。次節で述べるように飛鳥寺に入り摂論系唯識学の修学にも励んだのである。高宮寺と飛鳥寺との二重生活は困難ではあるが不可能ではない。

奈良時代後期の護命（七五〇〜八三四）は平城京元興寺の法相宗の学僧であったが、吉野山に入り苦行し、師の勝虞について修学した。その修学とは白月十五日（月の前半）は深山に入り虚空蔵菩薩法（後述）を修め、黒月十五日（月の後半）は本寺にもどり宗義を学んだ（『僧補任』）。行基も高宮山寺における苦行と故京元興寺における修学を並行して行ったのである。

山林における苦修錬行の生活を送ったという記事に信頼性はあるのだろうか。現存する養老二年（七一八）成立の養老令の一篇である僧尼令を見ると、禅行修行のため俗塵を離れ山に居住して服餌を願う者には、志願者の住む寺の三綱の連署が必要とされ、①在京の場合は三綱→僧綱→玄蕃寮→太政官、②在外の場合は三綱→国郡司→太政官の手続きを経て許可された。煩瑣な手続き規定は、制定した為政者が僧尼の山林修行を統制下におきたいという意思のあらわれと見ることができる。こうした規定は、養老令に関する法律家の諸説をまとめた『令集解』に引用する「古記」に見え、「古記」は大宝令の注釈書であるから、この条文は大宝僧尼令にも存在したことが知られる。なお前記の「服餌」とは「穀を避け粒を却《しりぞ》け、仙薬を服さんと欲す」ことであり、道教が育んだ不老長生の術のひとつであった。

行基の十四年にわたる山林修行の大部分は、大宝「僧尼令」の成立以前に行われた。この時期の山林修行はどのようであったのか事例をあげて考えてみよう。

①役小角《えんのおづの》は葛木山（大和の葛木山、今の金剛山）に住みその呪術力は評判であったが、弟子が讒言告発したので、文武天皇の三年（六九九）、諸人妖惑の罪を着せられ伊豆に流刑にされた。世の評判では、小角は鬼神を使役して水を汲み薪を採らせ、服従しない鬼神を呪縛したという（『続日本紀』）。小角を讒言告発した弟子韓国連《からくにのむらじ》広足は、神亀年間（七二四〜七二九）に宮内省典薬寮に所属する呪禁《じゅごん》師として名声があり、天平四年（七三二）典薬頭《かみ》（長官）に任じられた。典薬寮は五位以上の位を持つ官人の医療と医師の育成を担当する技術系官司で、呪禁師は呪禁・医・針・按摩の諸博士らとともに医療行為を行う技術者であった。その治療とは、杖（槍鉾などの長柄の武器）刀を持ち呪文を読み唱えるなどの

作法のもとで、病気や災害を防止した。呪禁博士の教えることは呪禁・解忤《げご》・持禁のことで、呪禁により身体を固くし湯・火・刀によっても傷を受けず、解忤《げご》は他人の邪気を払うこと、持禁により害獣・精霊・盗賊・兵器などによっても害されないことと説明される（『政事要略』九五）。こうした技術は中国で古くから発達したもので民族宗教である道教・陰陽道に多く採用されたから、役小角が教えたことはこのような道教・陰陽系の医療呪術の技術であったことになる。

『続日本紀』撰述から約二十五年後に成立した『日本霊異記』では、小角は役優婆塞《うばそく》と呼ばれ仏教の在俗信者とされている。かれは四十余歳で岩窟に住み、葛衣を着て松の実を食べ、孔雀呪法を修め験力を得、鬼神を使役して大和国の金峰山と葛木山の間に橋を架けることを命じたといい、物語化が著しい（上巻二八）。小角の場合、期間は不明だが深山で苦修錬行を積んで験力を得、その験力は病気・邪気・暴力などの災害を予防し払うという方面に効果があった、と当時の人々に考えられていたことがわかる。山林修行は道教・陰陽道系の修行者の間でも行われていたらしいといえる。

②に芳野僧都と呼ばれた神叡（〜七三七）の例がある。延暦七年（七八八）成立の『延暦僧録』（『扶桑略記』天平二年条）に、神叡は遣唐の学生であったが病気により留学を止めて芳野山に入り、一切経を閲覧すること二十年に及び奥旨を会得した。世人は芳野僧頭は自然智を得たと評したという。

神叡は『七大寺年表』によると法相宗元興寺の僧で、「虚空蔵の験、一切の智を得る者なり」と記される。彼は天平元年（七二九）少僧頭に任じたから、吉野山での山居はそれ以前の七世紀末〜八世紀初頭のことと考えられる。吉野山には、『書紀』の欽明天皇の十四年条にみえる吉野寺があり、これは『扶桑略記』推古天皇の三年条に見える吉野比蘇寺のことで、奈良県大淀町比曽の世尊寺にその遺跡がある。

前記の「虚空蔵の験」とは、唐の開元五年（七一七）に善無畏によって訳された『虚空蔵菩薩能満諸願最勝心陀羅尼経』に基づき、虚空蔵菩薩像の前で最勝心陀羅尼を一日一万遍、百日で百万遍誦する修法——虚空蔵菩薩求聞持法——を修めて得られる験力のことで、「ひとたび耳目に経れば文義ともに解し、これを心に記して永く遺忘することなし」という記憶力理解力増長の験力である。この求聞持法相承について、法相宗には神叡—尊応—勝悟—護命の吉野寺系の法脈があり、三論宗では道慈—善議—勤操の法脈があり勤操は空海に伝えた（薗田香融「古代仏教における山林修行とその意義」『南都仏教』四号、一九六七年）という。

求聞持法は宗派を超えて修められた修法であったが、その理由は、学僧をめざすものは経律論の経典を収めた一切経（大蔵経）を読破する必要があり、たとえば唐の開元十八年（七三〇）成立の『開元釈教録』に記す経律論は一〇七六部五〇四八巻にもおよぶから、これを読破するにはなみなみならぬ記憶力と理解力が必要とされたのである。

③に医術に詳しくその功績をほめて大宝三年（七〇三）、豊前国の野四十町を施された法蓮の例がある。ここにいう医術とは、仏教の真言・陀羅尼の誦持による治療を意味するだけでなく、道教系のまじない札によるお払いや投薬による治療も含まれ、そうした治療は大宝僧尼令でも認められていた。

法蓮は福岡県英彦《ひこ》山と大分県六郷満山を開いたと伝えられる。英彦山は福岡と大分の県境にそびえる峰々からなり、南岳は標高千二百メートルをかぞえる。ここを開いた法蓮は朱鳥の終わり（六八六）頃に入山したとされる（中野幡能「六郷満山の史的研究」『豊日史学』二五―二、一九五七年）。

以上のように、大宝年間以前に山林に入り修行した例を行基を含め四例あげることができる。山林における修行は、仏教のみならず道教・陰陽道でも重んじられた修行であったことが分かる。

七世紀の山寺の例

さてかれらが根拠地とした山寺、山上山腹に立地した七世紀に存在した寺院について調べると、文献上に六例をあげることができる。考古学資料を含めるとこの数値以上になる。

表1―1のうち志賀山寺（崇福寺）は大宝元年（七〇一）の時点ですでに寺封を有していた。大宝以前の寺院の寺格は、①国大寺、②寺封のある寺、③定額寺、④私寺の四階であったから、志賀山寺は

表1―1　七世紀の山寺

	寺院名	所在地	創立・存在期	出典
1	比蘇寺	奈良県大淀町比曽	推古三年以前	日本書紀・扶桑略記
2	高宮寺	奈良県御所市鴨神	七世紀後半	日本霊異記
3	志賀山寺	滋賀県大津市滋賀里	天智七年頃	扶桑略記・日本紀略
4	長谷寺	奈良県桜井市初瀬	朱鳥元年	法華説相図板
5	岡寺	奈良県明日香村岡	持統朝	七大寺年表・東大寺要録
6	法器山寺	奈良県高市郡	持統朝	日本霊異記

序列の上で高いところに位置していた。したがって志賀山寺が創立された天智朝においては、山寺における山林修行を特に制限しない政策であったことが窺われる。また岡寺（龍蓋寺）は、持統天皇の三年（六八九）に没した草壁皇子の岡宮を転用したものであり、浄御原令のもとにあっては山寺と山林修行は制限されることはなかったといえる。

以上、大宝年間以前における山林修行者と山寺の事例を検討すると、山林修行を制限するような法規は存在しなかったといえる。したがって行基が慶雲元年以前に山林における修行を続けたという『菩薩伝』の記事は矛盾なく理解されるので、信頼性があるといえる。

4　飛鳥寺（法興寺・元興寺）入寺と修学

さて行基は持統天皇の五年（六九一）、二十四歳で大和国高宮山寺の徳光を師とし受戒し比丘としての歩みを始めたが、山林修行者であった師徳光に倣いその後も「山林に宿り荊藪を褥とし、或いは原野に留まり沙石を床」とする苦修錬行の生活を続け、「慶雲元年（七〇四）まで山林に棲息」（『行基菩薩伝』）した。

一方、徳光は具足戒と比丘の三千威儀について教えることができたが、律学研鑽の後に進むべき戒定慧の三学と宗義については専門家の教えにまつべきで、弟子の行基のためにしかるべき大寺に入るよう勧めたはずである。その大寺は飛鳥寺であり、入寺は受戒と同時期であろう。『行基菩薩伝』は

「廿四にして具足戒を受戒し戒師高宮寺徳光、即ち日本定昭・新羅恵基に依付す。初め法興寺に住み、次いで薬師寺に移り、法相大乗を学び、兼ねて利他の行を修む」という。

日本の定昭について、正和五年（一三一六）撰の『行基菩薩縁起図絵詞』は「定照禅師は法相乗の師範なり」とあるが、新羅の恵基については他の記録にもまったく現われないので何の知見もない。とにかく二人の師匠について学んだのであり独学ではなかった。

飛鳥寺の法相宗

法興寺（元興寺）つまり飛鳥寺は奈良県高市郡明日香村にあった寺で、崇峻天皇四年（五九六）、蘇我馬子が創建した日本最初の本格的寺院であった。養老二年（七一八）平城京に移転して新元興寺・飛鳥寺と呼ばれたが、堂舎は飛鳥にも残りこれは本元興寺とも呼ばれた。飛鳥寺は大寺であったから経・律・論の三蔵経典を網羅した一切経（大蔵経）を備えており、また多くの学匠が在籍していたから、三学と宗義を学ぼうとするものにとって適したところであった。

行基は飛鳥寺で「法相大乗を学」んだとあるが、『続日本紀』行基の卒伝に「初め出家して、瑜伽《ゆが》唯識《ゆいしき》論を学ぶ」とある。瑜伽唯識論とは、弥勒菩薩の著作という『瑜伽師地論』と世親（天親）菩薩の著作という『唯識論』を意味し、四～五世紀に現われた中期大乗経典の理論書である。法相宗の別名は唯識宗であり、『瑜伽師地論』『唯識論』は法相宗の重んじる論書であるから（『八宗綱要』）、これを学ぶことは法相宗に属すことを意味している。

法相宗は唯識宗ともよばれるが、唯識とはどのような意味であろうか。

「世界は心の中に収められ、その心は生じた瞬間に滅して次の瞬間の心と交替し、こうして生滅する心が一つの流れを形成する。人間存在は〝心の流れ〟であり、心を離れて外界に存在すると一般に認められているものも、心の生み出した表象にすぎない」と説明される（服部正明『超越と認識』角川書店、一九七〇年）。心（識）が存在物の根源であるという唯心論の対場をとる瑜伽行《ゆがぎょう》派に属する瑜伽《ゆが》師《し》らの哲学である。

瑜伽とは、禅行も三昧（心を一つの対象に集中させる状態）も念仏（心に仏の姿・功徳・道理などを想い観る）も含め、精神統一による修行方法を意味するから、仏教の修行者はすべて瑜伽師になる。ここでいう瑜伽師とは、仏教界内部のある特定のグループのことで、彼らは『瑜伽師地論』に依拠して禅行の修行をする人の意味だという（高崎直道「瑜伽行派の形成」『講座大乗仏教——唯識思想』春秋社、一九八二年）。瑜伽師地とは瑜伽行者の実践階梯を意味する。

この唯識学がもっとも盛んであったのは、飛鳥の元興寺であった。それは入唐して玄奘《げんじょう》のもとで新唯識学を学んで帰朝した道昭（六二九〜七〇〇）が、元興寺に住み着いていたからであった。道昭は白雉四年（六五三）入唐し、八年のあいだ玄奘のもとで修学し、斉明天皇の七年（六六一）帰国した。帰国後は元興寺に禅院を建て後進に禅を教えた。その後天下を周遊して路傍に井戸を掘り、渡し場に船を設け、橋を架けるなどの利生事業を行い十余年を過ごし、のち勅により禅院に帰り坐禅の生活に戻った。日本法相宗の第一祖とされる。

道昭の禅行は、師の玄奘が貞観二二年に翻訳した『瑜伽師地論』に基づく瑜伽行としての禅行であり、中国禅宗の初祖菩提達磨（没年は五世紀末〜六世紀初め）のいう教外別伝不立文字を宗とする禅宗の禅行ではなかった。

行基は禅行に関心を抱いていたから、当時禅院をもつ唯一の大寺である元興寺に入る必要があったのである。しかし行基が学んだのは玄奘由来の新唯識学である法相宗ではなかったらしい。

法相宗は、玄奘訳の『解深密経』と同訳の護法の『成唯識論』に依拠する学派である。『解深密経』は玄奘訳出以前に中国語訳がなされていたが、『成唯識論』は初訳であって、これに対する理解は玄奘の弟子窺基《きき》（六三二〜六八二）の『成唯識論述記』の撰述に待たねばならなかった。のち窺基の弟子恵沼は『成唯識論了義灯』を著し、恵沼の弟子智周は『成唯識論演秘』を著し法相宗の確立に努めた。右のように玄奘は『成唯識論』を伝え訳出した人であったが、この論の理解つまり法相宗の確立は窺基の活躍を待たねばならなかった。

道昭の帰国は『成唯識論』の訳出がなった二年後の斉明天皇の七年（六六一）であり、『成唯識論述記』の撰述以前であったから、「唯識の伝来についてかれ道昭のそれは、僅かに法相教義の外郭的結構の上に止まる程度のものにすぎなかった」と評価される（深浦正文「唯識の日本初伝と玄奘道昭の関係について」『大和文化研究』九―十一、一九六四年）。

新旧の唯識学

行基が飛鳥寺に入った六九〇年代、この寺には唯識学を学ぶ摂論《しょうろん》衆が存在した。

摂論宗は、唯識学を初めて組織した無着の『摂大乗論』と、これを注釈した世親の『摂大乗論釈』に依拠する学派である。この二著は梁の建康に来着した真諦（〜五六九）によって翻訳され、弟子の曇遷（五四二〜六二七）によって北中国に広まった。

天平十九年（七四七）の『元興寺伽藍縁起』に摂論衆の名が記され、遡って天平九年（七三七）三月の官奏（『三代格』）に「元興寺摂論衆徒」の記述がある。それによると「白鳳の年より淡海《おおみ》天朝まで、内大臣家財を割き取り、講説の資となす」というから、摂論衆の活動は、白雉年間（六五〇〜六五四）に藤原鎌足の私財施入により始まったことになる。鎌足の伝記『藤氏家伝』上にこれに対応する記述があるので、摂論衆の白鳳（白雉）年間起源は信頼性がある。

行基が六九〇年代に飛鳥寺に入籍した頃、ここには古い唯識学というべき摂論衆と道昭伝来の新しい法相唯識学のふたつの学派が存在した。摂論衆は歴史が古く学問的に成熟していたから、行基が学んだ唯識学は摂論系の唯識学であったろうと推測される。そして両派の最大の相違点は、玄奘新訳による法相宗が五姓格別説により、永遠に悟りを得る資質のない無性の衆生の存在を認め成仏の機なしとするのに対し、真諦訳の『摂大乗論釈』は「一切の衆生は悉く仏性あり」と説くのである。仏性とは仏になる可能性やさとりの本性のこととされ、すべての者に具有されるというのが玄奘新訳『成唯識論』があらわれる以前の中国仏教界の常識であった。したがって玄奘新訳『成唯識論』があらわれるや、霊潤（七世紀中頃ヵ）・法宝（七世紀後半〜八世紀前半ヵ）の批判が行われ、これに対し玄奘門下の反論が始まった。日本では、天台宗の最澄が玄奘の弟子窺基の無仏性説を批判したのに対し、会津の徳一（徳溢）が反論し、論争は弘仁八年（八一七）〜十二年にわたったという（常盤大定『仏性の研究』国書刊行会、一九七三年復刻）。

仏性の有無は宗教的資質の問題で、現実生活の身分に関するものではないが、人間には先天的な差別があるという説は、現実の人間存在を律するようになる。貞観七年（八六五）三月の少僧頭慧運の牒に、二十歳以下の者と七十歳以上の者・国家が放さない者・債務者・黄門（性器不具のもの）・奴婢の類は比丘戒授戒を許されないとある（三代実録）。これらは四分律に根拠がある。慧運は、これらの旧例が順守されなくなった状況を嘆き旧例順守を令したいというから、当時、奴婢身分のものが身分を隠し出家しさらに比丘戒受戒をする例のあったことが窺われる。

奴婢の出家については僧尼令に規定があり、家人・奴婢の出家は本主の許可が必要で、賤民身分の解放後に出家できるとする（第二十四）。『梵網経』は一切の衆生に仏性ありとする立場であるから、仏戒を受けようとする者は国王・王子を始め「庶民・黄門・淫男・淫女・奴婢」から畜生まで「ただ法師の語を解せば、ことごとく戒を受け得る」という。

奴婢の出家について『年譜』の五十四歳条に参考になる記事がある。養老五年（七二一）「五月八日、一百箇人大安寺において得度するの内、和泉国云々上記蜂寺の奴云々」とある。同様の例が七十一歳条にあり、天平十年（七三八）正月十日に中宮で三十二人が得度し、その内の沙弥秦證年十九歳の本貫地・戸主の位階と名・俗名（大鳥連夜志久爾）などの委細が記され、これらは大鳥神社内の神宮寺（神鳳寺）にあった得度の証明書（度縁・度牒）を写したことが窺い知られる。この例から蜂寺の奴は、大安寺で得度した百人中の一人であったことが知られ、彼の本貫地・戸主の位階と名・俗名などは『年譜』編者が省略したことが窺える。

蜂寺とは『行基菩薩縁起図絵詞』の十三歳条（六八〇年）に、「檀越蜂田薬師澄麻呂」によって建立されたとある花林寺のことであろう。現在、行基の生家家原寺の南一キロ弱に位置する堺市中区八田寺町《はんだいじ》の華林寺がそれで、行基母方蜂田氏の氏寺であった。蜂寺（華林寺）の奴が出家するにあたり、寺主や檀越らが五十四歳になり充分に修学と修行を積んだ行基にその当否を相談したことが想定される。その結果、奴の出家が実現したとなると、行基にとって一切の衆生に仏性ありとする意識は当然のものとされていたのではないか。

右のように考えると、行基が学んだ法相宗とは従来の真諦系の摂論宗であり、五姓格別説に基づく玄奘系の新唯識学でなかったということができるのではないだろうか。従って新唯識学をもたらした道昭との直接の師弟関係はなかったと思われる。

華林寺
（堺市中区八田寺町）

第二章　苦悩と思索の日々

1　慶雲元年（七〇四）の帰郷（三十七歳）

行基は三十七歳、慶雲元年（七〇四）に山林での生活をやめ故郷にもどり、生家を改め仏閣とし神崎院とした。現在の堺市中区家原寺町一丁の文殊山家原寺《えばらじ》である。二十四歳の受戒から十四年間、山林での苦修錬行の生活と故京元興寺での三蔵《さんぞう》学習をやめて故郷に戻ったのだから、従来の生活の大転換であった。その大転換をなさしめた動機はなんであったのか考えてみよう。

疑惑と懊悩

「大乗仏教は、首楞厳三昧《しゅりょうごんさんまい》や般舟三昧《はんしゅうさんまい》等をはじめ、三昧（心を一つの対象に集中させる）に入って教法を思惟せることを重視するために、三昧を修する阿練若《あらんにゃ》（山林・荒野）の修行を重視する」というから、大乗仏教の修行者にとって山林荒野における修行は当然のことであった。

大乗仏教はすべての人が菩薩になり得ると説く教えであり、菩薩とは悟りを求めて努力している者を意味するから、釈迦に倣って衆生を利益し菩提（悟り）を得ようとし苦修錬行するものは菩薩と呼ばれる。しかしながら「大乗仏教の菩薩の大部分は成仏（仏陀の悟りを得る）の決定していない凡夫の菩薩である」と説明される（平川彰「大乗仏教の特質」『講座大乗仏教　I』春秋社、一九八二年）。われわれも菩提心を発すれば〝われは菩薩なり〟といえるが、それは凡夫の菩薩の始まりで長い修道階梯の始まりにすぎない。

この菩薩の修行道は六種の波羅蜜行と呼ばれ、その内の山間に禅定（静慮）する波羅蜜の修行により、行者は実知恵と呼ばれる五種の神通力を得るという。それらは①神足・②天眼・③天耳・④他心・⑤宿住随念の智通である。行基が法会参加者のなかに猪油を塗った女人を見出したのは天眼智通（『霊異記』中巻二九）に、女人の子供が過去の怨霊であることを看取ったことは（『霊異記』中巻三十）過去世の事ごとを記憶する宿住随念智通《しゅくじゅうずいねんちつう》によっている。「和尚の霊威神験は類に触れて多し」と評されたのは、行基が禅定（静慮）波羅蜜を修めることによって獲得した神通力の発揮を意味するのだろう。

さて菩薩は一切の衆生の救済を目指すべきなのに、「何をもっての故に林澤に閑坐し、山間に静黙し、衆生を棄捨するや」と問い、これに対し、「菩薩は身は衆生を遠離すると雖も、心は常に捨てず。静處に定を求めて実智慧を獲得し、もって一切を度せんとす」（『大智度論』十七）というように、山林における禅定波羅蜜はいったんは衆生を見捨てるように見えるが、それは神通力を得て再び衆生利益を図るためにする行なのだという。

山林に黙するは独善

山林における修行は、本来的に自己一身の解脱をもって良しとする自利的小乗的性格を持っている。行基が慶雲元年に、山林での苦修練行の生活・元興寺での三蔵学習の生活に終止符をうって和泉の平野部に降りてきたことは、「山林に拱黙するはすなわちこれ一途の独善なり」（『続高僧伝』巻十三功迫伝）・「独りその身を善くするは聞く所にあらざるなり」（『続高僧伝』巻十九僧邕伝）という、山林修行を進めた中国人僧侶が到達した疑問に、行基も到達したことを示している。こうした疑問は本元興寺における経典学習によって生じたものであろう。その経典とは、山林修行の価値を否定し、集落における活動を奨励する三階宗の教籍であったと推察される。三階宗の教籍を読み進めた行基は、それまでの生活が自利的小乗的生き方であったことに気づき深刻な懐疑におそわれ、それまでの生活をやめ下山し故郷に戻らざるをえなくなった。慶雲元年は、行基がやがて大乗の菩薩であると自覚するに至る、その契機となる画期であった。

2　三階宗とのめぐりあい

信行（五四一〜九四）の三階宗

中国で南北朝の動乱を経て隋朝が成立した六世紀は、奈良平安仏教の成立に多大の影響を与えたすぐれた学匠たちの活躍した時代であった。地論宗の浄影寺慧遠（五二三〜九二）・天台宗の智顗（五三八〜九七）・三論宗の吉蔵（五四九〜六二三）・浄土宗の道綽（五六二

〜六四五）などと共に活躍した人に、三階宗を開いた信行《しんぎょう》（五四一〜九四）がいた。三階とは正法の世を第一階、像法の世を第二階、末法の世を第三階とし、当代は末法の世に当るとする意識に基く名称である。

信行は魏郡（今の河南省安陽市辺）の人で相州（唐代に魏郡を改称した）法蔵寺に住み、隋の開皇三〜七年（五八三〜八七）ころ、華厳・涅槃・法華・維摩の諸経を合わせ交えて独自の見解を開いた。開皇の初年に召され長安真寂寺に入りここで没した。著書に『対根起行雑録』三二巻・『三階位別集録』三巻・『衆事作法』など計四十余巻がある。

その伝記によると、①影塔をみれば礼拝し行き巡り仰ぎ、②のち具足戒をすて労役に従い得たものを諸人に施し、③出家在家を問わず人々を礼拝し、④六時の礼讃と乞食行を常としたという（『続高僧伝』）。また①門徒は頭陀乞食し食事は日に一食とし、道路において行う、②男女を問わず礼拝し、法華経の常不軽菩薩の行為のようであった（『歴代三宝紀』第十二）という。

武徳年間（六一八〜二六）の信義は禅を習い三階宗の門徒で、長安化度寺（真寂寺）に無尽蔵を設けた。貞観年間（六二七〜四九）以後はここへの施入銭帛がかずしれず集積し、一部は天下の伽藍の修理費用とし、一部は飢餓の貧民救済の費用とし、一部は仏菩薩への供養の資としたという（『太平広記』巻四九三雑録一）。

三階宗を体系的に研究した矢吹慶耀は、三階宗の特質を要約して次のようにのべた。

①末法の世の仏法を標榜し、最初の宗派組織を作った。②論宗・釈宗に対する経宗であり、反省実

行の行宗であった。③自宗自派の正統性を主張し、他宗を徹底的に批判誹謗したという（『三階教の研究』岩波書店、一九四〇年）。

他宗他法を徹底的に批判誹謗し、堕地獄の教えとする論は当然に仏教各派との軋轢をうんだから、政府は社会的騒動を起こす危険性を認めたようで、早くも開皇二十年（六〇〇）勅により流行を禁じられた。しかし上記長安の無尽蔵院のように武徳・貞観年間に隆盛をきわめたから、開皇の禁止は実効性がなかったらしい。証聖元年（六九五）三階宗の経典は異端として仏籍から削除され、聖暦二年（六九九）三階宗徒に圧迫を加え、乞食・長斎・絶穀・持戒・坐禅の行以外は禁止された。開元元年（七一三）無尽蔵院は廃止され、所蔵の銭帛は京城諸寺に分与された。天冊万歳（六九五）撰の『大周刊定衆経目録』と開元十八年（七三〇）撰の『開元釈教録』では、三階宗経典三十五部四十四巻は録外とされ偽経目録と疑惑録に編入されたが、貞元十六年（八〇〇）の『貞元新定釈教目録』では三十五部四十四巻の全部が大蔵経に編入された。しかし数次にわたる禁圧は、教団教徒を解体せしめたらしく、七世紀の盛況を取り戻すことなく消滅した。

道昭（六二九～七〇〇）の三階宗経典の将来と禅院寺

奈良時代における三階宗経典は録外経であり偽疑経であったが、正倉院文書によると繰り返し書写された形跡があるので、研究されていたことは否定できない。三階宗の根本経典である『明三階仏法』二巻と『略明法界衆生根機浅深法』一巻は、天平十九年十月九日付けの「写疏所解《しゃそしょげ》」に見えるのが初見である。この文書は、書写を目的として禅院寺から借用した原本の名を記したものであるから、この二部の書はこれ以前に禅院寺にあったことになる。この禅院寺とは元興寺の東南に道昭が建てた院で、のちの平城右京の禅院のことであるから、この三階宗経典は道昭が唐から持ち帰ったものであることが知られる（大屋徳城「奈良朝における仏教典籍の伝来について」『寧楽』一九二八年・石田茂作『写経より見たる奈良朝仏教の研究』東洋文庫、一九三〇年、井上光貞「行基年譜特に天平十三年記の研究」『律令国家と貴族社会』吉川弘文館、一九七一年）。

道昭は白雉四年（六五三）入唐し、九年間在唐して長安の大慈恩寺に住んだ玄奘（六〇〇～六四）に師事した。当時長安を含め北中国において三階宗は盛行しており、則天武后の三階宗禁圧以前であったから、道昭が三階宗経典を持ち帰ることは容易であった。

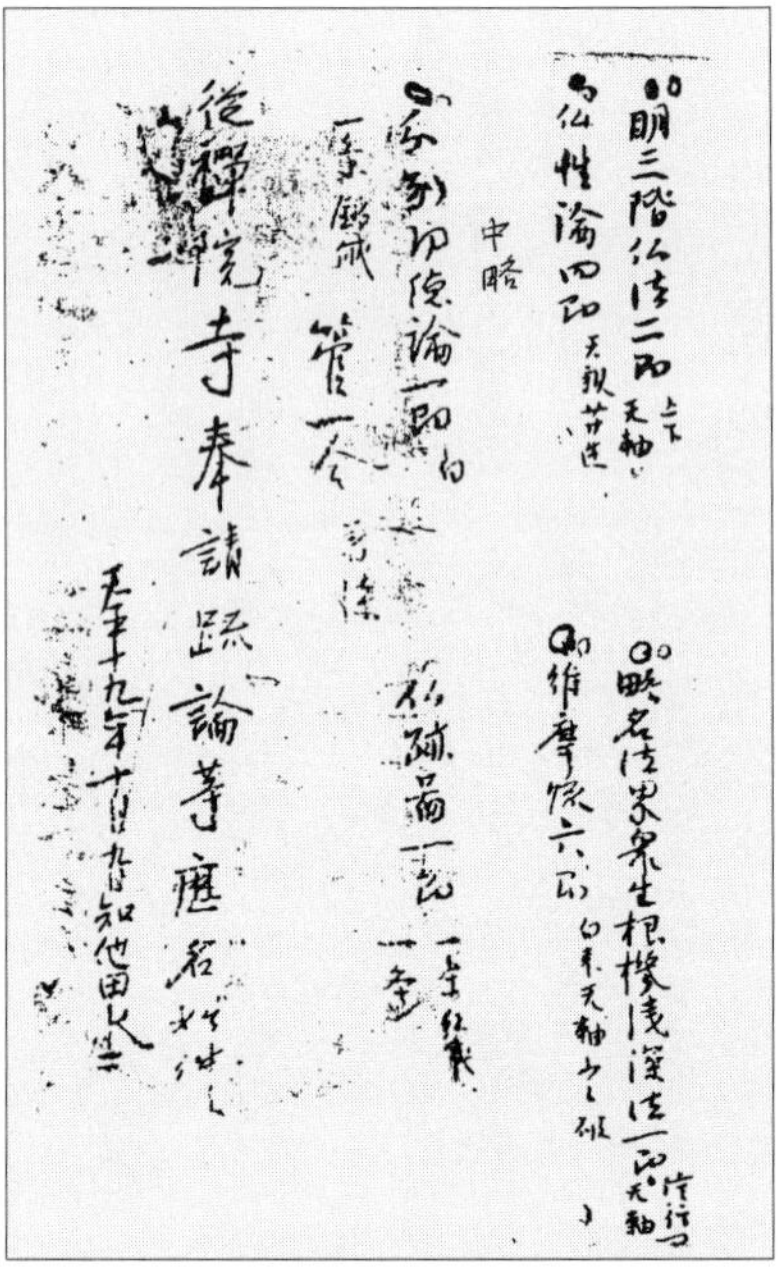

禅院寺の三階宗経典
（正倉院文書）

玄奘の訳経事業に協力した神昉は三階宗の信徒であり（矢吹前掲書）、貞観十九年（六四五）から竜朔三年（六六三）まで訳経事業に参加した。道昭の在唐期間は六五三～六一年で、神昉の玄奘への協力期間と一致している。従って道昭は神昉のような兄弟弟子の協力をえて、三階宗経典の収集を容易に行うことができた。

道昭が持ち帰ったと見られる三階宗経典は、前掲二書のほか『三階律周部』九巻がある。この他、天平十五年以後の正倉院文書に見える『十輪経抄』二巻・『示所犯者瑜伽法鏡経』一巻・『三階律』三巻なども三階宗経典であった。道昭の居住した本元興寺の禅院とその後身である平城右京の禅院寺には、少なくとも三部以上の三階宗経典が所蔵されていた。山林修行を修めながら、元興寺に籍を置いて三蔵学習を続ける行基が、これらの三階宗経典を閲覧したことは大いにあり得る。山林修行に宗教的価値を認めず、集落における仏教の宣布を説く三階宗経典を読み、行基は自己の生き方に疑問を感じるようになった。その疑惑は十余年にわたる彼の山林修行を中断させるほどの大きなものであった。かくて行基は疑惑し、その疑惑の解決が見つからないことに苦悩し、ひとまず郷里に落ち着くことにした。慶雲元年（七〇四）のことであった。

山林修行から集落の仏法へ

三階宗は山林修行を否定し集落に活動の場を求めた宗派であった。宗祖信行は徹底した街頭の活動家であった。宗書『対根起行法』に、末法時の衆生は「ただ聚落に在るを得て山林閑静に在るべからず」といい、その理由として、教えを受ける者の資質が下根（根は根本的性質、その下等の意）である衆生は、仏になりえる仏性を備えている如来蔵仏と親縁があるため、そうした如来蔵仏のいる聚落にいるべきであるという。同書は繰り返し末法時の衆生は聚落にいるべきであるという。「ただ聚落に在りて山林に在るべからず。ただ多伴（多くの伴侶）を藉《かり》る。たとえば、破車に多くの縄と木を藉り、牢として繫縛し、始めて物を載すべし。顚倒の衆生またたかくのごとし。ただ強伴（強い伴侶）を藉りて、始めて道に入るべし」といい、その理由として「衆生は无始已来、いまだ当根出世法を学ばず。志性いまだ立たず、数々《しばしば》進退す。ただ強伴を得て始めて成り行くを得るべし」という。下根の衆生が集落にあるべき理由は、集落に住む多くの伴侶と助けあう必要があり、集落にすむ同胞の力を借り得て、下根の身ながら出世法（世俗を越える道理）を解するようになるという。

ここには山林仏教に対する不信と裏腹に、集落における同信者結合に対する深い信頼感が現われている。たとい資質が下根であっても、多く集まれば強い伴侶朋友になりえるのであって、そうした人々の集落における共助活動に多大の信頼を置いているのである。六世紀末の中国において、山林閑所における仏道修行の方法はすでに確立していたから、山林の仏教を否定する三階宗の主張は特異なものであった。行基が閲覧したのはこのような三階宗の書籍であり、そこで彼は、十余年にわたる山林修行の価値を否定する論に出会ったのである。山林修行の否定は行基の前半生の否定を意味している。強い疑惑にとらわれた行基は、山林を出て生地の和泉国に帰り、一時故郷で静養することになった。

3　慶雲二年（七〇五）大修恵院の創建（三十八歳）

大修恵院（高蔵院）と須恵器

大修恵院《だいすえ》は慶雲二年（七〇五）十月、和泉国大鳥郡大村里大村山に起工された。現在の堺市南区高倉台二丁に大修恵山高蔵寺があり、大修恵院の後身として千三百余年の法燈を伝えると主張している。

大村里は十世紀前半成立の『和名類聚抄』国郡部に掲げる大村郷にあたり、郷には中世に陶器庄（保）が成立した。十八世紀前半に成立した『五畿内志』は大村郷について「今陶器の上村という」とし、陶器荘について上村・高蔵村を含む八村の名を記している。

近世の上村、いまの堺市中区上之《うえの》の地はもと大村また上村と呼ばれた（『大阪府全志』）のは、九世紀前半に成立した『新撰姓氏録』和泉国神別の大村直《おおむらのあたい》の居地にちなむものであろう。この上之地区の北端部に式内陶荒田《すえあらた》神社が鎮座する。崇神天皇七年の疫病流行の際、茅渟県陶邑《ちぬのあがたすえむら》にいた大田田根子が招かれ祭主になったところ疫病は治まった。田根子の父は大和の大神《おおみわ》神社の祭神大物主《おおものぬし》神、母は陶津耳《すえつみみ》の娘であったという（『日本書紀』）。社伝では大田田根子が太田の森に祖神を祀る社殿を創建したのが始まりという。

陶荒田神社・陶邑・陶津耳の名が示すように、この地一帯は古代須恵器の大生産地であり、須恵器生産の始まった土地とされている。須恵器は朝鮮南部から渡来した陶工らにより、五世紀中ごろに当地で生産が始まったという（『国史大辞典』）。

この地では昭和四十年代に入り、大阪府企業局が泉北丘陵にニュータウンの造成工事を始め、事前調査によって続々と須恵器の窯跡《かまあと》が発見調査されるようになった。石津川の上流と、同川に合流する陶器川・前田川・和田川流域の窯跡群は陶邑古窯址群とよばれ、窯跡の総数は八百か所に上っている。

大修恵院高倉寺
（堺市南区高倉台２丁）

須恵器生産の斜陽化

陶邑から始まった須恵器生産はまもなく和泉南部に伝播し、和泉市・岸和田市・大阪狭山市などにひろがり、窯跡の総数は一千基を越えると推定される。陶邑はしばらく須恵器の独占的生産を続けたが、六世紀末～七世紀初めに地方へ須恵器生産が急速に伝播した結果、独占的立場は崩れ生産は衰退化したという。

大修恵院が起工された七〇五年当時、大村郷の須恵器の工人らは生業の斜陽化におののいていたはずである。かれら工人らが頼りにした陶荒田神社は、大田田根子の祖神を祀ったのであるから、大物主神が祀られていたはずであり、この神は祀られることを要求する祟りの神でもあった。生業の不安のなかで祟り神は影響力を失い、工人らに精神的活力を与えることのできる新たな力が求められていた。行基が大村里に招かれる背景には右のような事情があった。行基は己の意思で大村里に出かけたのではない。積極的な意思なしに招かれたのである。しかし、行基の十四年にわたる山林における苦修錬行の生活は、悩める人々に加持祈禱をし霊験をあらわす験者として認識させるに充分であった。

前年（七〇四）に蜂田郷に帰郷し老母を看病する験者としての行基、茨城の池を造成して蜂田郷の人々の農業生産力の向上を図る行基の姿は、神崎院（家原寺）の南東約六キロ余の大村里の人々の目にとまり、同里に招かれることになったのである。時に慶雲二年（七〇五）行基は三十八歳であった。

陶荒田神社
（堺市南区上之）

大村氏・荒田氏の招請

大村里では神別の大村直《あたい》氏と荒田直氏の両氏が支配的存在であったが、行基を招いたのは親族の大村直氏であった。行基没後まもなく編集された『大僧正記』に弟子僧ら三十四名の名を記し、親族の弟子として「元興寺僧真成　大村氏」（古田靖雄「行基の弟子について」『行基と律令国家』）とあるのでそのように考えられる。真成は行基の没後すぐに師の伝記を作り舎利瓶に刻ましめた人であった。

また大修恵院起工から二十二年後に起工された大野寺の土塔出土瓦銘に、「大村多千」「大村」（堺市教委『史跡土塔―文字瓦聚成』二〇〇四年）があるので、大村直氏が大修恵院創立時の有力な檀越であったと考えられる。土塔出土瓦銘には「荒田直□」もあるので、荒田直氏も行基招請に関与したであろう。

「大村多千」（左）「荒田直」（右）
（『史跡土塔——文字瓦聚成』）

大村直・荒田直は大修恵院の有力な檀越であったと考えるが、院名は特定氏族の名を含まないから、その背景には名も知れぬ多数の工人・住民の支援があったことが推察できる。大修恵院は、須恵器生産に関与する人々、大村里の人々のための施設であり広く開放された施設であった。行基は院や諸施設を造営し命名する際、つねに特定の氏族を連想するような名称を避けたのは、創建時に有力な檀越が存在するにせよ、施設は基本的に広く地域住民の福利を追求するという目的を忘れないためであった。

行基は大修恵院においてなにを説きなにをなしたのであろうか。田村圓澄氏は、大修恵院は説法の場であり須恵器工人の治療休息の場であり、また葬儀の場所であったという（「行基と民衆仏教」『日本仏教史2』法蔵館、一九八三年）。確かにそのように考えたい。大修恵院は生業の斜陽化におののく須恵器工人らのため、衰退化する産業に不安を抱く地域住民のための施設であったから、この院は人々の不安を鎮め愉悦をもたらす施設でなければならなかった。そのために行基がなにをどのように説いたのは残念ながら知りえない。

しかし行基が山林における隠遁の生活をすて、地域住民と最初に接触した場所が、産業・生業の衰退化しつつある地区であったことに注目しておきたい。生業の安定なくして人間の幸福はありえない。生業の安定・産業の振興と仏教の問題について、行基は初めて考える機会を持ったのである。

4　大和における看病と思索（三十八歳～四十五歳）

老母の看病

『行基菩薩伝』に、「ここに慶雲二年（七〇五）、生母の女を引導し、古京佐紀堂にあり。力を尋し教養す。同四年に生馬《いこま》仙房に移り、いよいよ孝養の礼をつくす。和銅三年（七一〇）正月、母は逝化す」とある。この記事は三分されて『行基年譜』の行年三十八歳・四十歳・四十三歳条に配されている。六年にわたる生母との生活をなさしめたのは何であったのか考えると、この記事を生母の転地療養に関わるものとすれば、他に同様の事例があって無理なく解釈できる。

古京佐紀堂は大和国添下郡佐紀郷を意味し、奈良市佐紀町にその名を残している。平城京遷都以前のこの地には、垂仁天皇皇后陵・仁徳天皇皇后陵など陵墓の多い高燥の地である一方、狭城《さき》池（垂仁紀）に比定される十五ヘクタールの水上池があり、山林と水潤に恵まれ、また佐岐村（『霊異記』）・佐紀宮（『万葉集』）がありある程度の賑やかさを保持した土地であった。

慶雲四年（七〇七）に生馬仙房に移ったという。仙とは「老にして死なざるを仙という、仙は遷なり、山に遷り入るなり」（『釈名』）というから、山に移り住み養老の手立てを尽くす意味であろう。行基は生母を伴い、生駒山地の山房に入り病気の療養に努めたが、老母は療養六年にして没した。

奈良時代に病気治療のため、山上山腹に立地する山寺に入った例は二例ある。天平元年（七二九）少僧頭に任じた神叡は、かつて病患により吉野山の現光寺に入り廬を結んだという（『扶桑略記』）。また藤原広足は病気治療のため、神護景雲二年（七六八）大和国宇陀郡真木原山寺に入り八斎戒を守る生活をしたという（『霊異記』）。こうした例から、行基が慶雲二年（七〇五）から和銅三年（七一〇）までの六年間、生母の療養に努めていたことは矛盾なく理解される。

思索の日々

老母の逝去後、和銅五年（七一二）まで草野仙房に住み、「ただ鎮かに麁服《そふく》を着け、僅かに搏食を営《な》める」との生活を続けたという。粗末な衣服を付け少量の食を採る服喪の生活を三年続けたのである。『行基年譜』はこの文章を行年四十三歳条に配し、「生馬《いこま》草野仙房」とする。

生馬仙房と生馬草野仙房は生駒山地に立地したが、前者は老母の病気治療の場であり、後者は老母の菩提を弔う服喪の場であったから、両山房は接近していたと見られる。この場所は行基の墓所がある竹林寺（奈良県生駒市有里町）の周辺に比定される。

行基が没した際、弟子の真成らは「遺命」により「平群《へぐり》郡生馬《いこま》山東陵」に火葬した（『舎利瓶記』）。生駒山東陵に火葬せよとの遺言は、その地への強い執着がみられるから、そこは行基にとって思い出の土地であり、思い出とは老母との生活であったと見てよい。竹林寺に近接してかつて輿山往生院があり、現在は小堂が残り近隣の総墓になっている。嘉元三年（一三〇五）凝然（一二四〇～一三二一）撰の『竹林寺略録』に、行基の遺言は「遺体は往生院に入れ、かの院より生馬山竹林寺の東陵に葬すべし」とあったという。むろん行基没時に往生院も竹林寺も成立していないから寺名は凝然の時代のものであるが、とにかくこの両地が火葬の地と遺骨埋納の地に該当することが見て取れる。

現在の竹林寺は旧国名でいえば大和国平群郡有里村にあって、生駒山の東麓の丘陵上にあり、標高一六〇～一八〇メートルの等高線上に位置し、仙房・山房と称するにふさわしい景観の中にある。天平年中に活躍した道融の伝記に、「昔母の憂いにあたり、山寺に寄住し……落飾出家し」（懐風藻）とあるから、八世紀の初めころ、母の喪に服し山寺に入ったことが分かる。行基も服喪の生活を続けたのである。

生母の看病と服喪のため、慶雲四年（七〇七）から和銅五年（七一二）まで生駒山麓の山房に居住したが、十五歳で出家し八十二歳で没するまでの生涯において、この六年間は最も静謐な期間であった。看病と服喪のかたわら、行基は、前半生の大部分を占める山林修行の価値を三階宗経典により否定され、今後の生き方を模索していたにちがいない。看病と服喪のためとはいいながら、ひとたび故郷和泉の平野に帰った行基が、再び山房住まいに戻ったのは、行基の前半生と山林修行が分かち難く結びついていたからである。山林修行と山房住まいに懐疑しながら、なお山林に執着する行基に、深い懊悩の影を見とることができる。

『行基年譜』によると、霊亀二年（七一六）の恩光寺の建立まで彼の事績はなにも見えないが、恩光寺の建立は、行基が布教活動を始め建築資材をまかなうに足る程度の集団を構成できたことを示している。和銅五年以前の行基は、仏教者として懐疑と思索の生活を続け、山房に住みながら三階宗経典を読み進め、懐疑の解消に努めていた。そして読解と思索を繰り返す中で、自らの生き方がつかめるようになった。それは集落における相互扶助の朋党の結成をめざし、そのために托鉢行と布施行を用いる方法であった。この方法は、すでに隋の信行によって試みられ成功していた。行基がこの方法を始めたのは恩光寺の建立以前、和銅六（七一三）、七年の頃であろう。

第三章　活動の活発化と国家の弾圧

1　布教の開始——思索から行動へ（四十九歳）

恩光寺の建立（七一六）

山房における経典読解と思索の結果、行基はある程度の確信を得たようで、行動を始めた。霊亀二年（七一六）に恩光寺を大和国平群《へぐり》郡床室村に、養老二年（七一八）に隆福院（登美院）を同国添下郡登美村に起工した。床室村についてはまったく資料がなく所在地は不明である。

平群郡は奈良県生駒市・生駒郡平群町・同郡三郷町・同郡斑鳩《いかるが》町などにあたり、生駒市・平群町は大部分、斑鳩町はその北部が丘陵地であって、平群が国の端の意味とすれば、それにふさわしい平野部の少ない土地柄である。行基が長年にわたり山林に密着した生活をしたことを考えれば、恩光寺は丘陵の山林地に建てられたと考えられる。

恩光寺の所在地は不明であるが、起工月日は十月五日とある。院（寺）の所在地名と起工月日の部分は、『行基年譜』の撰者が参照した「年代記」にあった記述である。ところで近年、大野寺に付属する土塔の発掘調査の際、「神亀四年□卯年二月□□□」の文字を中央に刻する軒丸瓦が発見された。この起工年時は「年代記」の記述と同じであり、「年代記」の信頼性が極めて高いことが判明した。文献資料と考古資料が完全に一致したことは、「年代記」の成立が行基没の天平二十一年（七四九）からさほど遠くないことを推察させる。その時期は行基の遺弟や諸院が現存していて起工の年月日までが判明しているのであるから、「年代記」の成立時期は八世紀の後半と見て大過ないであろう。

恩光寺はなぜ寺とよばれたか

恩光寺についてはふたつの疑問を抱く。①は、「年代記」に記す行基の四十九院は、「行基修行の院」とよばれたのに、なぜこの道場は「寺」と呼ばれたのかということである。四十九院の内、寺と呼ばれたのは平城右京の喜光寺と和泉国大鳥郡の大野寺を含め、三か所にすぎない。喜光寺は平城京における、大野寺は和泉国における行基集団の根拠地であったから、多数の支持者により保護され現代にまで存続したし、また両寺ともに為政者の保護をうけた特別な寺であった（後述）。四十九院のことが、『行基年譜』に引用する「天平十三年辛巳記」に見えないのは、僧尼が寺院外に道場を建て教化すれば還俗との僧尼令に抵触するためである。「院は宅なり、垣牆あらば院と曰う」（礼部韻略）といい垣根に囲まれた堂舎を意味するから、禁令適用を逃れるための呼称である。「天平十三年記」は行基集団が朝廷に提出した公的記録（井上光貞「行基年譜、特に天平十三年記の研究」『律令国家と貴族社会』吉川弘文館、一九六五年）であり、ここに行基の土木関連事業を列記しながらあえて四十九院のことを書かなかったのは、行基集団の合法化を願ったからである。恩光寺については為政者の保護を受けた形跡は見えないが、行基集団にとっても特別な存在であったのかもしれず、それゆえに寺と呼ばれたのであろうか。これについては以下の②と関係する。

②は、生馬院《いこま》との関係である。『続紀』宝亀四年（七七三）十一月条に「行基修行の院」の内、施入田を持たないため「精舎は荒涼とし空しく坐禅の跡をのこす」状態になった六院に、勅施入田が与えられた。生馬院は登美院と同じく当郡の田三町を与えられた。

二十年前の著書（『行基と律令国家』）では、生馬院は『菩薩伝』慶雲四年（七〇七）条の生馬仙房とみて、後の竹林寺（奈良県生駒市有里町）に該当すると考えたのであるが、再考を要する。その理由は竹林寺の成立過程を記録した凝然の『竹林寺略録』に、天平勝宝の造墓（七四九）から嘉禎元年（一二三五）の墓発掘まで「ただ塔廟を建て舎利を安置し、荘厳のみにして、別に寺宇・堂房などの構えなし」とあるからである。凝然の認識では行基墓地には墓標である塔を除きなんらの建物も存しなかったのである。つまりかつてここに寺院の存在した時期はなかったというのである。行基と凝然の間には五百七十余年の年代差があるから、その記述に全幅の信頼性があるわけではないが、碩学のいうことであるから無視はできず一考を要するだろう。

『霊異記』中巻七話に、行基は天平二十一年二月二日、「法儀を生馬山に捨て」とあり生駒山が火葬・墓所の場であることを示すが、そこに寺院のあったことを示していないのである。

恩光寺と生馬院の関係

さてまた『霊異記』中巻八話に、置染臣鯛女《おきそめのおみたいめ》は「生馬山寺《いこま》」に住む行基大徳に毎日食菜を供える信者であったという。この「生馬山寺」は『続紀』宝亀四年条の生馬院と同じものと見てよいだろう。生馬院は行基没後まもない時期にも存続していたが、八世紀後半の成立と推定されその内容が信頼性に富む「年代記」に、なぜ生馬院の記述がないのだろうか。年代記に記録されているのに気付かないのではないか、このように考えて年代記を一覧すると、恩光寺こそが生馬院・生馬山寺ではないかと思い当る。大和国の院は、添下郡に隆福院（登美）・隆福尼院・頭陀院（菩提）・長岡院（菅原寺の西とあるから添下郡）と平城京の喜光寺（菅原寺）、それに平群郡の恩光寺であるから、この中に生馬院があるとすれば恩光寺がそれである。

年代記は四十九院の内、三箇所は寺としるし、残り四十六院の内十二院については「大修恵院　高蔵」のように法名と地名に基づく別名を記している。年代記でももとは「恩光寺　生馬」のような表記であったのが、数次にわたる書写の間に誤写脱落したのではないだろうか。恩光寺を生馬院の別称であるとすると、寺と記述された理由が分かる。ここは山寺と称されるような小規模なものではあったが、行基が民間で活動を始めた最初の根拠地であり、行基集団に属する人々にとっては特別な場であった。それゆえに生馬院と称し内々には恩光寺と称したのでなかろうか。このように考えると、生馬院・生馬山寺が行基を敬慕した「年代記」に寺と称された理由が分かるように思う。

恩光寺（生馬院）の所在地

次に恩光寺・生馬院の所在地について考えてみよう。前述の置染臣鯛女は「奈良京の富尼寺《とみのあまでら》の上座の尼法邇の女《むすめ》なり」とある。富尼寺は天平三年（七三一）、添下郡登美村に起工した隆福尼院のことであろう。富は『和名類聚抄』の鳥貝（鳥見）郷にあたり、その地は平城京西端四坊大路の西方約二、七キロの地である。添下郡登美村には養老二年（七一八）、隆福院（登美院）が建立済みであったから、登美村には僧院と尼院が並び立っていた。

鳥貝（鳥見）郷にあたる近世の小和田村・現在の奈良市大和田町追分に奈良時代瓦を出す遺跡があり、隆福院または同尼院に擬せられている（菅谷文則「奈良市大和田町追分の寺院遺構」『青陵』十五号、一九七〇年）。また同郷にあたる近世の中村現在の奈良市中町の鼻高山霊山寺も隆福院の後身と称している（東山光師「霊山寺のことども」『霊山寺と菩提僧正記念論集』霊山寺、一九八八年）。隆福院の参考地は現在のところ上記の二か所であり、両者間の距離は接近している。

鯛女とその母はこの近辺の出身と仮定すると、彼女は毎日生馬山寺に食菜を届けたのであるから、生馬山寺は追分廃寺跡・霊山寺を中心とする五・六キロの円周の中、それも平群郡であるから円周の西側に求められる。このように考えると近畿日本鉄道生駒線の北は生駒駅から南は元山上口駅までの沿線が該当する。大部分は生駒市の東部にあたり一部は平群町・斑鳩町の北端部がはいる。

追分廃寺跡・霊山寺の西方約三・六キロに行基墓所の竹林寺がある。これは偶然であろうか。行基墓所にはかつて「別に寺宇・堂房などの構えなし」との『竹林寺略録』の記述はあるものの、より古い『霊異記』や考古資料をもとに考えれば、生馬院・生馬山寺の位置は生駒市の東部に求めざるをえない。そして『霊異記』の富尼寺が追分廃寺または霊山寺付近に所在し、尼寺近傍に住んだ置染臣鯛女が毎日食菜を届ける生馬山寺の地として、生駒市有里町は必要にして充分な条件を備えている。や

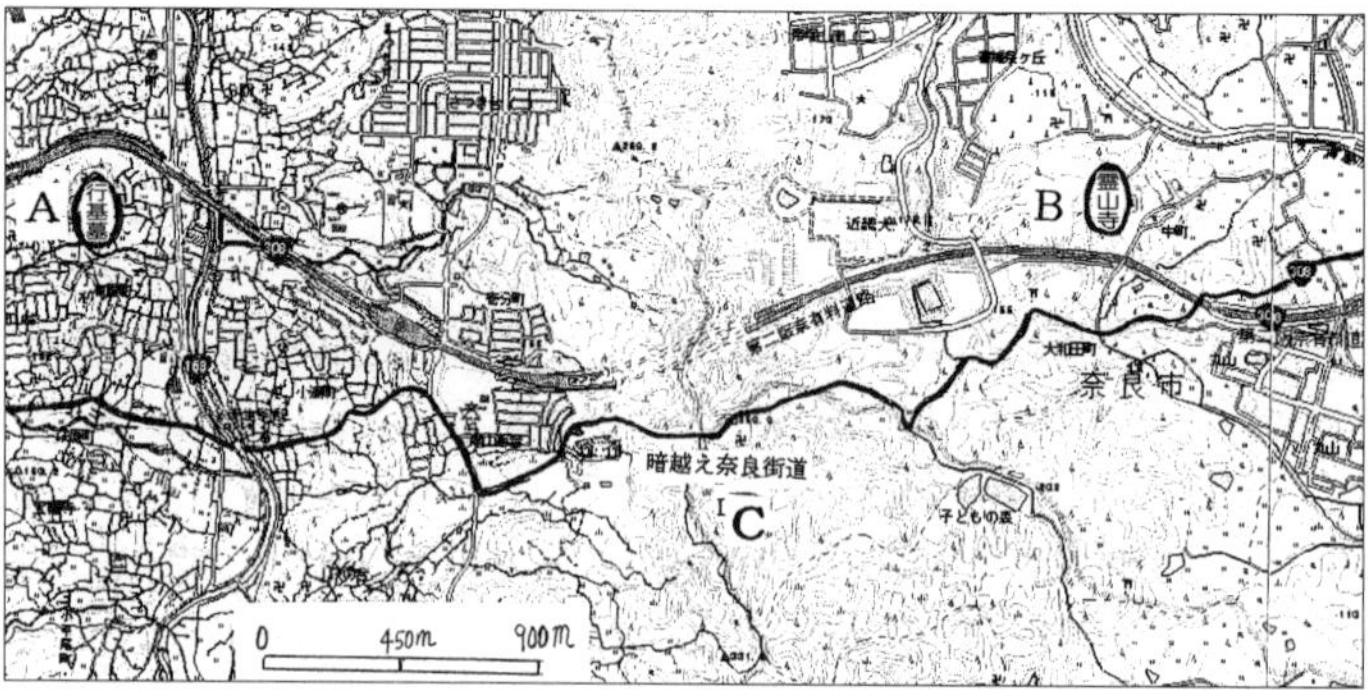

行基墓周辺地図

Ａ：行基墓（生駒市竹林寺）　Ｂ：霊山寺　Ｃ：暗がり越え奈良街道

はり生馬院・生馬山寺は竹林寺の近傍の地、または竹林寺の所在地とみるのが適当である。

以上のように恩光寺は生馬院であり、その場所は生駒市有里町の竹林寺近傍の地とみると、恩光寺の意味に注意される。恩光とは「恵み深い光、万物を育てる春の光」（諸橋『大漢和辞典』）であるから、行基生母に関係する名付けであろうと推察される。行基は慶雲四年（七〇七）生馬仙房に住み「孝養の礼」を尽くし、和銅三年（七一〇）母が没して生馬草野仙房に移り苦行を重ねたというから、生馬草野仙房は生母の喪に服した場所であった。生馬仙房と生馬草野仙房はその名称からして、地理的に近接したことが窺い知られる。恩光寺・生馬院がどちらの仙房であったのか明確ではないが、ここでは生馬仙房であったとしておきたい。つまり現在の竹林寺の地は行基が生母と共に生活した生馬仙房であり、仙房を改装して恩光寺・生馬院が成立したと考えるのである。

なお恩光寺が生馬院であり現在の竹林寺とほぼ同じ場所

にあったとしながら、生母への孝養伝承を否定する説がある（吉川真司『聖武天皇と仏都平城京』講談社、二〇一一年）。

行基は「生馬山東陵」で火葬するよう遺言したのであり、そこは生馬仙房・生馬草野仙房ゆかりの土地であり、現在の竹林寺を含む一帯の地であった。そうした特定の場所に対する強い執着心として生母への孝養を伝記は述べ、その孝養は恩光寺という名称、「恵み深い光、万物を育てる春の光」によく表れている。逆にいえば、生母への孝養伝承を否定すれば、恩光寺という名称を説明し理解することができないであろう。

隆福院（登美院）の所在地

恩光寺起工の二年後、養老二年（七一八）四月廿三日、隆福院（登美院）が大和国添下郡登美村に起工された。宝亀四年の勅では大和国登美院と呼ばれ、寺田を持たず「住持の徒なく精舎は荒涼」の状況にあったので、「当郡の田三町」を勅施入された。登美村には後の天平三年（七三一）十月十五日に隆福尼院も起工された。

『和名類聚抄』に添下郡鳥貝郷（鳥見《とみ》郷）があり、そこにのち鳥見荘が成立したが、近世の『五畿内志』は木嶋・中・三碓《みつがらす》の三村が鳥見荘と呼ばれたことを記している。現在の奈良市石本町・大和田町・中町・富雄元町など、かつて鳥見小川と呼ばれた富雄川に沿った地域である。

明治二十年製版の仮製二万分の一地形図を見ると、この地は等高線のつまった標高百メートルから二百メートルの丘陵地で、行基が初めて建立した和泉の大修恵院の立地条件と似ている。地形図から考えると登美院は山の中の小院であったといえる。しかし一方、この地は交通の要地でもあった。登美郷にあたる中村（現在の奈良市中町）を東西に横断する道は、東行すれば右京の菅原寺へ、西行すれば生駒山の宝山寺を経て東大阪市石切町に至る辻子谷《づしたに》越えに連絡し、更には難波京に連絡する。

行基の墓所竹林寺、即ち恩光寺（生駒院）は辻子谷越えの南方一・二キロにあり、寺の南方〇・六キロに平城京と難波京を連絡する暗がり峠越え奈良街道が走っている。登美の地は河内と大和を結ぶ交通路に面していたから、平城京の造営が始まると人と資材が頻繁に往来する地になった。行基はこうした往来する人々に着目し、彼らを同調者として行基集団に入れるべく、布教の根拠地として登美院を建立したのであろう。

しかし大勢の人々が往来したのは事実であるが、彼らは故郷と平城京の間を往来する人々であったから、登美の地に留まるのは困難であり従って行基集団に入り活動できる人々ではなかった。行基はいかにして同調者を確保するか、その同調者をいかにして土地に根付かせるかの方法を考えざるをえなかった。

隆福院（登美院）の所在地については二説がある。一は鳥見（登美）郷にあたる奈良市中町の鼻高山霊山寺を登美院の後身とする。正嘉二年（一二五八）の「鳥見庄預所下知状」（霊山寺蔵）に、「当寺は行基薩埵（菩薩）済生利物のために草創する所の道場なり」とあるので、鎌倉時代には行基開山説が成立していたことが分かる。

東山光師氏は、「この登美寺の後身が霊山寺であったか否かは断定し得ないが……本寺に白鳳の塼仏を古くから存していることは、その伝世の由来は明証を欠くけれども、本寺の歴史を示すものである。またこの他本寺の付近に奈良朝古瓦の出土もあるので、霊山寺がほぼ登美寺に比せられるであろう」という（前出東山「霊山寺のことども」）。

その二は登美郷に属した近世の小和田村、奈良市大和田町の追分地区から、かつて奈良時代の古瓦・小型菩薩塑像頭部の小片が出土したので、ここに寺院遺構があったと想定されこの廃寺址を隆福院（登美院）にあてる考えがある（前出菅谷「奈良市大和田町追分の寺院遺構」）。追分廃寺址から出土した軒丸瓦6348Abと軒平瓦6654Aは、平城京軒瓦編年によると第Ⅰ期（七〇八～七二一年）に位置づけられるという（坪之内徹「行基の宗教活動とその考古資料」『行基の考古学』塙書房、二〇〇二年）から、年代的には隆福院の起工年次と合致する。

奈良市大和田町追分の地は、難波・大坂から暗がり峠（標高四五〇メートル）を越え、追分・砂茶屋（大和田町）を経て平城京三条大路へ至る暗越え奈良街道の要地であった。

隆福院（登美院）は四十九院の三番目にあたり、行基が民間布教を始めた初期の建築寺院であった。行基は民衆寺院を建立する前、霊亀・養老年間（七一五～七二三年）にいくつかの布施屋を設置し、平城京をめざし調庸の輸送に従事する役民に飲食物と宿泊所を提供した。暗がり越え奈良街道はまさしくそうした役民の通行する道路であり、街道が平城京にはいったすぐの右京三条三坊には、首都の布教拠点である菅原寺が養老六年（七二二）に起工された。追分の寺院遺構は地理的にも年代的にも隆福院と推定する根拠を有している。

しかしながら追分廃寺址が隆福院であると確言できるわけではない。遺跡は調査以前に基壇部を破壊され正式な発掘調査が行われなかったのである。また、天平三年（七三一）十月には添下郡登美村に隆福尼院が起工されており、鳥見郷には他にも奈良時代創建の寺院が存在した形跡がある。現在では、霊山寺にせよ追分廃寺にせよ隆福院（登美院）の参考地に止めざるをえない。

なお先述の置染臣鯛女は、行基から受けた三帰五戒を守ることにより大蛇の災を免れるのであり、彼女は行基に近侍する優婆夷であったことが分かる。神亀四年（七二七）起工の大野寺土塔の瓦銘に「優婆塞」「広依夷」があり、行基集団にはこのような五戒を守る在俗信者が多く存在した例とみなすことができる。

置染氏は連姓の人名が多く見え、首麻呂《おびとまろ》（養老五年、正八位下）・志祈志女《しきしめ》（養老五年、正七位下）・秋山（神亀三年、従五位上）など下級官人を出す氏族で、臣姓の人々も同様であったろう。行基集団の在俗信者層は、多くこうした下級官人を輩出する氏族からなっていたと考えることができる。ただしこうした下級官人層が多くなるのはもう少し後のことで、行基が布教活動を始めた霊亀・養老年間には、彼らの姿はまだ行基の眼中に映じていなかった。

平城京遷都（七一〇）

元明天皇は和銅元年（七〇八）二月、平城への遷都を宣し、九月造平城京司を任命し造営工事が始まった。翌二年九月、造宮事業の将領以下に物を賜ったのは工事が峠を越えたことを示し、和銅三年（七一〇）三月に平城に遷都した。

行基は和銅五年（七一二）以後、生馬草野仙房を出て布教の活動を始めた。霊亀二年（七一六）に恩光寺（生駒院）を建立し布教の根拠地とした。養老二年（七一八）に隆福院（登美院）を建て、同四年

（七二〇）に河内国河内郡日下村《くさか》に石凝院《いしごり》を建て、同六年に平城右京に喜光寺（菅原寺）を建てた。和銅五年（七一二）以後、畿内各地に進出して、行基の教説に同調する人々を集め、その集団を成長されるため交通の要路に布施屋を建立する運動を始めた。『行基年譜』に引用する「天平十三年辛巳記」に、「布施屋九所　見三所　破損六所云々」とあり、天平十三年（七四一）の時点で現存三所・破損六所の状況にあったから、布施屋の設置は行基の布教活動の初期にあったことが窺われる。布施屋建設と相前後して各地に院の建設を行った。布教の初期に建設された院（恩光寺・隆福院・石凝院・清浄土院・同尼院・河内山崎院）は、宝亀四年（七七三）の時点で、施入田・田園を持たず「住持の徒なく、精舎は荒涼」の状況に陥っていたから、六院建設に協力した知識の人々は田園を施入できるような土豪ではなく一般の班田農民層であったことが窺い知れる。

さて養老七年（七二三）興福寺境内に施薬院・悲田院が建立されたが（扶桑略記）、これらは福田院と呼ばれ「贈太政大臣建立」つまり藤原房前《ふささき》の建立と伝えられた（『興福寺流記』）。房前の福田院設立は行基の福田院つまり布施屋造営に倣うものであった（後述）。

布施屋は、平城京建設に動員された人々や調庸の税物を背負い京へ輸送する人々を宿泊させ、飲食物を布施する施設であった。布施行は大乗仏教の修行者である菩薩にとって必須の行である六波羅蜜のひとつで、施者は貪慾心をはなれ三宝・貧民などに衣食などを与えることにより幸せな報を受けるという。平城京造営に動員された役民らの中には、帰郷の際に食糧は絶え途中に飢え死ぬ状況にあったから（『続紀』和銅五年正月条）、宿泊と飲食物を施される布施屋の建設は、故郷を離れた役民らにとって多大な利益を与える施設であった。
九か所の布施屋の内、大江布施屋（山城国乙訓郡大江里）・垂水布施屋（摂津国豊嶋郡垂水里）・石原布施屋（河内国丹比《たじひ》郡石原里）の三か所は、行基造営の各種の施設と関係せず単独の施設であった。これらが平城遷都後間もなくの初期の運動の所産と見られる。

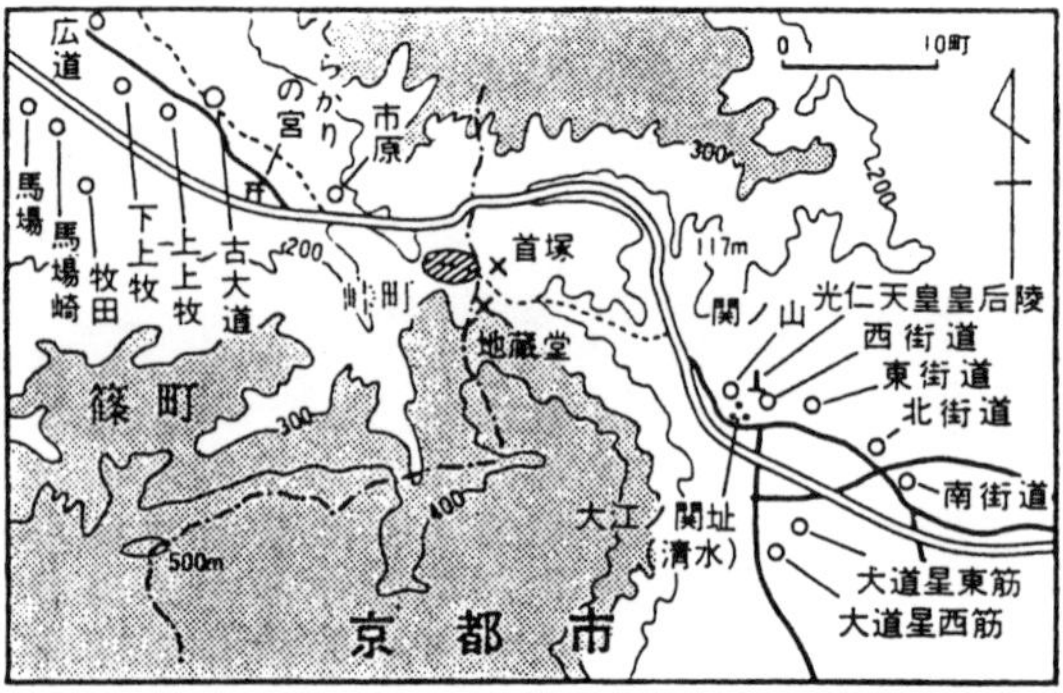

------ 旧道　―――― 山陰道　════ 国道9号線

大枝駅推定地　西京区沓掛の大江関跡（竹岡林原図）

大江里は『和名抄』の大江郷のことで、京都市西京区大枝の諸町にその名を残している。大枝郷には古代山陰道の出発駅である大枝駅（亀岡市内説もある）があり、駅から平城京へは西南に小畑川添いに南下し、淀川を渡り綴喜郡山本駅（京田辺市山本に比定）を経て京に至る、交通の要所であった。

垂水里は『和名抄』に見えず『延喜式』に垂水神社が見え現存するので、神社のある吹田市垂水一丁目辺一帯と見られる。明治二十年の二万分の一地形図には、垂水村（垂水神社）から東南の橋寺村（大阪市東淀川区大道南二丁）にかけて直線的な道路が確認でき、古道と考えられる。道は淀川に架かる行基由来の高瀬大橋を渡り、直線的な道路は茨田郡今米村（東大阪市今米町）まで続き、石切り神社～生駒山上～生駒市菜畑の辻子谷越えにつながる。この高瀬大橋から今米村に続く道が行基建設の直道であった。垂水布施屋は摂津〜河内〜大和の平城京へ至る交通の要所であった。

石原里は近世の河内国八上《やかみ》郡石原村に当る。もと丹比《たじひ》郡八下《はちげ》郷に属し、八下村また八下石原村と称し、のち別れて石原・小寺の両村となったという（『大阪府全誌』四）。現在の堺市東区石原町・八下《やしも》町がその後身で、両町の北部を近世の竹内街道が東西に走っている。竹内街道は古代の丹比道にあたるという通説に従えば、石原布施屋は丹比道という官道に沿って建てられたことになる。ここは、難波〜河内〜大和を結ぶ交通量の多い場所であった。

布施屋で宿泊と飲食物の接待を受けた役民らは、帰郷して行基の布施屋のありがたさを人々に伝えた。これは後年、行基が生存中に菩薩と尊称される要因になったが、彼らは所詮帰郷する人々であり畿内の行基集団の成長に貢献できる人々ではなかった。かくて行基は別の方策を模索することになる。

2　養老元年（七一七）の抑圧（五十歳）

養老元年（七一七）四月の禁令　恩光寺建立の翌養老元年（七一七）四月、仏教界の非違を叱責する三カ条からなる詔が発せられ、行基も実名を挙げて指弾された。

①近ごろ人民は法律を犯し、勝手に髪を剃り僧服を着ている。彼らはみかけは僧侶であるが、心中に盗人の気持ちを持っている。

②僧尼は静かに寺内に暮し、仏の教えを学び仏の道を伝えるべきである。僧尼令の第五条に「托鉢修行をする者は、三綱の連署を得て国郡司に届け、午の時刻（午前十一時〜午後一時）以前に托鉢せよ。その際、食物以外を乞うてはならない」とある。ところが現在、小僧の行基と弟子らは、街ちまたに連れだって、妄りに罪福の因果を説き、徒党を構え、指を切り灯火の芯に捧げ、肘の皮を剝いで写経し捧げる行為をなし、家々を訪ねて偽りごとを説き、食物以外の財物を強要し、聖の道を得たと偽り人民を惑わしている。このため出家も俗人も乱れ騒ぎ、四民は生業を捨て彼らに同調している。仏道に背くのはむろんのこと法令に違反している。

③僧尼が真言・陀羅尼を誦して苦悩する人を救い、薬湯を与えて頑固な病を治療することは、僧尼令において許されている。しかし現在、僧尼はたやすく病人の家を訪れ、偽って怪しい心情を遂げるように祈り、まじないをし、吉凶を占ったりし、老若をおどし脅かし、報酬を求めるようになっている。もし重病人がある時は、清浄に修行する僧尼を招き、僧綱をへて三綱が連署の上、決まった日に病家に赴かせよ。招かれた僧尼は、病家に逗留し日延べをしてはならない。

事に当る官司が取り締まりを怠るがゆえに、かかる弊害が生じる。今後は村里に布告して厳重に禁止させせよ、という（『続日本紀』）。

①自由出家の禁止

本条は、正当な審査手続きを経ない自由出家の風潮があることを述べ、その禁止を命じる。僧尼とは、十戒を受けて出家した沙弥・沙弥尼と、それから進んで二百五十戒を受けた比丘・比丘尼をさすが、いずれも一般人と異なり納税義務が免除されていたから、出家（得度）希望者は多く厳しい審査手続きが必要であった。

出家手続きについて「僧尼令」には規定がないが、大略つぎのようであった。㈠出家希望者の俗名・年齢・本貫地・学習経典の名・修行年数などを記した文書（優婆塞貢進解《うばそくげ》）を治部省に提出する、㈡治部省と民部省が戸籍との対照を行う、㈢問題がなければ得度が行われ証明文書（度縁・公験）が与えられる。

前記のような公的手続きによらず、ひそかに僧尼になる方法はどのようであったろうか。

まず、出家の際に受けた公的証明書を他人に授与しまたは売却して、俗人を僧尼にしたてる方法がある。俗人は証明書の法名を名乗り他人になりすますのである。この不正が発覚した際は、証明書を授与・売却した僧尼は還俗させられ、証明書を受けた俗人は懲役（徒）一年の刑罰を受ける（僧尼令第十六条）。他人の名を犯すので冒名（名を冒《おか》す）という犯罪である。

それ以外の方法は三種類あり、A官司の手続きによらずして私的に出家すること（私度）、B他人の姓名を詐称して公的な出家（得度）をとげること、C死亡した僧尼の法名を詐称して僧尼になりすますこと、である（僧尼令第二十二条）。B・Cは冒名相代という犯罪である。これらの犯罪者は還俗の後、律により処断されるが、戸婚律の私入道罪により百たたきの刑（杖一百）に処され、すでに戸籍を削り僧尼籍に登録すみの場合は、懲役（徒）一年に処される。

前記のように、公的な手続きによらず僧尼になり済ます方法はいくつも存在したが、それは僧尼になることが免税特権の獲得だけでなく、それなりの魅力があったからであった。貴族社会にあっては門地家柄は絶対条件であったが、出家者の社会ではそうではなく、経典学習や修行によって得られる験力の多寡により、寺の三役（三綱）や国ごとの寺院僧尼を管理する国師（講師・読師）、さらに全国の寺院僧尼を管理する僧綱にまで出世することが可能であった。したがって常に出家希望者は多く、不正な手段により僧尼になり済ます者がいたのである。

②行基の徒らの違法行為　本条は行基と弟子らの行状を指弾したもので、この条は(1)〜(3)の三項に分けられる。以下順に見ていきたい。

(1)　寺院外での布教

僧尼は寺院に寂居して師から教えを受け弟子に道をつたえるべきなのに、行基の徒は寺院の外に出て、俗人に道を伝えている、という。

僧尼が国の管理下にある寺院に寂居すべきことは、『日本書紀』の天武天皇の八年（六七九）十月条に見え、大宝令以前からの認識であった。寺院寂居は僧尼に与えられる特権に対する義務であり、官司が僧尼の監督を容易にならしめると共に、僧尼の各種の能力を国家のみが独占することを目的としていた。

(2)　托鉢修行と余物の請求

「僧尼令」に、托鉢修行をする者は、所属寺院の三綱が連署し、午前以前に托鉢し、食物以外は受けてはならないと規定するが、行基の徒はこれらに違反している、という。つまり手続きの違反と托鉢の際に余物を請求したのである。

托鉢修行について、修行希望者は精進練行の者であるか否かが審査される。精進練行とは、不退の求道心をもって情性を陶冶し解脱を求めることをいう。右のことを修行希望者の所属寺院の三綱が承認して連署の上、在外の場合は郡司から国司へ、京内の場合は僧綱→玄蕃寮→治部省へ届けられ、それぞれが精進練行の徒であると認定した上で、国司・治部省の許可が下りるのであって、その手続きの大仰なことは驚くほどである。

いったい托鉢修行は、釈迦以来の仏教教団が僧尼に課した必修の行であり、「(僧尼は)無事の中に糞掃衣(僧衣)をつけ、常に乞食(托鉢)を行じ次第に乞食し、少欲知足にして遠離を楽しむ」と経典(『中阿含経』)が述べるように、僧尼の食物は毎日の托鉢行によって賄うべきものであった。「僧尼令」は、托鉢行を官司が許可するところの特例的な修行としている。七・八世紀の日本仏教は国家が全面的に保護したから、僧尼は官人に準じて衣食住などの心配のない公的立場にあり、托鉢修行は食を求めるためだけには不要な修行であった。しかし戒律を知る僧尼にとって、戒律に規定するものを否定したり抑制する王法(俗世界の法)に黙従することは、菩薩の戒に違背する(『梵網経』)ことだと自覚する人々が現われてくる。

養老二年(七一八)十月、同六年(七二二)七月にも、経を背負い鉢を捧げて托鉢する者を指弾する記事があるから、養老年間は持鉢の托鉢行者が続出する状況にあったことが分かる。

戒律の立場を順守しようとするものにとって、托鉢行を制限しようとする僧尼令は、「仏法の戒律を破壊し」「出家行道することを許さない」王法であり、そうした王法に黙従することは、反仏法反戒律の立場に立つことにつながると自覚する人々がいた。托鉢行者の続出する背景には、そうした宗教的立場を貫徹しようとした人々の存在があったのである。

前記のように⑴は僧尼の寺院寂居、⑵は托鉢修行の制限をいい、⑶で行基の徒の不法行為を指弾するのだから、彼らの不法行為とは寺院外の活動と旺盛な托鉢行と認識されていたことがわかる。次に彼らの具体的な行動を見てみよう。

⑶　小僧の行基と弟子らは街ちまたに連れだって、妄りに罪福の因果を説く

（原文　方今、小僧行基ならびに弟子ら、街衢に零畳《おちかさな》りて、妄りに罪福を説く）。

前記の行為は「僧尼令」第五条、僧尼が「寺院にあらずして、別に道場を立て、衆を聚めて教化し、あわせて妄りに罪福を説く。および長宿を殴り撃てば、みな還俗」の条に触れる。行基と弟子らは街路に群がり、人々を集めて、こうすれば罪を得かくすれば福を得ると説法し、人生の幸不幸には因果の理があると説いたのである。子細に見れば「行基並びに弟子らは、街ちまたに連れだ」つことは、「衆を聚めて教化」に相当する。当時の法律家の解釈では、「衆を聚めて教化」「別に道場を立て」の二項が重なると還俗と解されていたが、行基指弾の記事に「別に道場を立て」の項はないから、処分は還俗ではなくそれ以下であった。養老元年の時点で行基が「寺院にあらずして、別に道場を立て」た例は、①大修恵院と②恩光寺（生馬院）の二例があったが、行基指弾の文章にこれら二院のことは

触れていないから、為政者にこの二院のことは認識されていなかったのであろう。

なお九世紀後半に成立した『令《りょうの》集解《しゅうげ》』には、「古記」という大宝令の注釈書が引用され大宝令文の条文が部分的に明らかにされるが、「古記」は「別に道場を立て、衆を聚めて教化」について「行基大徳の行事の類これをいうなり」とする。「古記」の成立は天平十年（七三八）前後とされ、この時点で行基集団に対する政府側の警戒感はゆるんではいたが合法化には至っていなかったのに、「古記」作成の法律家は行基を大徳（徳高く行いの清い僧）と呼び敬意を表している。行基大徳の呼称には、法文に従えば行基の「別に道場を立て、衆を聚めて教化」は犯罪行為であるが、現実社会においては犯罪行為ではない、との認識があったことを窺うことができる。「古記」の作者は不明なものの、他書にも引用される著名な法律家であった。当時の法律家の社会的地位についてみると、律令解釈の専門家である律学博士（明法博士）の官位は正七位下であり、全三十階のうちの第二十階に属する下級官人であった。こうした下級官人こそ律令国家の実務面を支える人々であり、行基の宗教運動に同調し支えた人々であったと思われる。こうした例が他にも見える。

天平九年（七三七）度の和泉監（国）の収支決算報告書（正税帳）の和泉郡の条に「少領外《げ》従七位下珎県主倭《ちぬのあがたぬしやまと》麻呂《まろ》」の名が見え、彼は和泉郡郡司の次官（少領）であり、外従《げじゅ》七位下の位を帯びる下級貴族であった。彼はのち和泉郡の長官（大領）になり、のち発心し出家して行基大徳の弟子になり信厳と名乗り「大徳とともに死ぬ」ことを望んだが、幸薄く行基より先に没した（『日本霊異記』）という。

八世紀後半の成立と考えられる『大僧正記』に、行基の出家の弟子三十四人の名を列記するが、「故人となった侍者千有余人」の項に十人の法師名を記し中に信厳の名がみえる。弥県主《ちぬのあがたぬし》は、大化前代に和泉地方が大和政権に服属して弥上県・弥下県に編成された際に上県の長官（県主）に任命された土豪であり、名家であった。彼ら下級官人は実務をとりしきる行政の練達家であり、一般人に対して大きな影響力を保持していた。行基集団に属する在家者は位階を帯びる下級官人やその一族、下級官人になりえる郷長クラスの人々からなっていたと考えられる。

つぎに「妄りに罪福を説く」とは、現世の幸福または不幸になる原因は必ずあり、現在の状況は過去の原因のもたらした結果にすぎないと説くことであろう。つまりこの世には因果の理が貫徹していると説くのである。罪福と因果について参考になるのは、天平五年の正倉院文書に見える「仏説罪福報応経」である。そこでは「人となり豪貴・国王・長者なるは、三宝中を礼事せしより来たるなり。人となり大いに財物に富み無限なるは、布施中に従い来るゆえなり。人となり短少なるは、人を軽慢せしがゆえなり。人となり醜陋なるは、瞋恚を喜びしがゆえなり」という。前生の善因は今生の善果になり、前生の悪因は今生の悪果になるという分かりやすい論理である。

行基を「文殊師利菩薩の反化（変化）なり」と敬慕した景戒《きょうかい》が九世紀初めに編集した『日本霊異記』は、「因果の報いを示すにあらずば、何によりて悪心を改め善道を修めん」と述べるように、善因に善果・悪因に悪果の来ることを教え、「諸悪なすことなく諸善奉行」を願う心から執筆した書である。そこでは庶民から天皇までが扱われ、人生には因果の理が一貫して現われるという。たとえば賀美能《かみの》天皇（嵯峨）は、前世に伊予国神野郡（新居郡）の修行者であったとされ、その修行の功により天皇に生まれたという。また高位の貴族藤原永手や佐伯伊太知は、今生に三宝をないがしろにしたので地獄に堕ちたと説かれる。因果の理は、生きとし生けるものすべてに貫徹する。行基の「罪福を説く」ことは、上記のような善因に善果・悪因に悪果のくることを説き、三宝に帰依し五戒を守れと説くことであったろう。

「妄りに罪福を説く」ことはこの一事のみで還俗とされる重罪であった。この場合の罪福とは、天皇の徳性と流行病・天災などを結びつけ論じることで、そのことは国史に多く見られる。疾病天災などの原因を為政者の徳性の低さに求めることが、「妄りに罪福を説く」こととされたのである。

行基の説いた因果論にこうした為政者への批判が含まれていたとは考えられない。なぜなら、神亀四年（七二七）年起工の大野寺の土塔の隣接地から出土した須恵器片に、「添厳清……七廜（廟）咸登萬……□帝天皇尊霊□……」との文字が刻まれているからである。この須恵器は本来土塔由来の遺物であったと推定されている。断片であるため文意は確定しがたいが、「七世父母生々世々、恒生浄土」（観心寺阿弥陀像銘）・「願七世先霊共登彼岸」（粟原寺露盤銘）などと同類で、「代々の天皇の尊霊」が浄土に登ることを祈念する意味であろう。この銘文から、今生の造寺造塔という善行による善果を、先祖と現在の親族・自己の属する官人社会の頂点に位置する天皇らへ回向したいとの思いをくみ取ることができる。

行基の教説には、七世の父母・六親眷族の神霊救済のために、行基集団への布施行を勧めることがあったと思われる。先祖の神霊は、生存中に重ねた悪行により地獄道・餓鬼道などの悪道に堕ち苦悩しているが、子孫の作善行によって救済されるのである。先祖の神霊の救済と布施行との結合は、行基が学んだ三階宗の経典に記されている。

衆生ことごとく無始以来の宿債あり、官にありては法をまげ財を取り、商となりては他を誑《たぶら》かして利を貪り、農となりては諸虫を殺し、工となりては仏物をかすめとる等、百生千生の劫千劫、その罪あげて救うべからず

(『無尽蔵法釈』)

しかし、無尽蔵施と称される布施行の積み重ねにより無始以来の宿債は払拭され、悪道に苦しむ神霊は救済されるのである。古代の日本において、天災飢饉疫病は個人や集団の犯した罪業の現報であり、それは苦行や布施によりほろぼしえるとする観念が存在した。盂蘭盆会のように、死者追福の儀礼は早くも七世紀中頃に定着していたのであり、仏教の理解と受容が過去神霊の追福と密着して始まったことが理解される。行基の多種類の社会的事業の背景には、無数の財物や労力の布施が存在したから、その布施の動機として、まず過去神霊の救済という論理は、当時の人々にとって最も理解しやすいものであった。そして布施行者の記憶にない七世の父母の罪業は、現在の自分と眷族に及んでいるのだから、その罪業を払拭するために布施行は必要であった。行基の布施行を勧める教説は、右のような罪業観の上に立って展開されたと考える。

(4)　徒党を組み、指を切り灯火の芯に捧げ、肘の皮を剝いで写経し捧げる行為をなす（原文　朋党を合い構え、指臂を焚き剝ぐ）

「僧尼令」第四条の「朋党を合い構え、徒衆を擾乱」に該当する。徒衆は出家と在家の集団といい、罰は三宝へ貢献する労役（苦使）―仏堂清掃・仏前写経など―であった。「僧尼令」第二七条に焚身捨身の禁止があり、「古記」は「焚身は、指を灯《ともしび》とし身を焼き尽くすをいうなり。捨身は、身の皮を剝ぎ、ならびに畜生布施と称して、山野に自尽するをいうなり」とする。「古記」は焚身と捨身に区別するが、仏典ではいずれも捨身として扱われ、とくに『梵網経』では大乗菩薩の行うべき行として推奨されている。

奈良時代の例では、大僧都になった賢憬（～七九三）が「皮を剝ぎ指を燃やす人なり」（七大寺年表）と伝え、藤原家依（～七八五）の病気を呪願した看病禅師は、「手の上に熁《おきび》を置き香を焼き行道し、陀羅尼を読み」（『霊異記』）走ったという。行基の徒の「指臂を焚き剝ぐ」行為は、こうした捨身行実践のもっとも早い事例として認められる。詔は、行基の名をあげて不法行為者として指弾するのであるから、こうした捨身行為は事実存在したとみなければならない。行基の徒の中にはこうした激情的な行為に走る者があり、彼らは僧尼令という王法よりも経典の啓示を重んじる人々であった。養老元年四月の台閣は、右大臣藤原不比等・中納言粟田真人・同阿倍宿奈麻呂・同巨勢麻呂の四人だけであり左大臣を欠いていたから、右大臣の不比等の発言力は大きかった。行基指弾の詔は、大宝・養老律令の制定に尽力した法家というべき不比等の意向から出たものと見て間違いないであろう。

(5)　家々を訪ねて偽りごとを説き、食物以外の財物を強要する

（原文　歴門仮説し、強いて余物を乞う）

「僧尼令」の第二三条は、僧尼が経・像を俗人に授け門ごとに歴訪教化せしめると百日の苦使とする。むろん僧尼が自身で歴訪教化する場合も同罪となる。こうした点を見ると「僧尼令」は、僧尼の寺院外における布教をまったく期待していないといってよい。さらに歴訪教化により財物を過多に請い得たときは、詐欺律を適用するという。「僧尼令」の第五条は、托鉢修行の際に「余物」を請うてはならないとする。「余物」とは衣服財物の類を意味する。この条項から分かることは、行基に従う出家者は、集団で門ごとに歴訪し説教するのであるが、その際に食物はむろんそれ以外の衣服財物を過多に強要することがあったのである。これらの資材は布施屋や院で休息する行路者へ施されるものであった。また門ごとの歴訪の際、善因に善果の論理を使い布施行への同調と集団への参加を求めたのであろう。

(6)　聖の道を得たと偽り人民を惑わしている

（原文　いつわりて聖道をえたりと称し百姓を妖惑す）

「僧尼令」の第一条に、偽って聖道を得たと称した僧尼は、法律により科罪されるという。具体的には罪の軽重によらずまず還俗させるのであり、僧尼身分を失い教団から追放になるので、僧尼としては最も重い刑罰である。聖道とは、仏道修行の結果として悟り（果）を得た聖人の道であり、これに四種類あり、①預流果・②一来果・③不還果・④羅漢果であるという。南伝（小乗）仏教における

修道の階梯であり、この四果は、大乗仏教では菩薩の進むべき十段階（十地）に組み込まれ、第四地から第七地に充てられる。したがって行基集団のなかには、自ら大乗の菩薩や小乗の聖人の段階に達したと自認し称するものがいたわけである。聖道を得たと自認する者は、菩薩の階梯を進んだ者であるから、たとえば神足や天眼などの神通力を得た者でもあった。『霊異記』における行基は天眼通の霊能者として記され、八世紀末の民衆社会が期待した行基像がどのようなものであったかを知り得る。

『四分律』の第四波羅夷法に、「我はこれ阿羅漢なり、禅を得て神通を得て他心を知る」と自称しながら、それが虚妄であるなら教団追放になると規定する。大乗戒である『梵網経』十重戒の第四戒も、このような場合は追放罪（波羅夷罪）とする。しかし「我は上人の法を得たり、我はすでに聖智の勝法に入る」と自認することは、宗教的自覚に基づくものであるから、第三者がこれを虚妄であると認めても、自称するものを屈服させることは困難であろう。行基集団の中には、このように聖人・菩薩の位に進んだと自称する者がいたのであり、そこに熱狂的雰囲気が存在したことが窺われる。前項「指臂を焚き剝ぐ」ような自傷行為もそうした雰囲気から生じたものであろう。

なお聖道について関係する木簡が飛鳥寺東南角の外側から出土している。木簡の復元文を示すと次のようになる。□は志水正司氏の復元による（同氏「菩薩行木簡考」『日本歴史』六七八号、二〇〇四年）。

　　一者十信　　　　　一者[煖]
四十心者　二者十解　次四種善根者　二者[頂]

三者十行　三者忍
四者十廻向　四者世第一法

志水氏によると、十信～十廻向・四種善根などは梁の真諦（四九九～五六九）訳の『摂大乗論釈』に見える菩薩の修道階位をあらわす語句で、出土地は飛鳥寺の東南隅であったから道昭の禅院に関係する木簡であったと推定する。そして「道昭のもとに集まった多数の出家・在家の人々にとり、菩薩の修行・その階位の問題はすこぶる関心のよせられたことであろう。その講説の際の覚書が木簡に記されて、たまたま残ったことが推察される」という。これについて少々考えてみたい。

上半分の「四十心」とは、大乗仏教の修行段階である十信～十廻向の階位がそれぞれ十階に分けられるので、全部で四十階になるという意味である。「十信」は菩提心を発する段階で凡夫の初発の心の状況を意味する。次の十解（十住とも）から十行・十廻向とより高度に進む段階は、さとりに入るまえの賢人、諸悪を離れた人の階位にあたる。この階位を経て菩薩の十地の十階に入るが、菩薩の十地と「無垢地・妙覚地」の十二階が聖人の階位とされる。

下半分は小乗仏教の賢人の階位で、「四種善根」とは初等の煖から進み世第一法までの階位とする。煖の前に位置する三階位と四種善根を合わせて七賢ともいう。この七賢の階位を更に進むと、前述の①預流果・②一来果・③不還果・④羅漢果などの聖人（四聖）の階位に入る。

この木簡には大乗仏教の菩薩の十地や小乗仏教の四聖についての記述は見えないが、木簡が菩薩の修行・階位に関する講義の覚書であったなら、講義は必ずや菩薩の十地やそれと対比して小乗仏教の四聖に関して進められたはずである。木簡の作成年代が明確でないから、道昭の講義だけでなく、大宝「僧尼令」の「いつわりて聖道をえたりと称し」の研究や或いは養老元年詔の「聖道」の研究の一部であったかもしれない。出土地からみて飛鳥寺に関係する木簡であることはまず確実で、当時の大寺でなにが研究されていたかを知る貴重な資料といえる。行基の徒の中にはこうした講義を聴き、賢人と聖人の違いを知り、あえて聖人であると自称したのであろう。

この時代には菩薩を自称する人々が存在した。天平十三年（七四一）に『大般若経』を書写した報信菩薩の例があり、また天平十七年（七四五）に『瑜伽師地論』を書写した願主の萬瑜菩薩と書写の法師信瑜菩薩の例がある。さらに天平宝字五（七六一）・六年にかけて、光覚なる僧侶が出家と在家の人々からなる集団（知識）を率い大量の写経を行った。その人名の中に、演勝菩薩・化勝菩薩・延光菩薩・霊光菩薩・光笠菩薩・光道菩薩・光身菩薩など七人の菩薩の名が見える。しかも彼らの中には親族で参加する例が見える。光道菩薩と子の紫□、恩重父日置造古麻呂・親母秦忌寸広刀自の子の光身菩薩の例である。

これら自称の菩薩の他に、菩薩とほめ称される人々がいた。行基はその一人で「人は慈悲を仰ぎ、世は菩薩と称」したという。また孝謙天皇（称徳）の時代（七四九〜五八、七六四〜七〇）、左京興福寺の永興は摂津国手嶋郡の出身で、紀伊国牟婁郡熊野村に住み、海辺の人々を教化し、病人を誦呪して癒し、土地の人々から南菩薩とほめ称されていた。彼はのち興福寺に帰り天平宝字二年（七五八）には寺三役のひとつ上座法師として見え、宝亀三年（七七二）には、持戒と看病の面で著名な僧十人が宮中において天皇の安穏を祈る十禅師に任命され、永興もその一人となった。牟婁郡は新宮市・那智勝浦町・串本町・すさみ町・白浜町など海辺の地区と、本宮町・中辺地町など山間地区からなり、かなり広い地域である。菩薩とほめ称された事例として、今のところ行基と永興の二例しかあげることができないが、彼らの行動範囲は広く数か国にわたり、多数の人々から慈悲・持戒・看病・清行などの面で高く仰がれていたことが窺われる。

これに対し、前述の自称の菩薩らについては、行基・永興のように人々を救済する利他行の実践を確認することができない。菩薩と尊称された僧と異なり、自称の菩薩の活動範囲は狭く、土着の村落周辺に限られ、その生活は私度僧や優婆塞と同様な在家的なものであったろう。

神護景雲二年（七六八）五月の勅に、近年国主・国継の名を付け、仏・菩薩・聖賢の名を名乗ることが非難されているが、これらの諸菩薩たちはそうした風潮に沿う存在であったとは思われない。志《し》我閉連《がべのむらじ》阿弥陀・嶋《しまの》阿弥多などの例とことなり、自称の菩薩らはすでに出家しており、菩薩を名乗るからにはそれ相応の自覚があったはずである。彼らに菩薩を称させたのは、出家在家の区別なく菩薩の道を説く『瑜伽師地論』や『梵網経』でなかったろうか。行基集団のなかに「聖道を得た」と自称する人が一部に存在したが、たんなる思い上がりでなく経典の教示に基づく自覚を持つ人々であったと考える。

3　養老元年の抑圧と中国反乱教徒との関係

詔は行基と弟子らが、①町の辻で集団で説法する、②集団で捨身供養をしてみせる、③托鉢行で食物以外を請求する、④悟りを得たと偽称し人々を惑乱させたと糾弾し、その結果、出家も俗人も乱れ騒ぎ四民は生業を忘れるほどである。行基らの行動は釈迦の教えに違い法令に違反するという。「町の辻」というから町は都市を意味し平城京での行為であったと想定される。

①〜④の事項は律令法である「僧尼令」に違反する部分はたしかにあるが、詔の後半部分、出家も俗人も乱れ騒ぎ四民は生業を忘れ、行基らは戒律と律令法に違反するというのは、現代人の感覚からすれば誇大な表現のように感じる。誇大な表現は当時の為政者の感覚からきたものであり、彼らにはそう考える充分な根拠が存したのであろう。その根拠とは、為政者が諸事につき範とした中国の歴史上の事例であろう。それはどのような事例なのか考えてみよう。

中国の社会では古くから、天子が不徳ならば天命は去り、別の有徳者が新王朝を開くのを肯定する易姓《えきせい》革命が認められたので、不徳腐敗の王朝に対して武力による反抗攻撃が合理化されたが、そのなかで注目すべきは宗教団体の武力反乱があった。

太平道の乱　紀元二五年に成立した後漢王朝は、二世紀の末、数十万人と伝えられる宗教結社太平道を組織した張角（〜一八四）一派を危険視し抑圧したので、張角らは王朝の転覆を企画し中平元年（一八四）挙兵した。これが黄巾の乱で、張角の病死により乱は失敗に終わったが、後漢王朝は決定的打撃をうけ紀元二二〇年に滅亡した。張角は組織拡大のため初期に弟子八人を諸方に派遣し、信徒が数十万になると新たに三十六人を派遣し将軍クラスとした。

張角は今の北中国河北省の出身で黄老の学を奉じたというから道教系の人で、お札・神水・呪文（符水呪）による病気治療を善くし人々の信頼を得た。反乱を起すにあたり張角は天公将軍と称し、兄弟二人にも将軍号を称させたという（『後漢書』皇甫嵩伝）。

五斗米道の乱

つぎに五斗米道は、二世紀の半ばに張陵が今の四川省で創立した宗教団体で、お札（符）祈禱による病気治療を行った。病気の原因は当人の罪科であるとし、反省文を神々に捧げ、公共の作業に奉仕すれば病気は治るとされた。教法は張陵から子の張衡、孫の張魯に伝えられ、張魯は漢中（今の陝西省）に進出し組織作りをした。その組織とは初めて加入したものを鬼卒と名付け、これを教導するリーダーを祭酒とし、その上に大祭酒を置き、張魯自身は師君と称し全体を統括するという宗教国家を樹立した。街道には祭酒らをして義舎という建物を作らせ、中には米肉を備えて行路者に利用させた。紀元二一五年に曹操の討伐を受けて降伏したという（『三国志』八張魯伝・『後漢書』劉焉伝）。

弥勒教徒の乱

つぎに弥勒《みろく》教徒《きょうと》の乱がある。弥勒菩薩は釈迦仏から未来の成道を予言され兜率《とそつ》天に生まれ、仏滅後五六億七千万年後にこの世界に生まれでて、すべての人々を済度するとされる。弥勒出現の世は世直し・革命の世の中であり、今がその時代であるという教徒が現われた。

僧の法慶は冀《き》州（今の河北省南部）の人で、北魏の五一五年、大乗教を組織し反乱を起した。彼は妖幻の術を使ったが、かれが合成した薬剤を服用すると、親族の関係を忘れただ殺害のみを事とするようになったという。一人を殺した教徒は一住菩薩、十人を殺した者は十住菩薩と称され、殺人が奨励された。教徒は「新仏出世して衆魔を除去す」をスローガンに、役人・僧尼を殺し役所・寺院を放火焼尽させた（『魏書』十九、元遙伝）。

隋の大業九年（六一三）、博陵郡唐県（今の河北省中部）の宋子賢は煬帝の襲撃を企て、弥勒仏出現を唱え民衆を組織した。かれは特異な能力を持ち自己を変化させて弥勒仏の形容貌を創りだすことができた。無遮大会を名目に民衆を集め煬帝の襲撃をする計画であったが、機密がもれて殺害された。逮捕された連累者は一千余家であったという（『資治通鑑』煬帝紀）。同年扶風（今の陝西省中部）の僧海明も弥勒仏出現を唱え民衆を組織した。かれは他人の見たい夢を操ることができ、多くの民衆の熱狂を引き出し武装勢力は数万を数えた。自ら皇帝を称し白鳥の年号を制定し反乱を起したが、官軍の反撃により壊滅した（『隋書』楊義真伝、重松俊章「唐宋時代の弥勒教匪」『史淵』3、一九三二年）。

これら反乱記事を載せる『後漢書』『三国志』『隋書』などは早く日本にもたらされ、『日本書紀』『続日本紀』編纂にあたり参考にもされたから、養老元年（七一七）の時点で中国的教養を身につけた知識人・官僚らにとって教徒らの反乱事件は既知の事実であった。かれらが中国の教徒反乱の事件と展開中の行基の活動を比較したとき、類似点に多さに驚いたであろう。

①行基は少なくとも五十余人の出家の弟子をもち、その下に在家の郡司級の下級貴族、さらにその下に郷長クラスの識字層の弟子をもった。集団は極めて組織されていた。集団内が組織されていた点で中国の反乱教徒らと軌を一にする。

②行基の布施屋は街道脇に設けられ、役民や貢調の運脚夫を収容し寝床と飲食物を供与し集団に同調する人々を獲得しようとした。五斗米道の義舎と形態・内容が一致している。

③行基は実態は不明ながら「霊異神験」を現す人と当時の人々に認識されていた。反乱教徒らのリーダーたちも特異な能力を持ち多くの人々を魅惑した点で一致している。

④行基は生前から菩薩と尊称されていた。行基の学んだ『瑜伽師地論』は四~五世紀の学僧弥勒菩薩の著作とされ、この点で、反乱の弥勒教徒らと関係すると付会牽強することができた。

以上の点は、中国の典籍を読みなれた官僚・知識人・帰朝した留学僧留学生にとって容易に読み取れることであり、かれらの助言によって為政者らは養老元年の抑圧を行うに至ったのであろう。しかし行基の活動を実際に観察すれば容易に理解されるが、民衆的寺院・交通・農業などの公共的施設の建設であり、反乱教徒らの破壊行動とは正反対の生活の安定増強を目的とするものであった。

4　養老六年（七二二）七月の禁令と行基

前節で述べたように、養老元年（七一七）四月の詔で行基は「小僧」（とるにたらない僧）と蔑称されたが、その後の彼の行動はどのように変わったのだろうか。元年四月の詔では、違反僧尼に対する罰則規定がなく、ただ関係官司に対し、今後は厳しく禁断し村里に布告せよとのべるばかりである。

養老元年・二年の建立院

行基は、養老二年（七一八）四月、大和国添下郡登美村に隆福院（登美院）を起工し、同四年九月に河内国河内郡日下《くさか》村に石凝《いしごり》院を起工した。隆福院は前述のごとく、河内と大和をつなぐ暗がり峠越え奈良街道の沿線にあり、難波京と平城京をつなぐ最短ルート上にあった。石凝院の所在した日下村は、記紀にみえる草香津・日下の蓼津・日下の直越えの道に関係する地名で、東大阪市日下町にその名を残している。日下の地は河内国を南北に縦断する東高野街道に面し、生駒山の西麓斜面にあって山地と平地の接点に位置し、ここから生駒山を越えて大和に入る道があった。日下町の日下墓地西方で、昭和三十七年（一九六二）に発見された瓦の堆積遺構は、石凝院址と考えるむきがある。日下墓地が行基七墓の一と伝えられること、出土瓦が平城宮式第Ⅱ期（七二四～四五）にあたる、との二点からの主張である（藤井直正・都出比呂志『原始古代の枚岡』一九六七年）。確実な証拠があるとはいえず参考地とするのが適当であろう。

養老四年（七二〇）までに建立された恩光寺（生駒院）・隆福院（登美院）・石凝院は交通の要所に立地するという共通性があったが、また一方宝亀四年（七七三）の時点で、院の維持管理に必要な田園を持たないため「住持の徒なく精舎は荒涼」の状況に陥るという共通性を持っていた。こうした状況は、養老六年（七二二）起工の喜光寺（菅原寺）を除き、神亀二年（七二五）までに建立された清浄土院（高渚院）・同尼院・久修園院（河内山埼院）まで共通している。つまり神亀二年（七二五）の久修園院（河内山埼院）の起工まで、行基集団は院を形成するだけの資力はあるものの、院を久しく維持するための田園を寄進できるほどの財力を持たない人々によって構成されていたのである。行基の視線は役民や運脚夫を含む一般班田農民にそそがれて、いまだ郡司郷長を含む下級官人層に至らなかったと思われる。

養老から神亀二年までの行基集団は出家の信者が多く、かれらの激情的な行動は為政者の目を驚かすに充分なものがあったが、在家の信者は「追従する者ややもすれば千をもって数う」という状況には至っていなかったであろう。

こうした状況を見ると、養老元年詔は文言の強さにもかかわらず、行基集団への科罪までには至らず、行基らの活動は実際に制限を受けなかったと考えてよいだろう。或いは政権内で行基集団への科罪を控え、かれらの行動を容認する人々がいたとも考えられる。それについては別に考えることにする。

同二年（七一八）十月、太政官は僧綱に対し五か条を指示した。それらは①法門の師範たるべき者を挙げよ、②三蔵五宗の宗師たるべき者を挙げよ、③僧尼は学業に従え、④僧尼は法に従え、⑤妄りに入山し廬を作ったり妄りがわしい托鉢行を禁止せよという。これらについて僧綱は熟慮しよく討議し、また非行違反僧尼に対し僧綱が禁制し説諭せよという。つまり不比等政権は教団の自浄機能に期待し、僧綱が違反僧尼らを説諭することを期待し僧綱の主体性を尊重しようとするのである。違反僧尼への科罰を避けようとするのである。こうした不比等政権の教団に対する態度は、次の長屋王政権とは大いに異なっていた。

不比等の仏教上の事績として興福寺維摩会《ゆいまえ》の再興がある。維摩会は藤原鎌足が山階《やましな》の屋敷で病気に苦しんだ斉明天皇の二年（六五六）、維摩経典の読誦により平癒したのを機に始まった。鎌足没後に中絶したが、不比等が病気に苦しんだ慶雲二年（七〇五）に再興を志し、翌三年（七〇六）に藤原京の邸宅で鎌足忌日に維摩経を講説させ、自ら願文を作った。和銅三年（七一〇）に山階寺を平城に移し興福寺と称し、同寺において維摩会を毎年開催したという。また鎌足が家財を割いて元興寺に施し五宗学問の分としたが、そのひとつである元興寺摂大乗論衆は、不比等の経済援助を得て講説の資としたという。

こうした不比等の仏教上の業績を見ると、王法と仏法の相互依存の関係を認めていた政治家のように考えられる。養老元年・二年の仏教政策は不比等の意思を表したものであったが、そこでは僧尼令と戒律に違反する僧尼を直ちに処罰する策を取らず、僧綱の指導、教団の自浄作用に期待する性格が明らかに存在した。次期に台閣を率いた長屋王の仏教政策とは異なっていた。

喜光寺（菅原寺）の建立　養老五年（七二一）、平城右京三条三坊に住む寺史《てらのふひと》乙丸《おとまろ》は自分の住宅を行基に布施し、翌六年（七二二）二月そこに喜光寺（菅原寺）が起工された。

> 菅原寺　二月十日起　讃に曰く、最後の涅槃の所なり
> 右京三条三坊の九坪・十坪・十四坪・十五坪・十六坪に在り

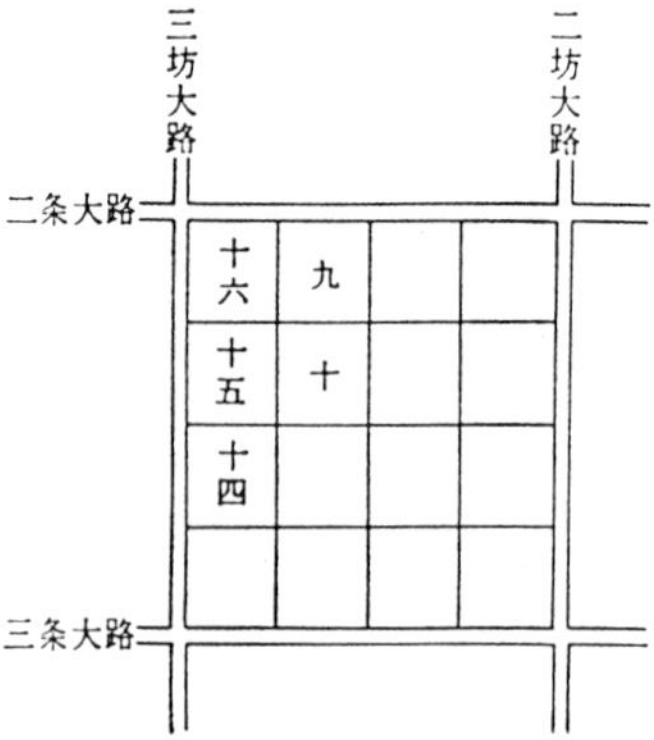

菅原寺の寺地・右京三条三坊
（9・10・14・15・16の坪）

右の記事は「年代記」のもので、同記は八世紀後半の編集、恐らく行基没後二十～三十年後の成立と見られるので、都合五坪にわたる寺地は八世紀後半の状態を示している。現金堂に重複してひとまわり大きな基壇が発見されているから、最初は現金堂の地である十五坪が創建当時の寺地であったといえる。十五坪の寺史乙丸の居宅を寺院に転用しその後に金堂や堂舎を建立したとすると、当初は方一町或いは一町以下の地であり、その後に隣接地を次々と入手したのであろう。

寺史乙丸自身については行基の信者であったこと以外に何の記録もない。寺史という氏族は、弘仁五年（八一四）撰の『新撰姓氏録』に見えない。右京三条三坊には戸主の寺史足とその戸口である寺史妹麿が居住しており、その一帯は寺史一族の居住地であったらしい。

右京一条二坊の西隆寺跡から出土した木簡に「寺浄麻呂」があり、彼は造西隆寺司に勤務する官人か工人であったらしい。宝亀十一年（七八〇）に高尾忌寸を賜った「河内国高安郡人大初位下《そい》寺浄麻呂」は、西隆寺跡木簡の寺浄麻呂と同一人であろう。右京一条二坊の西隆寺と同三条三坊の菅原寺の距離は二町余にすぎず、寺浄麻呂が寺史の同族であり居住地を近接していたなら、三条三坊のあたりから造西隆寺司の一条二坊に勤務するのは容易であった。

また左京三条二坊の長屋王邸跡から、「大初位下……（欠損）寺史安麻呂」と「税司少初位上伊我臣広庭　寺史」の木簡が出土しており、寺史両人は長屋王邸に勤務する下級官人であったと考えられる。右京三条三坊の住人として古文書に記される例を見ると下級官人層に属する例が多い。

①於伊美吉子《うえのいみき》　天平五年（七三三）に従六位上で下野国薬師寺造寺工であった。戸口十五人のうち奴四人婢一人を抱えていた。

②丈部忌寸浜足《はせつかべ》　天平宝字二年（七五八）に、正少初位上で文部省書生であった。子の益人は経師であった。

③次田《すいた》連福徳　天平五年に左兵衛で戸口廿人のうちに舎人一人、奴三人婢六人を抱えていた。

④出庭徳麻呂　天平五年に戸口十五人の戸主であった。十五人の名前・年齢などを記した原簿を作成したのは中務省史生の出庭臣乙麻呂であり、戸主と乙麻呂は同族関係にあったらしい。

⑤三国真人国継　無位の戸主であったが、天平神護二年（七六八）に越前国坂井井郡にあった墾田一町などを東大寺に売却した。天平三年（七三一）に坂井郡大領であった三国真人（名欠）とは同族関

係にあったらしい。

⑥物部連族五百　無位の戸主であったが戸口のうちに奴一人婢一人を抱えていた。天平二十年（七四八）に大仏造営知識として銭一千貫などを寄進した大初位下物部連族子嶋とは同族関係にあったらしい。

以上のように右京三条三坊の戸主には、下級官人や奴婢を抱える者・墾田を所持する者など、班田農民より経済的に余裕のあるものが見られ、寺史乙丸もそうした階層に属す人であった。喜光寺建立に協力した人々はこうした社会階層に属す人々であり、かれらは新しく行基集団に参入してきた人々であった。

以上のことから、寺史乙丸は下級官人を輩出する氏族の一員であったと考えられる。行基の信者になった在家の官人として、天平十年以後に弟子になった外《げ》従七位下和泉郡少領珍県主《ちぬのあがたぬし》倭麻呂《やまとまろ》の例があり、在家信者の上層部はこうした下級官人層や奴婢や墾田を所有する富裕層で占められていたことが窺われる。

菅原寺（喜光寺）の地・右京三条三坊の北面は二条大路に面し、そこから東へ二キロ弱で朱雀門に至る交通の要所であった。菅原寺の確保により、平城京における行基の布教活動は活発さをもって展開されることになった。

菅原寺の建設された養老六年の前後に行基が建立した六院は、院の管理維持に不可欠の寺田田園を持たず、宝亀四年（七七三）の時点で住持の人もなく建物は荒廃していた。つまりこれら六院の建立に結集した在家の人々は寺田田園の寄進を出来かねる経済状態にあり、かれらは一般の班田農民であったと考えられる。行基と弟子僧らの視線は仏教に縁遠くあった一般農民層に注がれていたのである。そうした状況の中で、菅原寺（喜光寺）が維持できたのは寺田田園の寄進をうけたからであり、寄進したのは寺史のような下級官人層であったと考えられる。

養老六年の禁令

養老六年（七二二）七月十日、太政官は二カ条について天裁を仰ぐ上奏を行い許可された。

(1)　最近の僧綱は定所におらず好き勝手に出歩くので、官庁への牒の文案も決済できず事務処理が滞ることが多い。そこで僧綱の居場所は「薬師寺をもって、常の住居とすべし」という。

時の僧綱は、義淵・観成・弁正・神叡の四人で、養老元年（七一七）からこの編成である。すでに六年間の執務期間があるから、各員の意思疎通も円滑に行われていたであろう。にもかかわらず、「法務備わらざるをもって、雑事しきりにいたり、終に令条に違う」と酷評する。法務とは戒律による僧尼の教導と官庁との事務連絡を意味し、その教導と連絡ができていないと酷評するのである。

養老四年（七二〇）八月、台閣筆頭の右大臣藤原不比等が没したあと、舎人親王が知太政官事に任じたが、太政官の実質的指導権は大納言長屋王がとり、彼は同五年正月に右大臣に任じた。したがって僧綱に対する低い評価は、右大臣長屋王の意を表したものであった。こうした態度は前政権の藤原不比等のそれと比べると、明らかに異なっていた。

長屋王政権は現在の僧綱のあり様が令条に違反していると決めつけ、教団の自浄機能や僧綱の主体性を尊重しようとする姿勢が見えない。したがって一般僧尼の非行についても次のような峻厳な態度をとる。

(2)―1　近ごろ在京の僧尼は、戒律をまなばず、罪福の因果を巧みに説き都の人々を誘っている。また人の妻子をして自由出家させ、これにより出家者は親・夫を顧みず、経典を負い飯鉢を持って町々に托鉢し、町々で捨身供養をして見せたり、群がり寄宿して邪説を説いている。これらを禁断すべきである。

(2)―2　そこで都と諸国に専当の官人を派遣し取り締まりをさせる。上記の違反を容認した官司は現職を解き、違反僧尼は杖罪百に決し、郷里に帰還させる。容認した主人・坊令・里長らは杖罪八十にする。

(2)―1の文言は、養老元年に「小僧行基」と名をあげて呵責した文言と酷似しているので、行基集団を対象とする禁令であるとする解釈もあるが、文中に行基の名は見えないので、直接行基の徒を対象としたものではない。「小僧行基」と叱責する不比等政権は、言葉の荒さにもかかわらず、行基集団への実際的な科罪はなかったのに対し、長屋王政権は違反僧尼に対し杖罪を科す厳罰主義をとるのであるから、当然に行基の名があるべきである。それがないのだから、行基に限らず京城内で、幸不幸の因果を説き、自由出家・托鉢行の盛行、捨身供養・集団説法の横行などの状況が広く見られたのである。しかし行基もこの禁令の対象になったが、科罪されたという記録はないものの、帰郷のやむなきに至ったと思われる。それは長屋王が失脚する天平元年（七二九）二月まで、行基の行動は郷里和泉と河内国に限定されるからである。

政治の厳しい抑圧に接して、行基の集団は維持しがたく、平城京造営に動員された役民を中心とする集団を解体し、行基は郷里に帰らざるをえなかった。

養老元年～六年に行基が科罪されなかった理由

養老元年（七一七）四月の抑圧にもかかわらず、行基の布教活動は止むことがなかった。また同六年七月の禁令にもかかわらず、行基は科罪されることはなかった。吉田一彦氏は、律令は道徳的訓戒的要素の強い教令法で、法と刑罰は不可分でないから、行基への刑罰はなかったかもしれず、ただ政府は行基に活動の転換を命じたという。そこでつぎには為政者の行基集団への対応を考えてみよう。元年四月の禁令は藤原不比等の主唱によるものであったが、不比等自身は、僧尼令に違反する僧尼らを僧綱の教諭指導に委ねる方針であった。さらに不比等の子房前は、父と異なり行基の活動を容認し外護したためであると考える。

藤原房前は養老元年十一月に参議に任じ、父不比等の態度と裏腹に行基集団の活動を容認した。不比等は養老四年八月に亡くなり、翌五年（七二一）正月には藤原武智麻呂が中納言に任じ房前と同じく行基の活動を容認した。行基の活動には政権を批判したり社会的動揺をもたらすような性格はなく、仏教的な救済思想のみがあることを看取ったためであった。

藤原兄弟と行基との接点は、養老七年（七二三）に興福寺に施薬院と悲田院が設置されたことにある（『扶桑略記』）。平安時代末の成立とみられる『興福寺流記』に、「福田院縁起に云う、贈太政大臣の建立、北家の始なり」とある。この福田院は諸史料に見えず院家の名ではなく、施薬院と悲田院を意味するのだろう。その縁起に、両院は没後に太政大臣を贈られた房前の建立にかかるという。

興福寺は藤原氏の氏寺であり両院の設置は房前ら兄弟の意志によったものであるが、その政治的目的は何であったろうか。

これより先、和銅六年（七一三）十一月、故文武天皇のキサキであった石川・紀の両夫人が嬪の地位を追われ所生の皇子が臣籍に降りたのは、首皇子を擁する藤原不比等の陰謀であった。その不比等が慶雲四年（七〇七）四月、歴代天皇に奉仕した功績により封戸五千を与えられ内二千を受け取り子孫に伝えるという優遇措置を受けた。藤原氏は鎌足の時に封戸一萬五千を受け子孫に伝世し、このたび更に二千戸を加え経済的に他氏に圧倒的に優越したから、不比等の没した養老四年（七二〇）八月以後は、かつてなく諸貴族の反藤原感情が高まっていた。こうした政治状況において、不比等亡きあとの房前ら兄弟が、病苦と貧乏の徒らを救済する施設を設置したことは、藤原兄弟に対する世上の反感を緩和する策となったに違いない。

こうした救済施設の設置は、行基の布施屋設置に触発されたものであった。行基は九か所に布施屋を設置したが、それらは天平十三年（七四一）の時点で現存三か所・破損六か所になっており、布施屋設置は行基の初期の活動の所産であったことが読み取れる。行基の修行道場・布教拠点となった院の本格的設置は、恩光寺（霊亀二年、七一六）に始まり、隆福院（養老二年、七一八）・石凝院（同四年、七二〇）など摂津→河内→平城京の交通路に面した山林中の小院であった。布施屋は、平城京を目指し調・庸の輸送に従事する役民のために宿泊と飲食物を布施する施設であった。布施屋設置は霊亀〜養老年間の行基の初期の布教活動の所産であり、救済され郷里に戻った役民らの行基評は行基が菩薩と尊称される要因となった。藤原兄弟はこうした行基の活動に学び施薬院・悲田院の設置に踏み切ったのである。

施薬院・悲田院は、天平二年(七三〇)光明皇后の皇后宮職にも設置された。元年の二月、左大臣長屋王と吉備内親王の家族が謀反を口実に殺され、八月に夫人光明子の皇后冊立が実現したように、光明子立后には流血の惨事が伴っていた。こうした血まみれの皇后のイメージを払拭し慈愛にみちた国母のイメージをつくるためにも施薬院・悲田院の設置は必要であり、ひいては行基の活動の公認も必要とされたのである。

5　行基の帰郷と建立寺院(五十五歳〜六十歳)

帰郷した行基と国司

養老六年(七二二)七月の禁令により、行基は大和・平城京における活動をやめ郷里和泉に帰らざるをえなかった。それは神亀年間(七二四〜二八)の建立寺院が六院あって、和泉五院・河内一院であることから察知される。行基が帰郷後、大和に院を設置するのは天平三年(七三一)のことで(隆福尼院)、養老六年禁令の主唱者長屋王の没落後のことであった。

養老六年(六二二)七月の禁令により行基は帰郷のやむなきに至ったものの、旺盛な活動がやまなかったのはなぜであろうか。諸院の造営や山崎橋・檜尾池・土室池の造営など、地元民衆の労力と資材の提供なしにはなし得ないし、そのことは、和泉河内両国において活発な托鉢行と布施行の勧誘が

表3－1　養老六年禁令以後の行基建立の院

起工年	院寺名	所在地	随伴施設	院の存否　他
神亀元年（七二四）	清浄土院（高渚）	和泉国大鳥郡葦田里		続紀に記事有
同	同尼院	同国同郡日下部郷高石村		
神亀二年（七二五）	久修園院（山埼）	河内国交野郡一条内	楠葉布施屋・山崎橋	現存　続紀に記事
神亀三年（七二六）	檜尾池院	和泉国大鳥郡和田郷	檜尾池	
神亀四年（七二七）	大野寺	同国同郡大野村	野中布施屋・土室池・長土池	現存
同	同尼院	右に同じ	右に同じ	

実行されたことを物語っている。

こうした活動が展開できたのは二つの理由がある。第一に慶雲二年（七〇五）起工の大修恵院（高蔵院）が大鳥郡大村里に健在で、行基が大和・平城京で活動し和泉地域を留守にしていた間にも、行基集団が根付いていたことがあげられる。大村郷を本拠とした氏族に大村直と荒田直の二氏があり、神亀四年（七二七）起工の大鳥郡大野寺土塔の出土瓦銘に「大村」が二点、「荒田直」が一点見られるから、大村直と荒田直は大野寺建立の際の檀越であった。大村氏出身で元興寺の真成は行基の親族の弟子であり（『大僧正記』）、行基没後に師匠の伝記を舎利瓶に刻ましめた人であった。こうした状況から、大修恵院（高蔵院）の起工に際し大村直と荒田直は檀越になったと考えられる。かれらの他にも和泉地域の多くの氏族が行基集団に参加しており、かれらの支援のもとに行基は活動の再開を図ることができた。

第二に、和泉国を管理支配する国司とくに国守の容認があったからだと考えられる。神亀三年（七二六）の檜尾池院の建立は檜尾池の造成を伴い、その規模は不明なものの、池の造成は用水路・田地の開発と連動していたからかなりの規模の労働力が必要とされ大勢の人々が参加した。また大野寺土塔からは文字を刻んだ瓦が一二〇〇余点出土しており、それらの大部分は人名で占められていたから、大野寺と土塔の造成工事は大規模な動員によって可能になったことが見て取れる。こうした土木工事に群衆する人々に国司の監視が集まることは当然のことで、工事が完遂されたのは国司とくに国守《くにのかみ》の容認または協力があったからである。

神亀年間の和泉国の長官は正四位下阿倍広庭《あべのひろにわ》で、彼は養老六年（七二二）二月に参議に任じ、三月に知河内和泉国事という官職に任官している。和泉国と河内国の両国国司の長官を兼任する官職で、天平四年（七三二）二月まで河内和泉の両国を支配し、行基の活動を容認した。また彼は神亀四年（七二七）十月に中納言に進み、天平四年（七三二）の没時まで同職にあったから、台閣の一員として行基らの活動を容認することができたのである。

阿倍広庭の官職・知河内和泉国事という官職は、養老三年（七一九）七月に創設された地方行政監察機関である按察使《あぜち》のことで、同年九月に畿内に設置された摂官の一つであった。摂官は正四位下の中央官人が兼任したから、政府は摂官を通じて畿内諸国を強力に支配しようとする意図を持っていた。

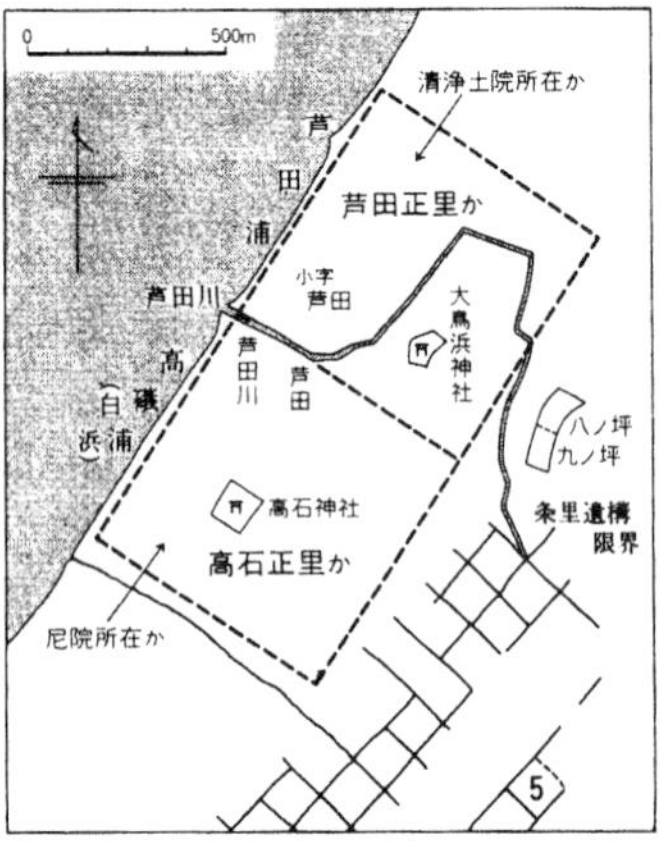

芦田川々口と清浄土院同尼院の比定
（『高石市史　第一巻』）

養老四年（七二〇）八月の藤原不比等の死没を機に、藤原氏への反感が高まり参議藤原房前らはそうした反感を緩和するため、養老七年（七二三）興福寺内に悲田院・施薬院を設置した。身寄りのない貧者・薬剤を買う資力のない病人を救済しようとしたのは、貢調運脚夫や平城京造営に動員された役民を救済した行基の布施屋建立の前例に倣ったものであった。

阿倍広庭の参議就任は養老六年（七二二）二月のことで、広庭が行基の活動を容認したのは、先任の議政官である参議藤原房前・中納言同武智麻呂の意向を汲むものであったろうが、むしろ珍努宮《ちぬ》（和泉宮）の造営と関係して考えるべきである。従来和泉地域は河内国の一部をなしていたが、霊亀二年（七一六）三月、和泉・日根両郡を割いて、その税物などは珍努宮の造営と維持に充てられ、四月に大鳥郡を加えて和泉監とし河内国から分離させた。しかし和泉監は三郡からなる下国であり、郡の規模は中郡と下郡であったから、離宮の造営は財政規模の小さい和泉監にとっては過大な負担であった。河内・和泉両国の長官である阿倍広庭は離宮造営と維持のため、人夫を動員し資材と労働力を確保する必要上、和泉地域の土豪の協力が是非とも必要であった。阿倍広庭が和泉の土豪出身である行基の活動を容認したのは、それにより和泉河内両国の行基を支持する土豪の協力を得ることを期待したのである。神亀年間における行基の活動は、右のように地方公権力の容認のもとに展開した。

清浄土院（高渚院）

行基は神亀元年（七二四）清浄土院（高渚《たかす》院）を和泉国大鳥郡葦田里に、同尼院を同郡日下部《くさかべ》郷高石村に起工した。起工月日の記述はない。宝亀四年（七七三）十一月、行基修行の院のうち寺田を所有しないため「精舎荒涼」の状況に陥った六院の中に、和泉国高渚院がありこれに当る。

前著では、葦田里の注記「今塩穴郷」と「高渚」にひかれ葦田里を旧塩穴郷に属する今の堺市東湊町西湊町辺に想定したが、「今」とは注記が付けられた平安後期のことであるから、移転前の旧地を探さねばならず訂正が必要である。『高石市史　第一巻』は、葦田里は鶴田池からの流れを受け堺市原田から高石市を横断し、同市羽衣四丁目に河口を開く芦田川沿岸に求めるべきという。その川口の南北に芦田の小字が存するので、北岸の芦田地区に清浄土院を、南岸の芦田地区に同尼院を想定する。この説に従いたい。

芦田川々口の南約〇・四キロに行基の父方の先祖王仁を祀る式内高石神社がある。父方の高志《こし》（古志）史の本拠地であるから、両院の設置には高志氏など地元の豪族などの協力があったに違いない。

養老六年七月の禁令は、自由にさせず故郷の本族に帰せ（勒して郷族に還せ）というから、行基が高志氏のもとに帰ったのは確かであった。

芦田川々口は港・停泊地であった可能性がある。行基が貝塚市近木川々口の神前《こうさき》地区に作った神前船息から難波御津《みつ》までの各港の距離を見ると次のようになる。

近木川々口（神前船息）→津田川々口（貝塚港）二・五キロ→春木川々口（岸和田港）二・七キロ→
大津川々口（忠岡泊地）二・九キロ→王子川々口三・六キロ→芦田川々口（高石漁港）一・九キロ→
石津川々口（石津港）三キロ→竪川々口（堺港）三・四キロ→細井川々口（住吉津）四・二キロ→
三津寺（難波御津）六・四キロ

住吉津と難波御津の間には榎津《えなつ》・敷津《しきつ》の港があったから、古代においては大体三キロ前後の間隔で川口に港があったらしいと分かる。こうした港を利用するのは紀伊・土佐・阿波など南海道諸国が朝廷に貢納する品々を積載する船舶であり、また地元の生産品を難波京の市場で売却しようとする商業・運輸業に従事する人々の船舶であった。これらの船舶は停泊する港々で、地元民と携行品や余剰品を交易したはずであり、港・泊地は交易の場でもあった。芦田川々口が港・停泊地であり交易の場であったとすると、そこに立地する清浄土院建立に結集した人々は、こうした交易の利を求める人々でもあったと考えてよい。

行基らが構築した橋・堀川・直道・船息などは商業・運輸業に従事する人々に多大の利益を与えた、と同時にそれぞれの施設構築に貢献した行基集団の人々にも利益を与えた。

これら施設は大勢の人々が行き交う交通の結節点にあり、人々が情報を交換する場でもあり、また交易が行われる場でもあった。施設を構築するには多大の労力と資財の投下が必要であったが、けっして一方的な布施行ではなく、行基集団に属する人々も利益を受けたのである。

久修園院（河内山埼院）

神亀二年（七二五）九月、久修園院《くすおん》（山埼）が河内国交野《かたの》郡一条内に起工された。宝亀四年（七七三）十一月、行基修行の院のうち田園を所有しないため「精舎荒涼」の状況に陥った六院の中に、河内国山埼院がありこれに当る。京都府八幡市と大阪府枚方市との境界近く、枚方市中之芝二丁の淀川堤防の直下に天王山久《く》修園院《すおん》が現存し、行基開基の久修園院の後身と称している。久修園院は当初の場所を移動していないようだ。

久修園院
（大阪府枚方市中之芝二丁）

楠葉の地（枚方市楠葉の諸町）は『古事記』神武天皇段に「久須婆《くすば》の度《わたり》」とみえ、交通の要所であった。和銅四年（七一一）正月、交野郡の楠葉駅など六駅が新設されたのは、平城京遷都に伴い、平城京から北上して楠葉に至り淀川を渡り、山陽道に連絡する道路の設置に関連している。神亀二年（七二五）九月十二日に山崎橋が起工されたとあるから（天平十三年記）、院と橋の起工は同時であった。工事に先立ち、楠葉の地では地元民への資材・労力の提供を求める説教と托鉢行が行われ、行基集団への参加が呼びかけられた。こうして見ると、院は祈りの場であり、僧俗からなる行

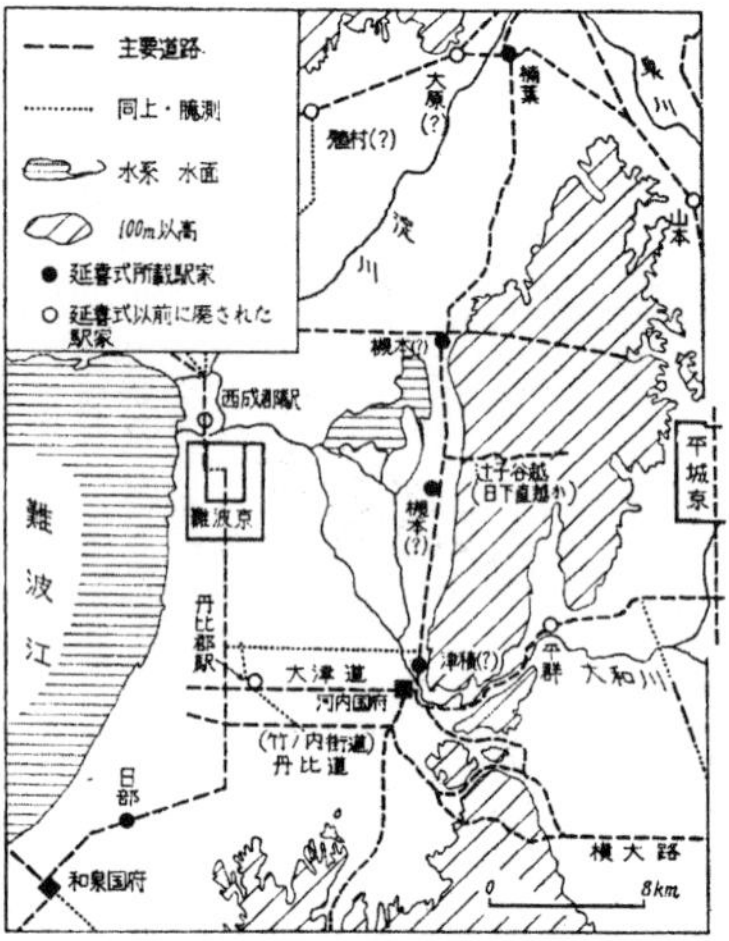

樟葉駅と平城京・難波京
（足利健亮作図）

基集団の寄宿と相談の場であり、工事のための現場事務所でもあったといえる。

楠葉の地は古くからの交通の要所であったから、和銅元年（七〇八）九月、造平城京司の任命があって造都工事が本格化すると、楠葉の地を往来する人々の群れは急増した。ここに行基らが楠葉の布施屋を設置したのは和銅年間、遅くとも霊亀年間（七一五〜一六）であろう。久修園院の伝承する縁起が、開創は霊亀二年（七一六）というのは或いは布施屋の設置年を示したものかもしれない。楠葉の地に布施屋を設置できたのは、この地域に布施屋を維持管理する資材と労力を提供する集団が編成されたことを意味する。つまり山埼院と山崎橋の着工以前、楠葉では行基集団が編成されていたのであり、そうした成功の流れのなかで院と橋の造営計画が生まれたのである。

山崎橋

久修園院の北面に淀川が流れ、楠葉の山埼の地から対岸の山城国乙訓《おとくに》郡山前《やまさき》郷にかけて山崎橋が渡された。山崎橋は大和・河内から山陽道に出る重要な橋であったから、政府は延暦三年（七八四）七月、諸国へ架橋材料の貢進を命じている。長岡京遷都に伴い水陸交通の要地である山崎の重要性が認識され、私設の橋から公設への変更であった。その山前《やまさき》郷の无水川《みなせがわ》側に、天平三年（七三一）に山埼院が起工された。月日の記はない。山崎橋をはさみ北詰に乙訓郡山埼院・南詰に交野郡山埼院があって、両院は橋の維持と管理に当っていたことが想定される。前著では乙訓郡山埼院の所在地を、大阪府三島郡島本町と推定した。久修園院の場所が当初から動いていないとすると、山崎橋は枚方市楠葉中之芝二丁の地から淀川を渡り、対岸の三島郡島本町山崎の地に架されたとした。この地は水無瀬川が淀川に合流する地点であり、无水川《みなせがわ》側と表記するにふさわしい土地であった。島本町山崎の地は明治四年の国境裁定では山城国乙訓郡とされたように、しばしば国境の変更があった地区であり、行基の時代には山城国乙訓郡であったと考えたのである。

山崎廃寺の発見

山埼院は天平三年（七三一）山城国乙訓郡山前郷无水河側に起工された。院の法名と起工月日の記述はない。山崎郷（山前）は、京都府大山崎町の大山崎を中心とする地域に比定されるが、歴史的地名としての山崎には、大山崎のみならず大阪府島本町の山崎の地をも含んでいた。

京都府大山崎町で発掘調査された山崎廃寺が山埼院に該当するという報告がなされている。町教育委員会による一九七八年の調査以来、字大山崎小字上ノ田・同字小字龍光等から古代瓦・文字陰刻瓦・塑像断片・塼仏断片・壁体断片などの発見がなされており、これらは山崎廃寺の関連遺物と認識されるようになった。山崎廃寺は天王山から下ってくる急斜面を造成した地盤上に立地し、寺地は、文字陰刻瓦九二点を出土した小字上ノ田と同瓦七二点を出土した小字龍光の間にまたがり、一辺およそ百メートルを超える範囲と推定されている。東海道本線山崎駅の東方約二〇〇メートル、東海道本線と同新幹線にはさまれた地である（『大山崎町埋蔵文化財調査報告書　第七集』一九九〇年・『同報告書第二五集』二〇〇三年）という。

　山崎廃寺が行基の山埼院に関係するという理由は、大量に出土した文字陰刻瓦の存在にある。陰刻文字の大部分は人名またはその一部であり、文字の大きさと字形はさまざまで、寺院の建設にあたり労力資材を寄進した者が自分の名を記したものと考えられる。こうした状況は行基四十九院の一つ、堺市の大野寺土塔の出土瓦と同一なので行基の山埼院と同一視される。氏姓が確認できる例は、秦・日置造《ひおきのみやつこ》・河内部・佐為宿祢・六人部連《むとべのむらじ》・葉栗・佐伯直・榎井・辛矢造・林連などがあり、これら氏族はなんらかの形で乙訓郡とのつながりが見られる。また出土品の中には七世紀後半の白鳳時代の軒丸瓦と軒平瓦、それに白鳳時代の塑像断片（螺髪、指）があるので、山崎廃寺は白鳳時代造立の堂舎にはじまり「行基が大山崎に至った時、白鳳時代に建立された寺院はまだ存在しており、その建物や本尊を取り込む形で山埼院が再整備された」という。

　さらに小字上ノ田から発見された多数の壁体断片に注目される。断片の大部分は一〇センチ未満であるが、そこには朱・黄・青・緑・白など彩色蓮華文や葡萄唐草文が描かれている。文様の様式は八世紀前半とされるから、壁画壁体は行基の山埼院の建物内の壁面を飾っていたものであり、建物が九世紀に焼亡したあとに背後の傾斜地に捨てられたという。

山崎廃寺は山埼院か

　以上調査書の要旨をのべたがいくつか疑問が残る。その一は所在地に関することで、「年代記」は「山埼院　同国乙訓郡山前郷无水《みなせ》河側に在り」とするから、院は現在の

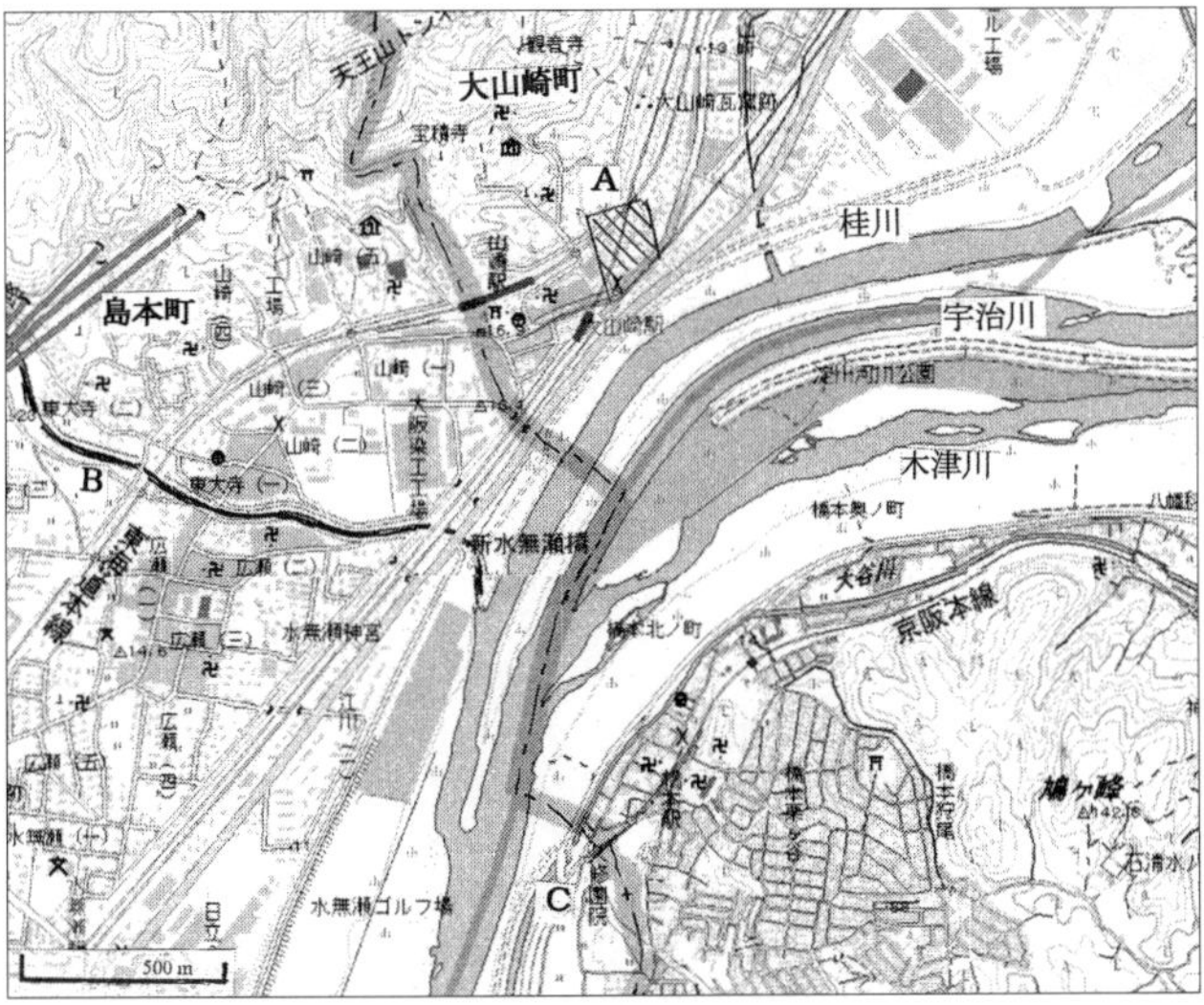

山崎廃寺と水無瀬川の位置

A：山崎廃寺　B：水無瀬川　C：久修園院

島本町を流域とする水無瀬《みなせ》川の側に立地していた。水無瀬川の源流は島本町北端の釈迦岳に発し、島本町を南下し同町広瀬で淀川に合流する。

　現在の水無瀬川と山崎廃寺所在地西辺との間隔は近い所で八〇〇余メートル以上ある。古代の无水河の流路が現在の水無瀬川の流路と同じでないことはわかるが、その間隔はあまりに大きく「无水河側」と記す状況に当らない。地形図をみても水無瀬川が山崎廃寺の側を流れるのは不可能である。

　前著で山崎院の推定所在地を島本町としたのは、古代において島本町山崎の地が山城国乙訓郡山前郷に属していたと考えたからである。

　古代の山城国と摂津国の国境が水無瀬川であったとする『山城名勝志』（巻六、大島武好、一七一一年刊）の説に従うと、水無瀬川流域の島本町山崎の地は山前郷に属し、「无水河側」と記されてよい状況にあった。明治四年の裁定では国境は水無瀬川の堤であった。こうした国境の移動を考慮すると、山崎郷には山埼院と山崎橋が造営され、山崎橋北詰めに山埼院が建設されて橋の維持と管理に当っていたと考えられる。

この島本町山崎の対岸、枚方市楠葉中之芝二丁に久修園院（河内山埼院）があり、山崎院より六年早く起工され、山崎橋南詰めに立地して橋の維持と管理に当っていた。山崎橋の両端に山埼院と久修園院が位置していたとすると、大山崎町上ノ田・竜光の地は島本町山崎の地より久修園院により遠く、橋が最短距離をはかって架けられたことを考えると、山埼院の地として不適当といわざるをえない。

山崎廃寺址から文字瓦が多く出土したが、山埼院であるとする文字史料を欠いているので、山埼院址だと断定することはできない。今の段階では山埼院の参考地というに止めるのが適当であろう。

行基が霊亀二年（七一六）本格的に民間布教に乗りだして建設した七院、恩光寺・隆福院（登美院）・石凝院・喜光寺（菅原寺）・清浄土院・同尼院・久修園院（河内山崎院）は喜光寺（菅原寺）を除き、宝亀四年（七七三）の時点でもともと施入田も田園も所持していなかったので、住持の人もなく建物は荒涼たる状況に陥っていた。このことは、これら諸院の建設に資材と労力の提供した地元の人々が、田園の施入までは出来かねる経済状況にある人々であったことを意味するし、行基の布教活動は後年のように「追随する者ややもすれば千をもって数う」と表現されるような魅力をいまだ備えていなかったことを意味する。行基の視線は、神亀二年（七二五）まで街道を往来する一般民衆や平城京の一般住民にそそがれていたのである。

檜尾池院と和田氏

神亀三年（七二六）、和泉国大鳥郡和田郷《にきた》に檜尾《ひのお》池院が起工された。行基らは同郷に檜尾池を造成したから、院と池の造成は同時期とみてよいだろう。『和泉志』は、上別所・下別所・上・檜尾・大森・野々井の六村が『和名抄』の和田郷にあたるという。石津川に合流する和田《わだ》川上流の地区であり、堺市最奥部の丘陵地である。近世の檜尾村は堺市南区檜尾として名を残している。上記の六地区に灌漑用の池はいくつもあるが、檜尾池の名は残っておらず所在不明である。

檜尾池は灌漑用のため池であるから、ここに用水路を設け田地の開発が行われた。開墾田地について班田収受の法では明確な規定がなく、開墾者の権利についても認められていなかったから、国郡司による恣意的な没収もあったと考えられる。このため政府は養老七年（七二三）四月、三世一身法を発令して開墾者の権利を保護し、開墾の奨励を進めた。

法令では、ため池や用水路を新設して開墾した田地は三代にわたる私有を許し、既設の灌漑施設を利用して開墾した田地は一代限り私有を許した。行基は畿内に十五か所のため池を設けたが、檜尾池は三世一身法発令後の最初の事例であった。三世一身法の三年後に始まる檜尾池造成は、まことに時機にかなった工事であった。この意味で、「行基は三世一身法発布後、院と結合した灌漑施設の造営という独自の運動形態を開拓しはじめた」と解釈するのは的を射ているといえる（栄原永遠男「行基と三世一身法」『国史論集』一九七七年）。

この和田郷を本拠とする氏族に、中臣系の和太《にきた》連と神魂命《かんたまのみこと》系の和田首《にきた》があり、院と池の造成に彼らの後援があったであろう。三世一身法によりもっとも利益を得たのは、かれらのような労働力と資材力にまさる土豪らであったからである。

檜尾池院と檜尾池の造成は和泉地域の土豪らに大きな波紋を投じた。それはこの工事が、土豪らの田地開発による富の蓄積という私的欲望を満足させながら、知識による集団的開発という形態をとったから、富の蓄積・欲望の充足に伴なうある種の引け目を感じないで済んだからである。これまでの行基の活動が院と布施屋の建設に限られ、建設に必要な資材と労力を集団に参加した信者の布施に頼り、信者らは布施により自己と先祖の罪障を除く功徳を得るという論理に従っていたのであるが、田地開発による富の蓄積に、法令のみならず行基の体現する仏教によって正当性の保証を与えられたからである。

この意味で神亀三年（七二六）の檜尾池院の建設は画期的であり、これ以後、労働力と資材力にまさる土豪らは競って行基集団へ参加するようになった。行基の集団が「ややもすれば千をもって数う」状況は神亀三年以後のことであった。

大野寺の土塔

神亀四年（七二七）二月三日、和泉国大鳥郡大野村に大野寺と同尼院が起工された。大野寺は堺市中区土塔町に土塔山大野寺として現存している。同尼院は亡び所在が不明になっている。

所在地の土塔町は泉北丘陵の南部に位置し近世の土師村の一部であり、延宝年間（一六七三〜八一）に土師村民が畑地として開墾し土塔新田村が成立した。石高は五三石余で定住人家はなくすべて出作りであった。

『和泉志』は、土師村を含む九か村が『和名抄』土師郷に属するという。大野寺の所在する旧土師郷の地は、土師氏四腹のうち毛受《もず》腹の土師連（宿祢）の本拠地であった。旧土師郷の地には百舌鳥古墳群があり、伝仁徳天皇陵・伝履中天皇陵など大小の古墳が散在している。土師氏は七・八世紀においても陵墓造営や葬儀に従事することが多く、土木工営を得意とする氏族であった。大野寺に付属する土塔は文字通り土砂をピラミッド状に積み上げて造成した特異な塔婆で、古墳も土塔も千年の風雨に耐えるようにする土木技術は同一であるから、寺の造営には土師氏が大檀越として関与したと前著では考えた。

大野寺土塔の復元模型（堺市教育委員会作成）

　土塔は、平成十年（一九九八）から同十八年にわたり堺市教育委員会が発掘調査を行い、多くの知見を得た。鎌倉時代末に制作された『行基菩薩縁起絵』（『行基絵伝』）の大野寺の項に「十三重御塔」が描かれるがその通りで、規模は一辺五三・一メートル・初層から第十二層までの高さ八・六メートルであった。基壇外装は割った瓦を積み上げた瓦積基壇であった。各層は版築工法を用いず、粘土ブロックを擁壁状に並べ間に土砂を入れるという在来工法で造成された。また各層は平瓦と丸瓦を組み合わせる本瓦葺で、軒瓦は要所のみであったらしい。各層の前面には平瓦丸瓦を割ったものを立て、風雨による浸食を防いでいる。第十三層は破壊されたため高さは不明であるが、直径六メートルの円形であったらしい。第十三層には、出土遺物から考え小規模な建物があったらしく、円形の亀腹の上に八角堂が想定されるという（近藤康司「土塔の構造復元」『史跡土塔　遺構編』二〇〇七年）。

大野寺土塔の復元瓦葺（頂上からの俯瞰）

文字瓦

出土瓦には文字を刻むものが多く新出し、既発見のものを合せると総数一二〇〇余点にのぼる。地名・年号もあるが大半は人名で、すべて筆跡が異なるので、大野寺造成の知識として参加した行基集団に属する人々がめいめい自分の名を記したのである。「諸ともに同じく知識に入る（諸同知識尓入）」の刻銘がそのことを示している。

人名以外では「丹治□のため（為丹治□）」「父のため（為父）」「母のため（為母）」など、亡じた先祖の追善や現在の父母への功徳の回向を願う文字があり、行基集団に参加した人々の願いの一部が何であったかを物語っている。

　これに類するものに須恵器破片に刻まれた願文らしきものがある。破片から復元想定される須恵器はかなり大型のもので、表面に界線を引き楷書体の文字を記す。破片には「七廟みな登る（七廟咸登）」「先帝天皇の尊霊（□帝天皇尊霊）」とあり、現在の天皇と代々の天皇の霊の浄土往生を祈願する意味らしい。

　これを解釈するに、天子のおたまや（七廟）とは、土塔から見渡せる伝仁徳陵古墳・伝履中陵古墳などの天皇陵古墳を意味し、「そこに鎮まる天皇霊の追善が祈られた」「土塔は百舌鳥古墳群の総供養塔でもあった」とする論もある（吉川真司『聖武天皇と仏都平城京』講談社、二〇一一年）。百舌鳥古墳群の造営に土師郷に君臨する土師氏が深く関与したことが認められ、実際に土師氏は多数の瓦を寄進した大野寺建立の大檀越であったが、大野寺は土師氏の氏寺ではなく和泉地域の氏族らが結集した知識の寺であったから、それら諸氏族が土塔を「百舌鳥古墳群の総供養塔」になることを期待することはない。土塔は仏塔であり仏舎利を祀る釈迦信仰の産物であることを考えると、諸経がいうように、天人界に生れる、寿命延長する、菩提を得る、罪障を滅ぼすなどの造塔の功徳を期待したのであろう。

「年代記」の信頼性

　刻銘の中で最も注意をひくのは、軒丸瓦の断片で、蓮華紋の中房に「神亀四年□卯年二月□□□」と記されていた。『行基年譜』に引用する「年代記」に、

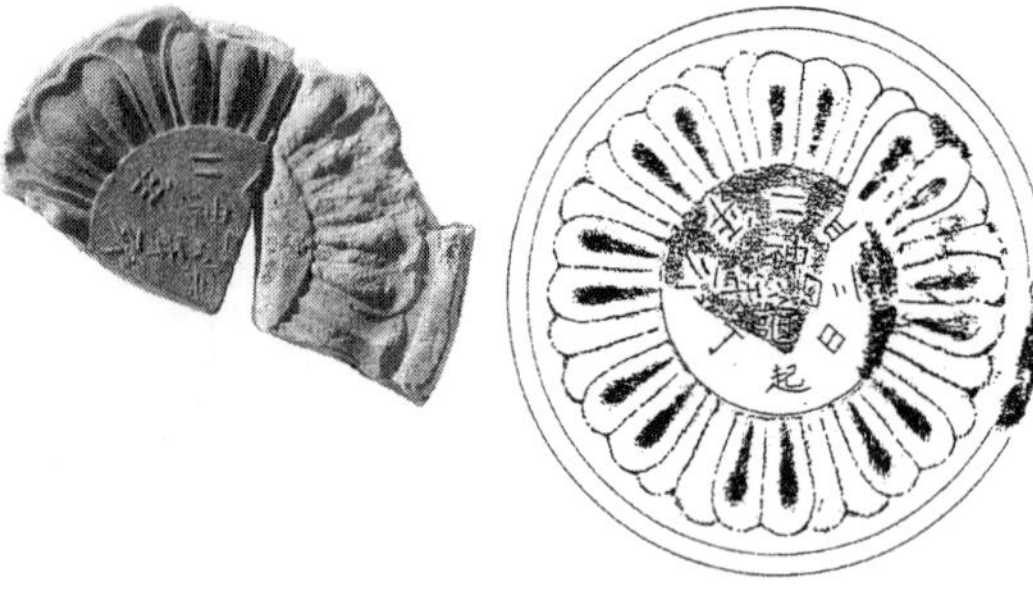

大野寺土塔出土の神亀４年銘瓦と復元
（『史跡土塔――文字瓦聚成』）

「神亀四年丁卯
　大野寺　在和泉国大鳥郡大野村　二月三日起」

とあるので、中房刻銘を復元すれば「神亀四年丁卯年二月三日起」となり、「年代記」の記述と刻銘は全面的に一致する。「年代記」については以前から部分的に信頼性があるのではとの指摘があったが、この発見によりほぼ全幅の信頼性があることが認められた。

「年代記」は、『行基年譜』の作者がその末尾に「菅原寺別当らの記録」「皇代・年代両記等日記」を参考資料として記述した（「粗略而記之」）と述べるように、日記―年月日を記した記録―であった。本文中の「年代記」部分は次に示すように行年・年号・院名・所在地からなっている。

行年卅八歳乙巳　文武天皇九年慶雲二年乙巳
大修恵院高蔵　十月始起
在和泉国大鳥郡大村里大村山

「大修恵院高蔵」の大修恵院は法名であり、高蔵は地名に基づく呼称である。この寺は堺市に現存し大修恵山高倉寺と名乗っている。

「年代記」の起工記事を子細に分類するといくつかのことが分ってくる。起工の年月日記事を分類すると次のようになる。

年・月・日の記あり	一八院	三七％
年・月の記あり	二院	四％
年の記のみあり	二七院	五五％
年の記なし	二院	四％
計	四九院	

以上から次の二点が分かる。①起工の年のみが判明し月日不明な例は五五％であり、このことは、「年代記」の編集が記憶の残る行基没後すぐではなく、ある程度の年月の経過の後になされたことを示唆している。編集は没後二〇～三〇年後であろうか。起工の年さえ不明な例が二例（四％）あるのも、編集が没後すぐではないことを示している。②「年代記」の編集が行基没後数十年後になされたとすると、没時～編集の間にいくつかの院は退廃し湮滅したこともあるだろう。こうした想定が許されるのなら、起工年不明の二院と没後建立の一院は、「年代記」の編集者が四十九所になるように算

段して列記したとも考えられる。

現存する院の場合

年・月・日の記あり	四院	五七％
年・月の記あり	二院	二九％
年の記のみあり	一院	一四％
計	七院	

現存する院の場合、「年代記」が編集された時点で資料や伝承が残っていたので、五七％の割合で起工の年月日を記すことができた。起工の月・日が不明なのは一例（泉橋寺）だけで、この場合、院が「年代記」編集時に火災・水害など何らかの災害を受けて資料を失っていたことが想定できる。

起工の月の場合

二月	六院
三月	三院
四月	一院
九月	五院

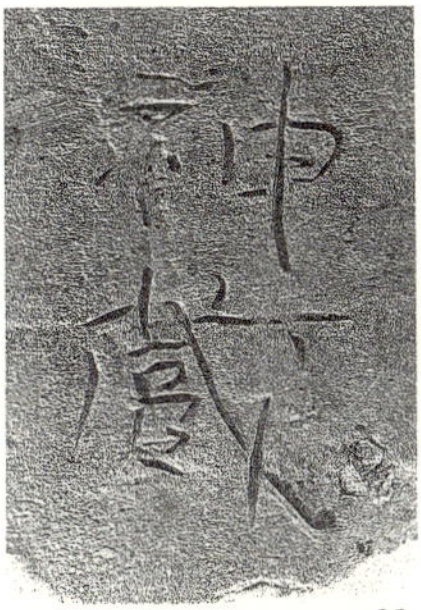

33

71

507

大野寺土塔出土瓦銘「神蔵」「帝安」「井浄」
（『史跡土塔――文字瓦聚成』）

一〇月　　四院
一一月　　一院
計　　二〇院

起工の月は極寒期と暑熱期をさけていることが分かる。これは労力を提供する人夫（行基集団の構成員）が雇用でなく労力を無償で提供するので、人夫の健康保持を図っていることが窺い知れる。

さらに五月～八月の農繁期をさけている。これは人夫が雇用でないことを示すとともに、行基集団の構成員が農業に従事していることを示している。

さて先述軒丸瓦の複弁蓮華紋は七世紀末から出現し、神亀四年（七二七）当時のものとみてあやまりなく、「神亀五年」の刻銘もあるので、土塔の築造は神亀四年から始まり同五年にも継続していたことが分かる。

この他、筆者の紹介した『大僧正記』には、行基の弟子僧の名が三十四名分記され、十弟子・翼従弟子・故侍者・親族弟子の四つに分類されている。このうち、景静・玄基・法義・延豊・延暁・光信・真成・浄安・信厳らは同時代の史料と合致する点があり、実在性が高く信頼性があると論じた。このたびの土塔出土の刻銘の中には、神蔵・帝安・井浄の僧名が見られ、『大僧正記』の故侍者（神蔵・帝安）・翼従弟子（井浄）の記に合致している。上記三名は他の史料に見えない人物であったから、こうした点から『大僧正記』の史料価値は極めて高く信頼性があることが判明した。

また三十四名のうち十名には出身氏族名が記され、そのうちの五氏族の名（土師・秦・河原・大村・高志）が出土瓦に見えしかも複数の瓦に見えるので、これら氏族は行基の弟子僧になったものを出しただけでなく、氏族をあげて行基集団への協力応援をしていたことが窺われる。

氏姓の判明する氏族は六十三氏に及びすべて和泉・河内・摂津の三か国を本拠とする氏族である。

文字瓦を寄進した点数が、大野寺築造の参加度合いに比例すると仮定するなら、大野寺建立の大檀越は土師宿祢氏・土師氏であり、瓦制作には大庭造氏・大庭氏をはじめ陶邑に居住する氏族が技術・労働力の提供を行い、残りの氏族はほぼ横並びの状態で参加していたと考えられる。また、瓦制作以外の労働力については、各氏族の支配下にあった民衆が動員されたと考えられ、労働力は大鳥郡・丹比郡内を中心に集められていたと想定するのは至当である。

（岩宮未地子「文字瓦の分析と考察」『史跡土塔——遺構編』）

土塔造営のような大規模な土木工事には、まず大檀越になる氏族があり、つぎに特殊な技術を提供し分業に従事する氏族があり、さらにその余の氏族が協力するという分析で、実際の工事の進行を担当する氏族にも差異があったとする指摘は具体的で分かりやすい。こうした考察は土塔造営にかぎらず、行基の各種の土木工事にも適用できるであろう。

土塔の第十三層に設置された建造物は塔であろう。大野寺建立の三年前に起工された清浄土院には十三重の塔が設置された。両院は起工年次も設置場所も接近しているから、関連していることは明らかで、清浄土院の十三重の塔を大型化し土砂化したのが大野寺の土塔であったといえる。また行基の遺体は遺言により生駒山の東陵に火葬され、埋骨の場には多宝塔が建てられたことを考えると、土塔の頂上には木造の多宝塔が設置された可能性が高いといえる。

野中布施屋

大鳥郡土師村に野中布施屋が設置された。『和名抄』土師郷のなかに大野村・土師村があったのであろう。鎌倉時代末の『行基絵伝絵詞』は大野村について、「四方は平原、縦横の荒野なり」「寂莫無人の地は必ずしも深山に求むべからず」といい、大野寺の地が寂莫無人の荒野であったという。こうした土地に大野寺や野中布施屋が設置されたのは、この地が交通の要所であったからであった。大野寺の前には北東〜南西に走る道路があり、寺の東方約一キロで西高野街道と交差する。この街道は和泉・河内の国境線に沿い、そこから北上して難波京、南下して平城京へ至るルートがあった。寺前の道路が南西に向うと、和泉国府に至るルートがあった。大野寺から向う西高野街道沿いに、近世に土師新田・関茶屋新田・草尾新田・大野新田などの新田村が成立した。

これらの開発地は畑地が多く、灌水は井戸に頼ることが多かった。野中布施屋の所在地はこれら近世に開発された地点であったように考えられ、そうであるなら大野寺から最も近い地に位置する近世の土師新田村・現在の堺市中区大野芝町辺が適当である。野中布施屋の補給基地は大野寺であり、布施屋の維持管理には、所在地の土師郷や隣接の深井郷の人々の接待や救護に頼む所が多かったであろう。布施屋で飲食物や救護を受けるのは調庸を背負い都へ納付に行く人々であり、要するに行路人であったから、彼らは行基集団から恩恵を受けてもその地にとどまり集団に参加することはできなかった。九か所設置した布施屋が、天平十三年（七四一）の時点で三か所しか現存しなかったのは、布施屋の設置が行基集団の一方的な布施行に終始するという難点があったからであった。

灌漑池の造成

土師郷には土室池と長土池が造成された。同郷は農業用水の乏しい土地柄で、農地の拡大には灌漑用の溜池が必要であった。両池の造成工事は大野寺の建立と相前後して行われたに違いない。この池の名は残っていないが、大野寺の近くであったろう。溜池造成により最大の利益を得るのは土豪土師氏であった。大野寺・溜池・布施屋の建設など、諸工事には土師氏の援助協力があり、土師氏は土師郷における行基の仕事に対する大檀越であったが、これら施設が土師の名を冠していないことに注意しなければならない。四十九院や諸施設は、所在地の土豪を檀越としたものが多く存したが、檀越の土豪の名を冠した施設は見られない。それは行基が、諸施設の与える利益は設置に参加した人々に均しく分けられるべきとの理念があって、土豪の名を冠することを避けたからだと考えられるのである。

第四章　活動の高潮と有力者の庇護

1　天平二年（七三〇）・三年の活動の高潮（六十三歳〜六十四歳）

天平二年（七三〇）建立の諸院

年代記によると、天平二年に摂津国で七院、三年に八院（摂津一、河内二、大和一、山城四）を建立している。これまでは年に一院がせいぜいであったから、天平二・三年において十五か所の道場と随伴施設を設けたその活動の進展は爆発的であったといえる。

行基が神亀年間（七二四〜二八）、和泉河内両地域に六院と随伴施設六か所（山崎橋・楠葉布施屋・檜尾池・土室池・長土池・野中布施屋）を造営できたのは、大野寺土塔の出土瓦銘に和泉・河内・摂津を本拠とする六十三氏族の名が見えるように在地豪族の圧倒的な支援によるものであった。そうした支援は、檜尾池院と檜尾池・大野寺と土室池長土池の関係が示すように、養老七年（七二三）の三世一身法による田地開発の公認を利用し、在地豪族の持つ田地拡大の欲望を触発させることから生まれたものであった。またいっぽう、和泉河内両地域を支配した知河内和泉国事の職にあった阿倍広庭《あべのひろにわ》の容認によるものであった。阿倍広庭は、和泉宮造営の労働力と資材の確保のため、在地豪族の協力を必要としていたのである。

行基の道場建設は慶雲二年（七〇五）大修恵院に始まり天平十七年（七四五）の作蓋部《さやべ》院に至るが、天平二・三年で十五院、年平均七・五院という劇的変化を示し、この時期は行基の生涯で最も造営エネルギー宗教的活力の盛り上がった時期であった。こうした劇的な変化は、政治上の大変革に伴うものであったことは容易に想像できる。

天平元年（七二九）二月、左大臣長屋王は謀反を名目に抹殺された。長屋王は、養老四年（七二〇）八月に右大臣藤原不比等が没して以来、議政官の筆頭を占め、行基を帰郷せしめた同六年七月の禁令も議政官の筆頭・右大臣長屋王の意向を表したものであった。長屋王は行基流の托鉢行者には嫌悪感を抱いていたらしい。天平元年、元興寺で法会が開催された際、「賤しき形の沙弥」が供養の飯を受けにきたのを見て、「長屋親王」は血のでるほど沙弥を打ちすえたという（『霊異記』）。「賤しき形の沙弥」とは、養老二年（七一八）十月の仏教界への太政官の指示の文中に、「毎日托鉢行のため市・里に出かけ、姿は窮乏した乞食と変らない」とされた行者らのことである。毎日寺外に出かければ法衣はよごれ体はチリにまみれる。よごれた法衣をまとい髪をのばした托鉢行者らは、「神を敬い仏を尊ぶことは清浄を先となす」との観念をもつ為政者にとって、崇仏に背くやからに感じられたのである。

長屋王の失脚後、大納言多治比池守《たじひのいけもり》は二年九月に、大納言大伴旅人《おおとものたびと》は三年正月に没し、大納言藤原武智麻呂・房前・宇合《うまかい》・麻呂を参議とする体制が三年（七三一）八月に成立した。この月、行基に追随する在俗信者のうち、男は六十一歳以上・女は五十五歳以上はすべて出家を許すという勅令が出された。令文中に「自余の鉢を持ち路を行く者は」厳しくからめ捕らえよとあるから、これらの在俗信者は行基に従い托鉢行に従っていたことが分かる。托鉢行は出家者の修行であるから、これらの在俗信者は剃髪染衣の姿をとっていたはずであるが、その非法を許し出家入道を公認したのである。

養老元年（七一七）四月の勅令は右大臣藤原不比等の意向を受け、「小僧行基ならびに弟子ら」の非行を激しく弾劾したが、同年十一月参議に任じた藤原房前は父不比等の意向に反し行基の活動を容認し、同五年正月中納言に任じた藤原武智麻呂も房前と同様の態度をとった。こうした潮流があって、藤原兄弟が政府の主導権を握った三年八月、行基流の活動が公認されたのである。

前著で天平二・三年の十五院建設はあまりに超人的なので、神亀末年から天平三・四年における活動とみなしたが、「年代記」は前述のように、大野寺土塔の出土瓦の例から高い信頼性を持つことが判明したから、年次はこのまま信頼してよいだろう。十五院の建設は十七の随伴施設と関連しており、こうした超人的ともいえる工事の進捗は、行基集団がそれを可能にさせるほど力量が巨大化していたことを物語っている。また、集団内では分業が進行していたことが推察される。たとえば設計・掘削・資材調達・労働力調達などを担当する専門家がグループを編成し、一つの工事が終了すれば次の現場に急行するという状況があったのであろう。

天平二年（七三〇）・三年の建立道場と随伴施設は**表4-1**のようになる。

表4－1　天平二年・三年の建立道場と随伴施設

年代記の起工年	院の名	所在地	随伴施設
天平二（七三〇）	善源院・同尼院	摂津国西城《にしなり》郡津守村	比売嶋《ひめしま》堀川、白鷺嶋堀川、度《わたり》布施屋
同	船息院・同尼院	同国　兎原郡宇治郷	大輪田船息
同	高瀬橋院・同尼院	同国　嶋下郡穂積村	高瀬大橋、直道、高瀬堤樋
同	楊津院	同国　河辺郡楊津村	
天平三（七三一）	狭山池院・同尼院	河内国丹比郡狭山里	狭山池
同	崑陽《こやせ》施院	摂津国河辺郡山本蔵	崑陽上池、同下池、院前池、中布施屋池、長江池、崑陽上溝、同下池溝、崑陽布施屋
同	法禅院（檜尾）	山城国紀伊郡深草郷	
同	河原院	同国　葛野郡大屋村	
同	大井院	同国　同郡　大井村	
同	山崎院	同国乙訓郡山前郷无水河《みなせがわ》側	山崎橋
同	隆福尼院	大和国添下郡登美村	

善源院の所在地

善源院は天平二年三月十一日に起工された。原文に「善源院□堀」とあるが随伴施設に二つの堀川があるので、「□堀」は「川堀」と推定される。川堀とすれば、善源院（川堀院）は比売嶋堀川または白鷺嶋堀川に面して立地していたことになる。

善源院・同尼院の所在した西城《にしなり》郡津守村の名は、大阪市西成区に津守の町名を残しているが、ここは近世の津守新田の後身であり、『和名抄』の津守郷の地ではない。津守の地は上町台地西方の数筋にも分かれた淀川川尻の広い範囲をさしており、今の西淀川区や西成区など住吉郡北方の沿岸地域にあたるのであろう。都島区善源寺町は中世の善源寺荘の地であり、明治四十年にここから西区本田二丁に移転した黄檗宗善源寺が善源院の後身と見る説がある。しかし西成郡と東成郡の境界を天満橋の谷町筋とみると、善源寺町は東成郡に入り、難波宮の中軸線を郡境とみても東成郡に入るから、都島区善源寺町は善源院のあった西城郡津守村ではないといえる。

「年代記」の天平十七年（七四五）条に、津守村に難波度《わたりの》院・枚松院・作蓋部《さやべ》院が造られたとあり、また「天平十三年記」によると津守村には比売嶋《ひめしま》堀川・白鷺嶋堀川と度布施屋があった。難波度《わたりの》院・度布施屋の所在から、津守村は交通の要所であり、天平十七年には五院が並び立つほどの行基集団の力が結集した場であり、この地を目指して多くの人々が集まってくる場であったことが分かる。人々が集まるのはこの地が交易の場であり運送業・商業の利益を得られる場であったことを示唆している。津守村の正確な該当地を示すことはできないが、西成郡には難波御津《みつ》がありその御津に近くに津守村が存したのであろう。難波御津は三津寺・御津八幡社のある大阪市中央区三津寺町付近に求められる。

比売嶋堀川

比売嶋《ひめ》は、記紀に日女島・媛島松原と記され、続紀に大隅・媛島二牧とあり、中世近世の西成郡稗島《ひえしま》村、現在の大阪市西淀川区姫島町がその後身とされる。この地は新淀川と神崎川にはさまれ、隣接の出来島・御幣島《みてぐら》・歌島などの地名が示すように、もと難波八十島の一つであり湿地帯であった。霊亀二年（七一六）、大隅牧・媛島《ひめしま》牧に百姓の開墾が許されているので、この頃には土地の乾燥化が進み農地開発が進行中であった。この堀川は長さ約一・八キロ（六百丈）・幅約二四〇メートル弱（八十丈）の規模で、深さは約十九メートル（六丈五尺）であった。

舟運用の運河であったと見られるが、幅約二四〇メートル・深さ約十九メートルは舟運には不必要な過大な数字であり、技術的にも可能な数字とは思えない。この数字を含む「天平十三年記」は『行基年譜』に引用され、現行の『行基年譜』は他に対照できる写本を持たない天下の孤本であるから、原本の数字がどうであったのか推定することさえできない。延暦四年（七八五）に鯵生野《あじふの》などを掘削し、淀川水流を三国川（神崎川）に流す工事が行われたが、或いはこのような分水工事に先行する工事であったかと思われる。

白鷺嶋堀川

白鷺嶋の名は古記録に見えない。鎌倉時代に今の福島区から大淀区にかけて鷺島庄が成立し、新淀川左岸の福島区鷺洲《さぎしま》町にその名を残している。長さ約三百メートル（百丈）、幅約一八〇メートル（六十丈）、深さ約二・七メートル（九尺）という。島と島を連絡する運河であろうが、幅一八〇メートルは過大であろう。こうした堀川は運河であり船舶の停泊地でもあった。

数値の信頼性に問題はあるが、こうした堀川開削のこと自体は事実であった。弘仁十三年（八二二）頃成立した『霊異記』に、「行基大徳、難波の江《かわ》を掘り開きて船津を作り、法を説き人を化《おしえ》たまう」とある。幾筋にも分かれた淀川の川尻に運河を作り、その岸壁は停泊地であったから「船津」と表現されたのである。『霊異記』の記述には信頼性がある。『霊異記』は長屋王を「長屋親王」とするが、長屋王邸の調査の際に「長屋親王宮」と墨書した木簡が発見されたことにより、同記の記述に信頼性があることが分かった。

大輪田の船息院・同尼院

両院は同二年二月二十五日、摂津国兎原《うはら》郡宇治郷に起工された。『和名抄』の宇治郷は八部《やたべ》郡の所属なので、宇治の地は両郡に所属していたか、または郡境の移動があったのかもしれない。

宇治郷には天平十三年までに大輪田船息が設置されたから、三か所の施設の起工はほぼ同時であったとみてよい。『万葉集』に「神代より千船の泊つる大和太の浜」（巻六）とあり、大和田（大輪田・輪田崎）は瀬戸内海を往来する船舶が停泊する港津であった。神戸市兵庫区和田崎町の和田岬の東側の地で、東行すれば川尻泊（尼崎市）・江口（大阪市）を経て難波京へ到り、西行すれば明石海峡を経て魚住泊（明石市）に至った。輪田崎の浜は、上り下りの人が絶えることなく、公私の船舶が多く通航する所なのに、東南からの強風が常に吹き、朝夕には逆浪が起きるという地形であった（「治承四年二月太政官符案」『平安遺文　第八巻』）。行基はここに船息院を設けて大輪田船息の建設基地とし、船息の完成後はその維持管理の役に充てたのである。

政府は弘仁三年（八一二）六月、大輪田泊を修理させ、同七年十月、大輪田船瀬を作るため造船瀬使を任命した。強風と逆浪による船息の破損は著しく、行基の集団が修繕の負担に耐えないようになり、行基の没後に船息の維持管理は国家が担うようになったのであろう。

船息院の所在地について、旧湊川の河口に当る長田区東池尻町付近とみたり（喜田貞吉『神戸市史』

別録1、一九二二年）、兵庫区川崎町・七宮町の旧湊川の河口部に求める説（千田稔『埋もれた港』一九七四年）がある。

停泊地は風浪が穏やかであるのがよく、沖合の風浪を測るには和田岬突端部に出るのがよい。このふたつの条件にあてはまる場所として兵庫区今出在家町四丁目の薬仙寺があり、寺伝は天平十八年行基の開基と伝えるので、船息院の参考地の一つとしてよいだろう。

高瀬橋院・同尼院の起工

同二年九月二日、嶋下郡穂積村に起工された。嶋下郡穂積村は『和名抄』の穂積郷にあたり、その名は大阪府茨木市の上・中・下西穂積町に残している。現在の穂積町は淀川から遠く、もっとも近い下穂積町でも淀川から四キロあまりになるので、「穂積村」の記述に誤りがあると考えるむきもある（千田稔『天平の僧行基』中公新書、一九九四年）。

高瀬橋院は高瀬橋の造営と維持管理にあたった名称であるから両者は近接していたはずで、高瀬橋の所在地が問題になるが、高瀬大橋は嶋下郡高瀬里に建設されたから、天平十三年記の記述が正しいとすると、高瀬里は穂積郷内の一村であったことになる。一方、高瀬堤樋は河内国茨田《まんだ》郡高瀬里に敷設されたから、淀川をはさみ南北両岸に高瀬里があり、そこに高瀬大橋が架されたことになる。高瀬橋の両院は淀川北岸の嶋下郡に所在したのである。

高瀬の地には「高瀬の済《わたり》」と称される渡渉地点があり（『播磨国風土記』）、また「高瀬大庭」と称される長柄船瀬（『住吉大社神代記』）の一部であり、水上と陸上の交通の要地であった。

京阪本線土居駅の東南約二五〇メートルに式内「高瀬神社」に比定される高瀬神社（守口市馬場町一丁目）があり、神社の南に高瀬町一～五丁目があり、このあたり一帯が『和名抄』の茨田郡高瀬郷であった。

高瀬大橋・直道地図
A：大道　B：西大道村　C：橋寺村　D：土居村
E：辻子谷に至る　F：清滝道に至る

明治二十年（一八八七）の仮製二万分の一地形図に、茨田郡土居村（今の守口市土居町の一帯）の対岸に西成郡橋寺村（大阪市東淀川区大道《だいどう》南二丁目の一帯）がある。この橋寺は高瀬橋院を意味しこの地はかつて嶋下郡に属したと考えられる（直木孝次郎「摂津国西成郡江北の荘と駅家について」『ヒストリア』六六号、一九七五年）という。この橋寺村を囲むように南・北・西の大道村と大道新家村があるので、かつて大道と呼ばれた道路が嶋下郡から淀川を渡り茨田郡に通っていた状況が推察できる。高瀬大橋はこの大道が淀川を渡る地点に設定されたと考える。

高瀬からの直道

高瀬大橋の周辺は「高瀬大庭」と称されるは長柄船瀬（停泊地）の一部であったから、ここには貨物が集積され人々が行き交った。その貨物と人々を通すため、高瀬から生駒大山にいたる「直道」が開設された。

行基の直道と大道村の大道敷設の先後関係は不明なものの、大道四か村の地は旧名大隅島であり大隅宮の所在地であった（『摂津志』）から、大道は大隅宮時代に関係するか否か不明だが行基以前の古道といえる。この古道は高瀬から北北西に直線的に走り垂水神社に至る。垂水神社付近に垂水布施屋の設置があったと想定できる。そうであれば行基らは摂津側の大道とそれに接続する河内側の道を修繕して直線状にし、生駒山をへて平城京に至る輸送の便を図ったことになる。

この道は現在のどのあたりを走っていたのかについて二説がある。①は守口市高瀬から東行して門真市大和田・寝屋川市堀溝を経て四條畷市に入り清瀧街道に接続する道とする（前掲直木論文）。②は高瀬から東南に斜行し東大阪市今米に至る道を直道とし、この道は同市石切神社・生駒山上・生駒市菜畑町を経る辻子《ずし》谷越に接続するという（和田萃「行基の道略公考」『環境文化』五八号、一九八三年）。辻子谷越（今は廃止）は生駒山地を東西に横断しながら古道にふさわしい直線状を呈しているという（和田萃「河内の古道」『探訪古代の道3』一九八八年）。この道は行基の直道と接続して河内と大和平城京を結ぶ最短ルートであった。直道は「生馬大山の登り道」にあるというから、生駒山上を通る②のルートが適当である。

このように摂津・河内に直道を通し大和平城京に通じる最短ルートを開設したことは、調庸の税物を運送する役民の負担を軽減する（宮城洋一郎「淀川流域における行基の仏教運動」『日本古代仏教運動史研究』、一九八五年）だけでなく、摂津・河内・大和の先進経済地域を往来して貨物を輸送する者また商売に従事する者たちを益した。行基らが橋六所・直道一所・船息二所の交通施設を造営したことは、農民らを益する以上に運送業や商業に従事する者たちを益したのであり、行基集団のなかにこのような事業に従事する者たちが多くいたと推察されるのである。

さて高瀬橋の二院と高瀬大橋・直道の工事は、工事事務所としての二院の着工がやや早いと考えられるもののほぼ同時であったとみてよいだろう。

高瀬大橋の南岸、河内国茨田郡には次のように五種の水利施設が設けられた。古林里に古林溝、高瀬里に高瀬堤樋、韓室里に韓室堤樋、茨田里に茨田堤樋、大庭里に大庭堀川が設けられた。これらの工事には莫大な資材と労力が必要であるから、天平二年以後かなりの時間を費やし十三年までに完成したのであろう。淀川の南岸に位置する茨田郡は低地であるため諸河川の絶えざる氾濫におかされ、河内国では最も水田開発の遅れた地域であった。したがって行基らの設けた溝や堤樋は排水のための施設であった。

茨田郡は今の古川によってほぼ二分され、古代には淀川の有力な南流であったとされる。この郡には仁徳朝に茨田堤が設定されたといい、その跡について近世の『河内志』は「伊加賀より太間を歴て池田村に至る。故堤僅かに残れり」という。現在の枚方市伊加賀町から寝屋川市太間町・同市池田町に至る、淀川本流沿いの低地である。池田町の南三キロの守口市宮野町に堤根神社があり古い堤防上に立地するから、茨田堤はこの辺まできていたと見ることもできる。茨田堤の正確な場所を示すことはできないが、淀川本流と古川にはさまれた三角状の低地を囲った堤であろう。

三箇所の樋はそれぞれ堤樋とあり、これは「堤に設置された樋」とも「堤と樋」とも解されるが、ここでは前者の意味としておきたい。高瀬堤樋・韓室堤樋・茨田堤樋は、茨田堤の内側にあった高瀬里・韓室里・茨田里が堤防破壊時にも水禍を免れるために集落の一部または全体を囲った堤であったのではないだろうか。「樋」は中国にその用例がなく国字に近く、桶の意味で使ったのだろうか。その場合、「樋」はなげつるべのような水汲み装置が考えられるがどうであろうか。或いは「かけひ」の意味であったろうか。堤樋については未詳とせざるをえない。

大庭里の大庭堀川は長さ約二・四キロ（八百丈）・幅約三六メートル（十二丈）・深さ約二、四メートル（八尺）といい、古川と河内川（大和川の分流の平野川）を結ぶ運河との説がある（『門真町史』）。大庭の地は長柄船瀬の一部であったから、大庭堀川の一部は淀川本流と古川を結ぶ運河であったろうと想像される。

前述の直道・大橋・堀川など交通施設の建設は経典の教示に基づく菩薩行であり、運送業や商業に従事する者たちの利益にかなったが、同時に、道路橋梁港津を管理する国司の利益にも合致していた。天平三年以後、行基集団の合法化が進行したが、その背景には畿内諸国の国司らの承認があったと見てよい。

楊津院

楊津院は同二年、摂津国河邊郡楊津《やないつ》村に起工された。月日の記はない。楊津村は『和名抄』楊津郷にあたり、『五畿内志』によると郷名は失われ木津・対津の二村が残るという。兵庫県河辺郡猪名川町に木津が、同町万善に対津の名が残る。猪名川の最上流地帯で木津を中心とする郷であったと見られる。『新撰姓氏録』の右京諸蕃条にみえる楊津造の本拠地であった。

猪名川の両岸は平坦地の少ない山林地帯であり、近世には炭の生産が盛んであった。炭は下流の豊嶋郡池田に輸送され池田炭として名が高かった。古代の楊津郷木津は材木の集積地であったと考えられる。池田の下流右岸に猪名野（伊丹台地）があり、楊津院起工の翌年、行基はここに崑陽施院と五か所の溜池を造成している。崑陽野の開発には莫大な量の木材が必要であった。つまりこの院は猪名野（伊丹台地）工事完成のために必要とされた院であって、布教と修行の根拠地であった四十九院の中では、やや性格が異なっていた。

2　天平三年（七三一）の諸院と施設

狭山池院・同尼院

狭山池院・同尼院は二月九日、河内国丹比《たじひ》郡狭山里に起工された。行基の造成した狭山池も同里に所在した。池院とは溜池の維持管理にあたったための名称であろうから、池院と狭山池の造成とはほぼ同時期であったと見てよい。『古事記』の垂仁天皇の段に、印色入日子命《いにしきいりひこのみこと》が血沼《ちぬ》池・狭山池などを造ったとある。垂仁朝はともかくとして、大化前代に狭山池が存在した形跡が認められるから、行基の工事は造成ではなく修繕であった。

狭山池は大阪狭山市に現存する。大阪府は昭和六三年（一九八八）十二月から狭山池ダム改修工事に着手し、工事の過程で次のような新知見が加わった。①堤防の断面調査では最低でも十一回のかさ上げ工事が認められる。②最初の堤防は高さ五・四メートル・底幅二七メートルで、設置された樋管の年輪年代から七世紀初めという。また堤防工事では、枝についたままの葉を粘土の上に敷き詰めその上にまた粘土を積むという工法が使われている。③行基の改修は二層目のかさ上げ工事と考えられ、高さ〇・六メートル・幅一二・六メートルであった。「当時の堤防の長さは約三〇〇メートル程度と推定されており、土の量にすれば約二〇〇〇立方メートル程度の土を積み上げたことになる。断面の痕跡は小さなものだが、人力のみの作業とすれば相当な大工事であった」という。④三層目のかさ上げ工事の規模は大きく、高さ四・一メートル・幅五四メートルで、『続日本紀』天平宝字四年（七六二）四月の八万三千人を要した改修に当るという（『行基の構築と救済』狭山池博物館、二〇〇三年）。

天平宝字四年の工事は雑徭を徴発して行われた公的工事であったが、これに先立つ行基の工事は私財や私の労力を費やしたものであった。その私財と労力を提供したのは行基集団に属する人々であり、池水を受ける地域の人々であったが、工事に先だって丹比郡と隣接の諸郡にたいして大規模な勧進行為が行われたはずである。その勧進は前年の天平二年（七三〇）には始められたであろう。勧進に先だって、工事に必要な資材・労働力の計算が必要であるからその見積もりは同元年（七二九）には始まっていたであろう。このように考えると、行基の諸施設構築の工事は実に綿密な行程表に従って実行されていたことが分かる。行基集団はそうした綿密な計画表を作成できる人材を多く擁しており、集団内では分業によって専門化が図られていたと考えられる。行基の出家の弟子のなかでのリーダー格は三十四人におよび、集団は「追従する者ややもすれば千をもって数う」という大集団であった。千人という数字は、大野寺土塔の出土の文字瓦が千二百余点ありその大部分が人名であったから、誇大表現ではない。

『続日本紀』天平四年（七三二）十二月条に丹比郡の狭山下池を造成した記事が見える。この下池は、大阪狭山市にある太満池か堺市野田にあった轟池かとされる。下池の築造工事も行基が関係したとする見方があるが、狭山下池のことは「天平十三年記」には見えないので、行基の改修工事に触発されて国司か政府が行った公的工事であろう。近世近代の狭山池の水は直接田地を灌漑するのではなく調整池である下池に流れ込み、そこからさらにより下流の下池へ配水され広範囲への灌漑が可能になった。近代には狭山池から直接に池水を受ける調整池は百三十三か所あったという（末永雅雄「狭山池」『池の文化』一九六七年）。こうした配水大系が行基の時代にすでにあったのかどうか不明であるが、行基集団の私的工事がさらに公権力による灌漑工事を誘発したことは事実である。狭山池と同下池の工事は、河内西南部の住民の生業の安定と増産という利益をもたらした。こうした広範囲の住民へ利益をもたらしたことにより、「時の人、号して行基菩薩という」状況が作られたのである。

崑陽施院とため池建設

崑陽施院は三月二十日、摂津国河辺郡山本村に起工された。院の所在する猪名野台地には五か所のため池と用水路も同時に造営され、同院はこれら農業施設の造営のための現場事務所であり、また施設が完成した後の維持と管理に従事する施設でもあった。

川辺郡では前年（七三〇）に楊津院が楊津村に起工されており、両院の位置は猪名川を媒介に関連している。前述したように、楊津院は近辺の山林から切り出される木材を河船に積載し、猪名川を下り猪名野に荷揚げして、台地における農業施設の工事を助けるために建設されたと考えた。

楊津院の建設は、猪名野台地における農業施設工事の一環であったとすると、崑陽施院とため池・用水路などの建設計画は、神亀末年〜天平元年頃に立案されたことになるだろう。行基集団の立案した工事計画には、遠大さと緻密性を持っていたことを窺い知ることができる。

伊丹市寺本に所在する崑崙山《こんろんさん》崑陽寺は崑陽施院の後身と称している。しかし崑陽寺のある寺本の地が武庫郡児屋郷に属していたことは諸説一致しているので、現在の崑陽寺が崑陽施院の後身とするには所属郡郷の点から疑問がある。これについて足利健亮氏は、古道の研究から寺本の地は五方向にでる古道の交差点に位置し布施屋の立地条件にふさわしいので、崑陽布施屋が崑陽施院を吸収したとする方が考えやすいという（「難波京から有馬温泉を指した計画古道」『歴史地理研究と都市研究　上』一九七八年）。ところで崑陽布施屋は川辺郡崑陽里に設けられたとあるので、寺本の地は川辺郡山本郷と武庫郡昆陽郷の二つの郷に接していたのだろうか、或いは原史料に誤記があるとすべきなのか疑問が残る。現在の崑陽寺および近辺からは一片の奈良時代瓦を出土していないので、崑陽施院は他の場所に求めるのがよいと思うが、今まで所在地を推定できる証拠を見出すことができないでいる。

川辺郡山本里には次の施設が作られた。崑陽上池・同下池・院前池・中布施屋池・長江池・崑陽上溝・同下池溝であり、これらの施設は東西約三・五キロ、南北約七キロの洪積層伊丹台地上に位置する。台地は長尾山丘陵に接する北北西部が高く、ゆるやかに南南東に傾斜し、沖積平野に至る。台地面は東の猪名川・西の武庫川よりかなり高いので両河川の水を利用できず、従って遺跡の分布は希薄で、奈良時代以前の台地上は未開の地であった（『伊丹市史　第一巻』）。崑陽寺鐘銘（『摂津名所図会』）に「猪名野の无生浅薄の地」とするのは誇大な表現ではない。

台地上にはため池が多く散在し、中でも崑陽池は東西約九百メートル、南北約五五〇メートルの最大の池であり、この池はかつての崑陽上池にあたる。それはこの西方にかつて下池があり、慶長十三年（一六〇八）に埋め立て申請がなされまもなく埋め立てられたからである。この下池は現在のどこにあたるのだろうか。昭和五八年の土地条件図（国土地理院、二万五千分の一、大阪西北部）を見ると、天神川と天王寺川の合流する地点を中心に、東は中野西一丁目から西は西野一丁目にかけての土地が低地の盛土地帯になっているので、この地域であったと見られる。この地には寛文元年（一六六一）に新田村（のち新田中野村）が成立している。

台地面北部には、長尾山丘陵を水源とする天神川と天王寺川が、北西から南西へと流れ下り、これが崑陽上池と下池にそそぐ水路であったと推定される。

かつて坂井秀哉氏は、両河川の長さが「天平十三年記」の記載と一致し、流路の方向が条里と一致し、地形上不自然な流路との理由で、崑陽上溝・同下池溝にあたるとした。のち宝塚市山本二丁目から奈良時代の大溝跡が発見されこれが崑陽上溝にあたる可能性があるので前説を修正し、崑陽上溝・

同下池溝は「天神川と天王寺川の起源となった人口の溝」と修正した（「行基による伊丹台地の開発」『古代地域社会の考古学』二〇〇八年）。要するに導水路説であり尾田榮章《ひであき》氏も同説に賛同し用水路網説を否定した（「行基と良田百万町歩開墾計画」『河川』七三五号、二〇〇七年）。

これに対し筆者や田原孝平氏は、両河川の現規模が上溝・下池溝の規模を大きく上回ることから行基の溝ではなく、両溝はため池から農地へ通水する用水路網とした（吉田「摂津・山城への進出」『行基と律令国家』・田原「摂津国川辺郡山本里における行基の造池造溝等について」『いたみ』一二三号）。

視点を変えて考えてみよう。養老七年（七二三）の官奏（三世一身法）に、溝池を設け開墾した際に一代または三代に私有を許すとある。この「溝」は現代では導水路とも用水路網とも解することができるが、古代においては限定した意味であった。後漢末（二世紀後半～三世紀初め）に成立した辞書『釈名』の「釈水第四」に、「田間の水、また溝という。溝は構なり。縦横に相交わり構えるなり」とあり、網目状に組合せた水路の意味であるから単線の導水路ではない。その水路の規模は、後漢末の『説文解字』に「溝は水瀆なり。広さ四尺、深さ四尺。……瀆は溝なり」とあり、きわめて小規模な水路を意味していた。こうした「溝」の意味を『続日本紀』編者は理解していたはずであり、行基集団の中の指導層には学僧が多かったから、彼らが記述したらしい「天平十三年記」の溝は組合せた網目状水路の意味であったとしなければならない。官奏の趣旨は開墾地拡大の奨励であるから、溝は組合せた小規模な水路、つまりため池から農地へ放流する用水路網と理解するのが適当であろう。

弘仁三年（八一二）八月の勅により、行基が孤児孤老のために設置した惸独《けいとく》田一五〇町は、摂津国司が耕作し収穫物は太政官の許可を得て使用させることになった（『日本後紀』）。

　崑陽寺が初め崑陽施院と命名されたのは、孤児孤老を救済するという福田行を修める修行道場の意味をもっていたからであった。したがって施院は布施行の原資として創立時からいくらかの水田を所

崑陽寺（伊丹市寺本二丁目）

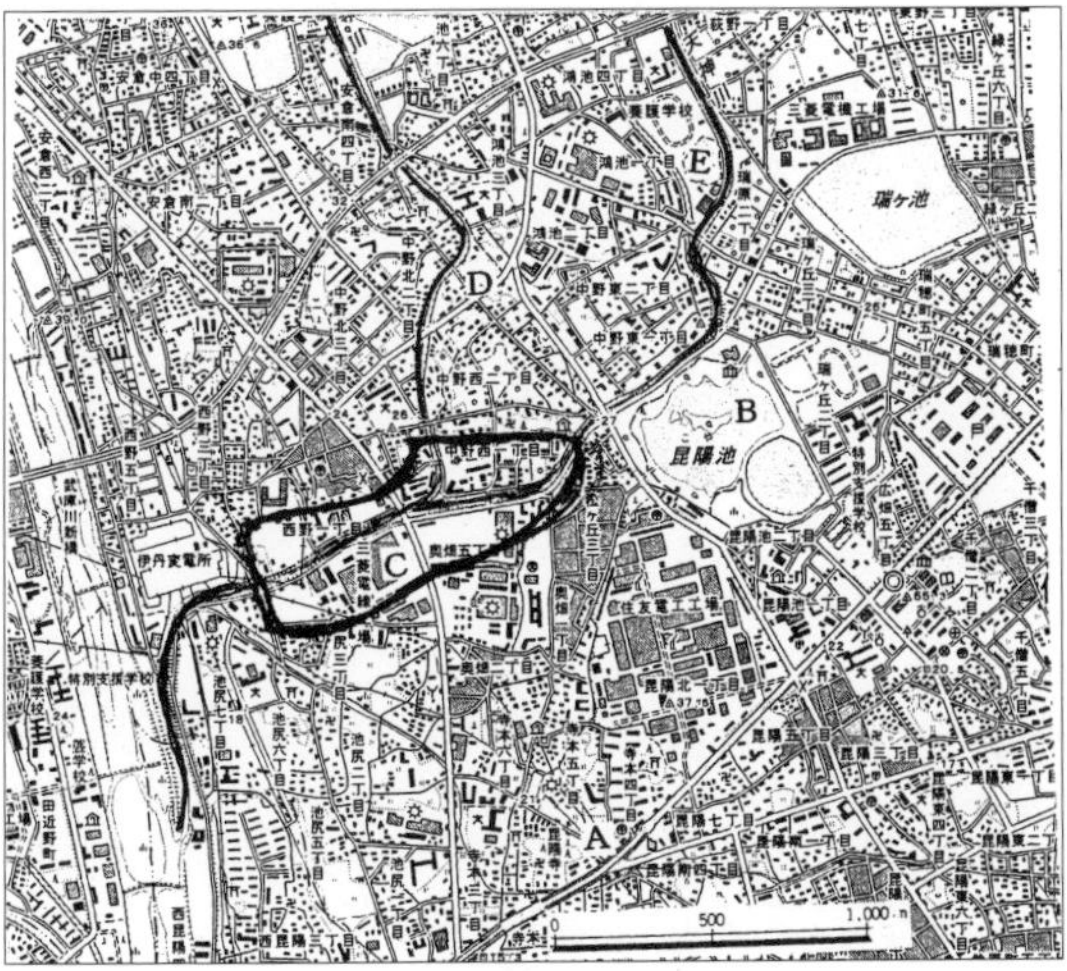

崑陽寺周辺

A：崑陽寺　B：崑陽上池　C：崑陽下池跡　D：天王寺川
E：天神川

持していたはずであるが、その後に摂津国からの公的施入を受けて次第に面積が拡大した経過が考えられる。寺田が公的性格をもつようになり寺田の管理運営が国司の手にゆだねられ、かくて弘仁三年の勅に至ったのである。

『延喜式』の雑式に、崑陽院の雑事は摂津国司と別当僧の共同管理と規定されているから、崑陽寺は惸独田だけでなく寺の運営についても国司の管理権が及ぶ公的性格を帯びるようになった。十世紀前半の頃まで救済施設は機能していたと見てよい。

寺はその後も存続したことが諸史料から確認できるが、荒木村重の乱時（一五七八年）に焼失したものの、間もなく再興されている。

なお、この猪名野の地は新羅系の木工集団猪名部の居地であったが、八世紀になると百済系技術者の台頭により彼らは後退し、社会的経済的に窮地にあったとされる。行基集団の計画した猪名野台地の大規模な開発に、彼らは参加し彼らの木工技術は大いに貢献したに違いない。

かれらの参加により「无生浅薄の地」（『昆陽寺鐘名』）と表現された土地は、農業生産の豊饒化に成功した。社会的経済的に衰退化しつつあった新羅系木工集団猪名部は、台地の土木工事に貢献するかたわら、農業開発に従事することにより豊饒化の利益を得たであろう。そうであれば、行基の教説には、勤労の奨励・私富蓄積の肯定・生業変換の論理などが含まれていたと考えられるのである。

法禅院（檜尾）と秦氏

法禅院は天平三年九月二日、山城国紀伊郡深草郷に起工された。近世に深草村があり、京都市伏見区の稲荷大社と大亀谷の間に深草の諸町がある。このあたりに相違ないが、檜尾の地名は失なわれので正確な所在地は不明といわざるをえない。

伏見稲荷大社は、和銅四年（七一一）、秦忌寸の祖が創建したと伝える。延暦十九年（八〇〇）六月の紀伊郡司解案に、大領・少領・擬主政に秦忌寸の名がみえ、弘仁八年（八一七）八月の紀伊郡司解案に主帳、売人に秦忌寸の名が見えるので、深草の地は秦氏が多く繁栄した土地であったといえる。行基の弟子僧三十四人の名を記す『大僧正記』に、釈迦の十大弟子になぞらえた十弟子の中の延豊は秦氏出身と記す。堺市大野寺土塔出土の文字瓦に秦氏と刻む例が六点あり、秦氏は行基の活動を支える有力な檀越であった。

法禅院の創建には秦氏の援助協力が想定されるが、随伴施設もなく、院の性格は不明である。昭和初年に深草谷口町で土取り工事が行われ、瓦破片・仏像破片などが発見されたが、調査のないまま遺跡は破壊された。このおうせんどう廃寺跡を法禅院跡とする意見もあるが確証がない。

河原院の所在地

河原院は天平三年、山城国葛野郡大屋村に起工された。起工月日と法名の記はない。『和名抄』の葛野郡に大屋郷は見えない。河原院の名は所在の土地名によるものとすると、桂川の沿岸が考えられるが、現在でも桂川流域に河原を冠した地名をいくつも見出すから、特定することができない。大屋村についてはなんの知見もない。

大井院

大井院は天平三年、山城国葛野郡大井村に創建された。創建月日と法名の記はない。『和名抄』の葛野郡に大井郷は見えないが、葛野郡の大堰川《おおい》（桂川）と関係すると見られる。大堰川《おおい》（桂川）の葛野大堰の所在地は渡月橋の北詰辺であったと考えられ、右京区嵯峨天竜寺造路町にあたる。同町の臨川寺の西に大井神社があり、これは『三代実録』貞観十八年（八七六）七月条にみえる山城大堰神にあたり、近世の『山城名勝巡行志』はこれを堰神祠とし所在地は旧名大堰里と呼ばれたという。『延喜式』の木工寮条に、丹波の材木が大堰川を下り「大井津」まで輸送された記事があり、大井里は水陸交通の要所であったことが分かる。

いっぽう、天長五年（八二八）の『山城国葛野郡班水陸田図巻二』に「大井里」が見え、桂川南岸の京都市西京区嵐山山田町付近に比定される。田図によるとこの地はほとんど山地である。右京区の大堰里と西京区の大井里は桂川を隔てた対岸に位置する。前述の高瀬・山崎のように河川を隔てて両岸に同じ地名がある例があるから、怪しむに足りないといえる。そしてこの地は殖産興業的氏族として著名な秦氏の繁栄した土地であるから、大井院の建立に秦氏が関与したことが考えられてよい。

山埼院

山埼院は山城国乙訓郡山前《やまさき》郷无水《みなせ》河側に建設された。起工月日と法名の記はない。その他は前掲の神亀二年の久修園院（河内山埼院）の項参照。

隆福尼院

隆福尼院は十月十五日大和国添下郡登美村に建設された。所在地に基づく名の記はないが、同所所在の僧院が登美院であるから登美尼院であったにちがいない。その他は前掲の養老二年の隆福院の項参照。

3　藤原四子政権下の活動（六十四歳～七十歳）

天平三年（七三一）八月の融和策

天平三年（七三一）八月、つぎのような詔が発令された。①このごろ行基法師に師事する在俗信者（優婆塞《うばそく》・優婆夷）で、仏法に従う修行者は、男の六十一歳以上・女の五十五歳以上は、みな出家を許す。②その他の路上の托鉢修行者は厳しくからめ捕らえよ。③ただし父母・夫の喪により一年以内の修行する者は例外（許可）とせよ、という。行基の集団に仏法僧に帰依し五戒を守る優婆塞・優婆夷のいたことは、堺市大野寺土塔の出土瓦に「優婆塞」「夷徳□」などがあることから明らかである。②で「その他の路上の托鉢修行者」とあるから、これら在俗信者は実は出家者の姿をして托鉢修行を行っていたのである。③では服喪制度を利用して、行基集団が新たな同調者を獲得していた状況が分かる。

天平三年（七三一）八月、藤原不比等の三男宇合《うまかい》と四男の麻呂が参議に任じた。八月の議政官は知太政官事舎人《とねり》親王・大納言藤原武智麻呂・中納言阿倍広庭・参議藤原房前《ふささき》の四人であり、これに宇《うま》合《かい》・麻呂の兄弟、多治比県守・鈴鹿王・葛城王・大伴道足の六人が新任参議として加わった。したがって行基の活動に対する容認策は、大納言藤原武智麻呂の意向にでるものであったと見られる。

武智麻呂より先に参議に任じた弟房前は、行基の布施屋建立に倣い興福寺に施薬院・悲田院を設けて、不比等亡きあと反藤原の矛先をそらそうとした。房前に遅れて台閣に入った武智麻呂も、弟に倣い行基流の仏教活動を容認した。

行基の諸活動が政府にとってなんらの不都合をもたらさないことを、大納言藤原武智麻呂に説いたのは新任の参議藤原宇合であろう。藤原宇合は神亀三年（七二六）十月知造難波宮事に任じ、天平四年（七三二）三月までこの職にあった。その間の仕事として難波津の改造があったことが確かめられる。神亀三年から天平四年は、行基が摂津国で活発な活動を展開した時期にあたる。天平二年時の行基は、難波京を含む西成郡だけでも津守村に善源院・同尼院と布施屋、それに比女嶋堀川・白鷺嶋堀川を造営しており、この工事量は知造難波宮事のそれに勝るとも劣らないものであった。

行基の活動は摂津職官人の職務を代行したような大規模なものであったから、行基集団の動向は宇合によって観察され知悉されていたはずである。しかも行基の工事においては、国家の経済的負担とは無関係であったから、知造難波宮事として行基への評価はたかまらざるをえなかった。かくして宇合の武智麻呂への行基推挽が実現したのである。

また夫人光明子の立后との関係も無視できない。夫人光明子の皇后立后には左大臣長屋王の抵抗が予想された。長屋王は天武天皇の孫にあたり、持統朝の太政大臣高市皇子の子であり、キサキは吉備内親王という血統を誇る皇親勢力の代表であった。天平元年（七二九）二月、長屋王は謀反の嫌疑をかけられ吉備内親王所生の皇子らとともに死に追いやられた。同年八月に光明子の皇后立后が実現したが、光明子には血にまみれた皇后のイメージが抜きがたく付着した。同二年に皇后宮職に施薬院・悲田院が設置されたのは、そうした負のイメージをぬぐい去り、飢え病する人々・孤児孤老を救済する慈悲深い皇后のイメージをつくるために必要であった。

こうした必要にせまられたとき、範となったのは行基であった。行基の布施屋設置はかれの活動の初期の所産であったが、役民・貢調の運脚夫らを収容し湯薬食物を支給した施設であり、行基が菩薩と尊称される要因となった。こうして両院設置の翌三年、行基集団の活動に対する公的容認がくだされたのである。

師位僧行基の実現

大養徳《やまと》国城下《しきのしも》郡鏡作郷を本貫とする優婆塞丹比連《たじひのむらじ》大蔵を、出家候補者として推薦したのは「師主薬師之寺師位僧行基」であった。この文書には年月日の記載がない。大養徳国の表記は天平九年十二月以後に見え、郡郷表記は郷里表記の廃された天平十二年以後になる。したがってこの文書は天平十二年以後の文書であるが、行基が師位という僧位を得たのはそれ以前であった。

大宝令の注釈書である「古記」は行基大徳と表現し、同記は天平十年（七三八）前後の成立と見られるから、行基は天平十年ごろ大徳と尊称されていたのである。天平十年の行基は七十一歳という頽齢にあったから、師位を得たのはそれ以前であろう。

二五〇の戒律を受戒した出家者は比丘（大僧）と呼ばれるが、その内で学業と徳性の高いものが師位を授けられ凡僧と区別されたものらしい。天武天皇が危篤に陥った朱鳥元年（六八六）六月、僧綱・四大寺の和上と知事、師位僧らに布施物がくだされたから、師位にある僧らは仏教界のリーダーとして為政者から評価されていたことがわかる。奈良時代前半の師位については、師位は勅綬であったことが窺われる（『令集解』僧尼令任僧綱条）。官吏の場合、内外の五位以上が勅綬であったから、師位の僧は官吏の五位に相当する待遇を受けたのである。

天平二年（七三〇）に皇后宮職に施薬院を設置し貧者を救済したのは、行基の布施屋設置に影響を受けた事業であり、行基的菩薩行への帰依を意味している。また神亀四年〜天平四年における藤原宇合による難波津改造の事業は、天平二年の西成郡津守村における善源院と二つの堀川の掘削と対応しているので、その点に宇合の行基流社会的活動への承認を読み取ることができる。

こうした状況を考えると、行基が師位を得たのは、光明皇后や式部卿藤原宇合の台閣への働きかけによるものでなかったろうか。

天平四年（七三二）から七年にかけて疫病・旱害がつづき、「飢え疫《えやみ》する者衆《おお》し」「夭死《わかじに》する者多し」という状況になった。同七年は不作のうえに天然痘（裳瘡《もがさ》）の流行した年であり、新田部《にいたべ》親王・舎人《とねり》親王が病に倒れた。七年六月、従来から行われた寺院の合併が禁止になった。干ばつや疫病のつづくなか、仏法破滅につながる寺院の合併は再考され廃止になったのである。寺院における除災招福のための法会に期待がかけられるようになったのである。仏法に期待する所の多くなった状況は行基に有利に作用したはずである。かくして天平七年ごろ、行基の師位が実現したと考えるのである。

枚方院・薦田尼院

枚方院は天平五年（七三三）十月五日、河内国茨田《まんだ》郡伊香《いか》村に起工された。法名の記はない。薦田《こもだ》尼院も同所に起工されたが、法名・起工月日の記がない。

伊香村は『和名抄』の伊香郷にあたり、近世の伊加賀村、現在の大阪府枚方市伊加賀の諸町にあたる。

この地は枚方丘陵の末端部で淀川左岸に位置し、明治十八年（一八八五）、この地の堤防が決壊して濁流が大阪市内にまで及ぶ大被害を与えた。この伊加賀切れが示すように、伊加賀の北西部は淀川本流の被害を受けやすい低湿地であり、その中に伊加賀崎と呼ばれた丘陵突端が淀川に面していた。この地になぜ二院が設けられたのか不明であるが、近世には伊加賀橋があり、現在は枚方大橋が対岸の高槻市との間を連絡しているから、渡船場のような施設が設けられ、その維持運営のために二院が建立されたのであろうか。

表4－2　天平五年～九年の建立寺院

「年代記」の起工年	院名	所在地	「天平十三年記」の随伴施設
天平五年（七三三）	枚方院	河内国茨田郡伊香村	
同年	薦田尼院	同所	
同六年（七三四）	隆池院　久米田	和泉国泉南郡下池田村	久米田池・同池溝・物部田池・同池溝
同年	深井尼院	和泉国大鳥郡深井村	薦江池
同年	吉田院	山城国愛宕郡	
同年	沙田院	摂津国住吉	
同年	呉坂院	摂津国住吉郡御津	
同九年（七三七）	鶴田池院	和泉国大鳥郡凡山田村	鶴田池
同年	頭陀院　菩提	大和国添下郡矢田岡本村	
同年	同尼院	同所	

隆池院久米田寺
（岸和田市池尻町）

隆池院（久米田院）と久米田池

隆池院（久米田院）は天平六年（七三四）十一月二日、和泉国泉南郡下池田村に起工された。久米田寺として大阪府岸和田市池尻町に現存している。天平十三年記に、久米田池と同池溝・物部田池と同池溝が泉南郡丹比部里にあると記す。これらは着工時期に前後はあるもののほぼ同時期であったと見てよい。しいていえば、工事の事務所である院がまず設けられ、ついで池、さらに配水路の順であろうか。久米田池は現存するが、物部田池は現存しない。土地の伝承によると物部田池は久米田池に吸収合併されたという。「天平十年二月十八日　勧進沙門行基」が記した『隆池院縁起』に、聖武天皇が行幸し大臣・光明皇后も力を加え、池は神亀二年二月に着工し天平十年初秋に完成したという（『岸和田市史』第六巻）。しかし敷地四至の項に「熊野詣大道」と記すから、熊野三山に参詣するようになった平安時代後期以後の偽文書であって信頼するに足りない。

天平勝宝元年十一月十三日の日付をもち、首勇・玄基など行基の弟子らの署名する「久米田寺領坪付帳」（『岸和田市史』第六巻）に、隆池院は「天平十年二月二日、その堤上に修理を加え、臨時に起す所の院、泉南郡上池田村の所在これなり」と記す。「天平十年二月二日」起工説は、年代記の「天平六年十一月二日」と食い違っている。年代記は大野寺の項で述べたように信頼性の高い史料であるから天平十年説は信頼性がない。泉南郡は『和名抄』和泉郡の南部を指す言葉で、貞応二年（一二二三）・正応二年（一二八九）の文書に見え、鎌倉時代に和泉郡は北部の和泉郡と南部の泉南郡に分かれていたことが分かる。天平勝宝元年坪付帳の泉南郡の記述には信頼性がない。堤上に院を造ったということは、池水の管理を隆池院がつかさどったことを意味しこれには信頼性がある。十三、四世紀において、久米田寺が池堤修理に関与していたことが史料上に明らかだから、隆池院が創立当初から池堤池水の管理にあたっていたと見られる。

久米田池
（岸和田市池尻町）

寛永十五年（一六三八）の記録によると、もとは春木川から導水したといい、その後に現在のように牛滝川から導水するようになったという（『久米田池郷の歴史』久米田池土地改良区、一九九八年）。

現在の池は岸和田市池尻町と岡山町にまたがり、東

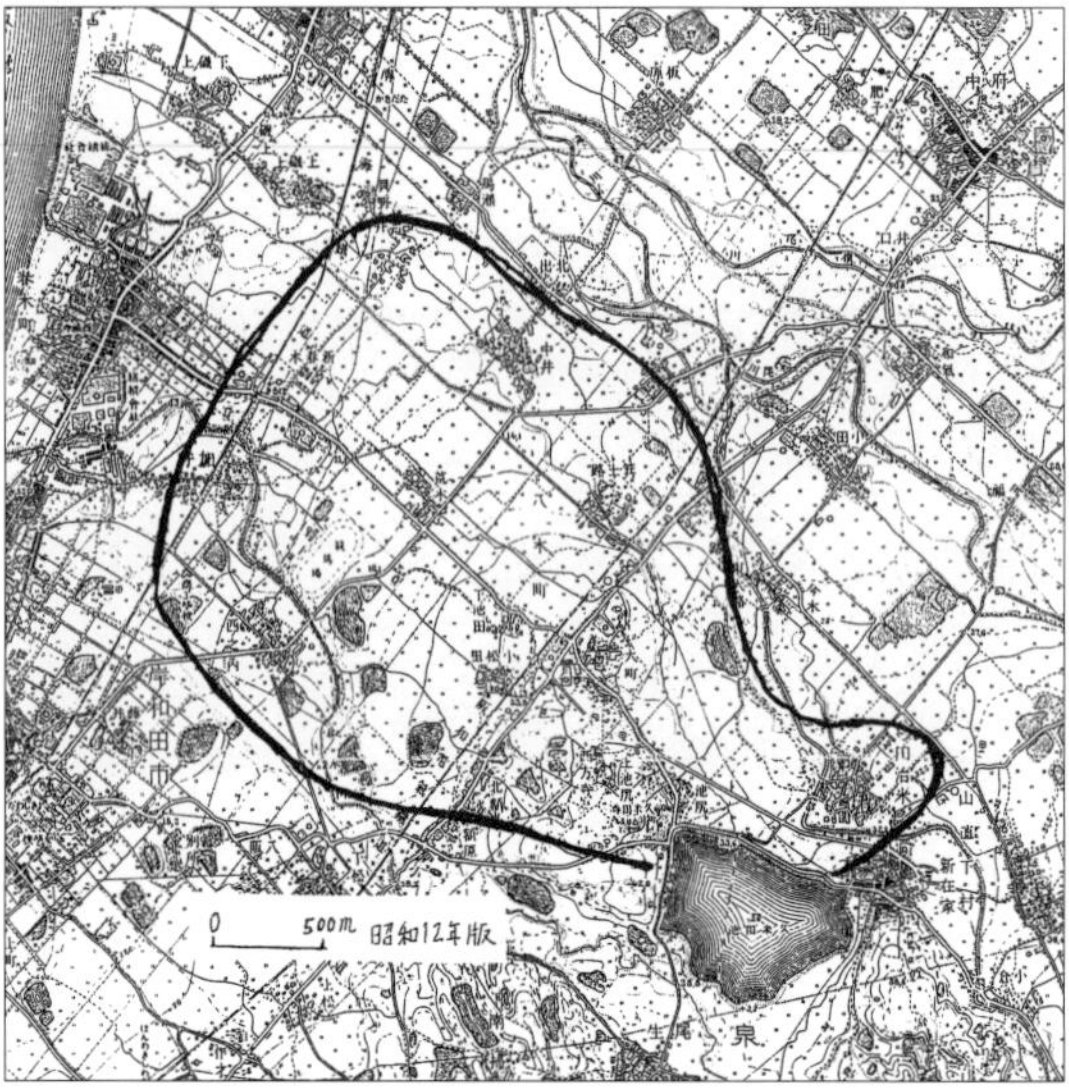

久米田池と受水十二村（池郷）

西八町二十間、南北六町二十間、池水面積六十一町八反、灌漑面積三七六町余を数える。灌水面積は、寛永十五年に十二か村六千余石であった。中世に池水を受ける村々が久米田池郷と称する組織を作ったようで、享禄二年（一五二九）の文書に「久米田池郷」の記述が見え、宝永七年（一七一〇）の「久米田池絵図」に池郷十二村立会の記述があり、池の管理運営に当っていた。

昭和二十七年（一九五二）の修理においても池郷は機能した。池郷は池尻・大町・小松里・下池田・荒木・加守・春木・箕土《みと》路《ろ》・中井・吉井・西大路・田治米の十二か村で、現在は村名を引き継ぐ町名になっている。二十七年～二十八年の池修理は、右の十二町が組合を作り完成させた。その完成記念碑が久米田寺の行基堂の前に建てられている。

なお天明四年（一七八四）の「久米田池古法之覚」によると、池の修理費用は十一か村で負担し、田治米村のみは費用負担がなく湯茶接待の女衆を出すのを例とした（出口神暁「久米田池用水の古法古格に就いて」『和泉志』一号、昭和二十四年）。「天平十三年記」に「久米田池　在泉南郡丹比郡里」とあり、「丹比部里」が正しいとすると「たじひべり」は田治米里であり、「久米田池古法」の記述から、久米田池の創設において田治米里住民が主として労役資材を提供したように推察される。創設時の久米田池は今より小さく田治米里を灌漑する程度の面積であったのだろう。

深井尼院

深井尼院（香林寺）は天平六年（七三四）、和泉国大鳥郡深井村に設けられた。起工月日の記はない。深井村は『和名抄』の常陵《とこはか》（とこおか）郷にあたり、近世の深井村、現在の堺市中区深井の諸町に当る。南深井村にあった野々宮山真言宗香林寺は行基開創の伝承を持ち、近世まで存続した寺であった（『泉州記』）。もと中深井村にあった野々宮神社は永正年間（一五〇四～二一）に兵火にかかり、香林寺境内に移り野々宮山として存続した。明治の神仏分離に際し寺は廃絶し、同寺境内は神社境内になったという（『大阪府全誌』巻五）。現在の野々宮神社は堺市中区深井清水町の東部に位置し、泉北一号線に面して鬱蒼たる樹林におおわれているが、なんら香林寺時代の建造物をみない。なお「天平十三年記」に行基は深井郷に薦江池を造成しているので、深井尼院（香林寺）と薦江池の関連が考えられるが、池の所在は不明であり関係も不明といわざるをえない。

沙田院

沙田院《すなだ》は天平六年の起工といい、起工月日の記はない。『年譜』に「在所を知らず、摂津国住吉云々」とあるのは、「年代記」に天平六年の開創とのみあって所在地名の記がなく、泉高父宿禰が他の史料で「摂津国住吉云々」と補ったことを示している。

呉坂院

呉坂院は天平六年の起工といい、法名と起工月日の記はない。摂津国住吉郡御津にありという。住吉の御津は、住吉大社の南二百メートルを流れる細井川の川口地帯、現在の大阪市住吉区長峡《ながお》町付近に求められる。住吉郡御津の傍注に「私、住吉ノ社大海神ノ北ニ南向ノ小寺云々」とあるのは、泉高父宿祢の書き入れであろうか。大海神社は住吉大社の北東隅に鎮座する式内社である。その北というと住吉三丁～四丁のあたりであろうか、該当するような遺跡をみない。

住吉の御津は、北上して難波津から難波京へ、南下して紀伊・四国の諸国へ至る海上交通の要地であり、陸上では北上する難波大道を経て難波京へ、東行する大津道を経て平城京に連絡する交通の要地であった。輻輳する人々と船舶の行き交う繁華の地であり、商業・運送業の盛んな土地であった。呉坂院に結集した行基集団のなかには、商業・運送業に従事する人々も多くいたはずであり、行基の教説のなかには商業・運送業など為政者からは軽視された生業を積極的に擁護する教えがあったに違いない。

鶴田池院起工と鶴田池

鶴田池院は天平九年（七三七）二月九日、和泉国大鳥郡凡山《おおし》田村に起工された。「天平十三年記」に鶴田池は大鳥郡日部《くさべ》郷にありと記すので、日部郷内の凡山田村であった。鶴田池は堺市南部の信太《しのだ》山丘陵の麓に現存しており、池の東部一帯に山田（堺市南区山田一丁～四丁）の地名が残っている。この地は『和名抄』の日部《くさべ》（日下部）郷に、近世の草部村にあたる。鶴田池の造成と鶴田池院の起工は一連のもので、まず池院が作られて溜池造成の基地となりついで資材と労力を提供するよう勧進が行われたのであろう。

「鶴田池によって灌漑を受ける地区は、草部村・上村《かむら》・長承寺村・北王子村・原田村（以上堺市）・富木村（高石市）・野代《のだい》村（堺市）等七か村の地区で、水利に関する賦課金は古来七十二軒に分かったのであるが、最も上流にある草部村は賦課率が低く、下手にある部落ほど賦課率が高い。野代村のご

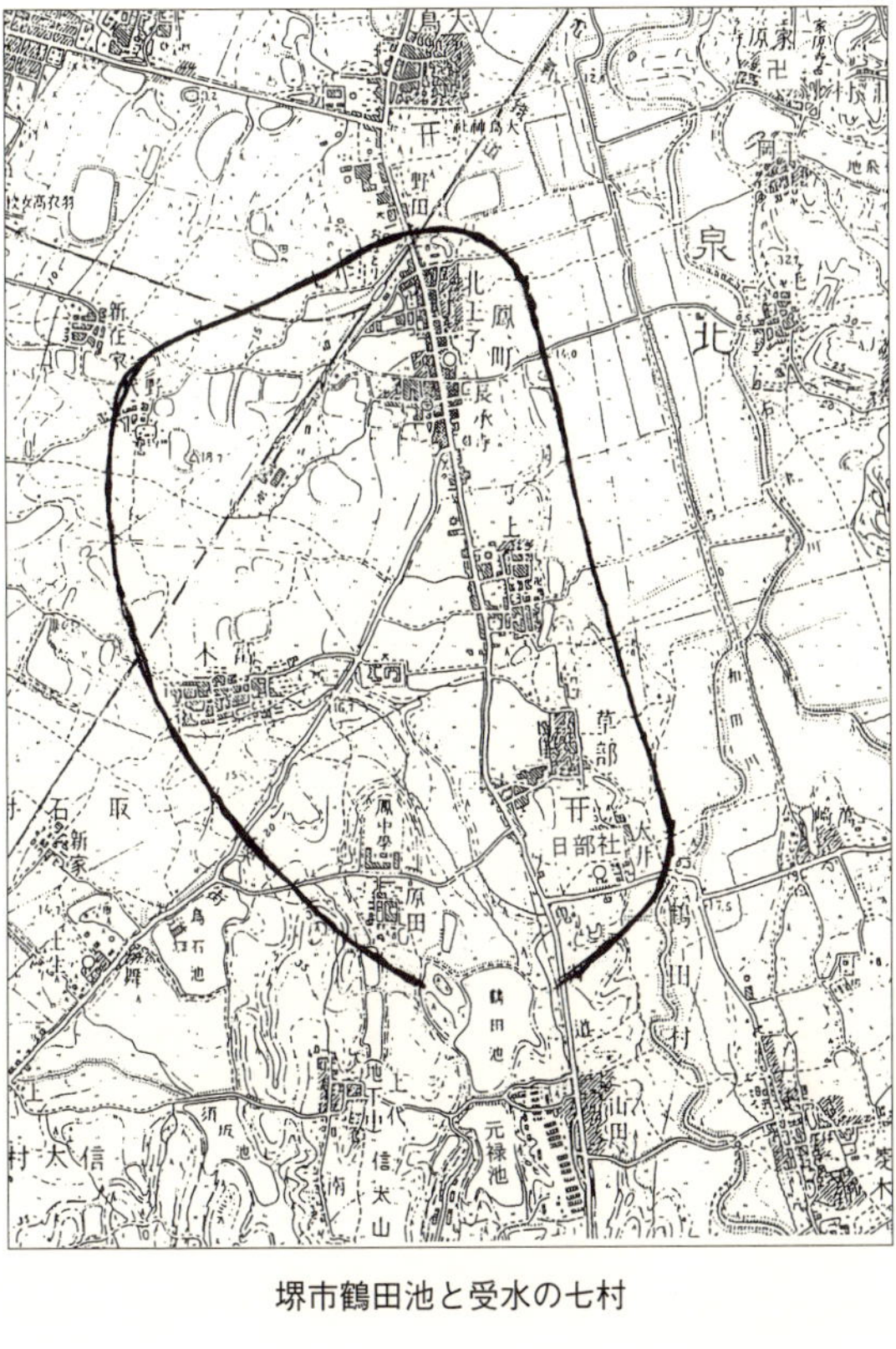

堺市鶴田池と受水の七村

ときは最も下手にあるため、水がこないこともあって、予備のために新池谷池・宮池等の補助池を持っていたにもかかわらず、その賦課率は草部村の倍額に相当していた」という（竹山増次郎『光明池土地改良区誌』一九五七年）。『大阪府全誌』（一九二二）に「鶴田池は西南信太山の北麓にあり、元禄池・駒ケ谷池・大谷池と相接し……世人は各池を総称して鶴田池と呼び、その合計面積は二十一町四反三畝歩なるを以て、久米田池につげる当国第二の大池をなせり。本地（草部）及び大字上《かみ》・同原田・鳳村大字長承寺・同北王子・同野代《のだい》（以上堺市）・大字富木（以上高石市）の七大字立会用水にして、その灌漑面積は二五〇余町歩にのぼれり」とあるように、信太山の谷を高さ約十メートル・長さ約三〇〇メートルの堰堤でせき止めて造成している。四つの池は南北に連なり、鶴田池が最も標高が低いので、順次より標高の高い所に三つの池が造られたのである。三つの池が造成された時代は、元禄池の名が示すように江戸時代であった。

享和二年（一八〇二）の鶴田池水論立会絵図によると、鶴田池の池床は七町四反八畝歩であった。久米田池は数度の拡張工事が行われたことが確認できるから、鶴田池も数度の拡張を経てこのような広大な面積になったのであろう。四つの池水は一体化しているから、鶴田池のみがあった時代の灌漑地を限定することはむずかしいが、池水は草部地区から発しているから、池創設時の灌漑地区に最上流の草部・原田地区があったことは確実であろう。中流部の上村・富木の二村もあるいは池創設時の受水地区であったのかもしれない。

鶴田池院は池・堤防・樋口などの管理に当っていたはずで、池尻にあたる草部地区に設けられたものとみられるものの、現在のところ寺院跡らしきものは発見されていない。草部地区には式内日部《くさべ》神社があり、『新撰姓氏録』和泉国皇別の日下部首《くさかべのおびと》と日下部は、この神社を奉賽していた氏族であり、鶴田池造成に協力したことであろう。

天平二年（七三〇）九月、和泉国大鳥郡日下部郷において優婆塞練信と大鳥郡の大領（長官）日下部首麻呂を大檀越とする知識（三宝に寄進する人々）七〇九人が『瑜伽師地論』書写に結縁した。書写したのは石津連大足であった。この人々は、天平二年が行基の対民衆運動が高潮した時期であり、行基が『瑜伽師地論』を学んだことは伝記に見えるから、行基に関係する知識と見てよい（井上光貞「行基年譜、特に天平十三年記の研究」『律令国家と貴族政権』一九七三年）。石津連は『新撰姓氏録』和泉国神別に着録される土師系の氏族で、行基の生家家原寺の北西二・七キロの、石津郷の式内石津太神社を奉賽する氏族であった。

優婆塞という五戒順守を誓う在俗信者は、比丘を師匠として指導を受けぬ限り、『瑜伽師地論』のような難解な経典に関与しえない。優婆塞練信の師匠が行基であったかどうかは明言しえないが、行基の弟子のリーダー格の僧侶は三十四人を数えたから、優婆塞練信は行基の弟子僧を師匠とした可能性が大といえるであろう。七〇九人の知識らは日下部郷のみならず大鳥郡の諸郷に住む人々であったろう。こうした大規模な集団が天平二年時に大鳥郡日下部郷を中心に編成されていたからこそ、天平九年における鶴田池と鶴田池院の建設は可能になったのである。

あるいは天平二年の『瑜伽師地論』書写は、七年後の鶴田池・同池院の建設を視野に収めての事業であったのかもしれない。そうであるなら、『瑜伽師地論』書写を契機として池と池院建設のための資材や労働力の提供が呼びかけられ、工事着工への計画が進行していたことになる。このように考えると、行基のいわゆる社会的事業は相当に綿密な計画をもって実行されていたということができる。

玄奘訳の『瑜伽師地論』は全百巻であるが、優婆塞練信らが書写したのは『瑜伽師地論』巻二十六であった。この巻は声聞地《しょうもんじ》と呼ばれる自己の解脱のみを目的とする出家の聖者について解説する部分である。この上に菩薩地があり、無上の菩提を求め衆生を利益し未来に仏の悟りを開こうとする者・菩薩の解説がある。奈良時代に『瑜伽師地論』を書写し現存する事例が十二例あり（志水正志「瑜伽師地論検証」『日本古代史の検証』一九九四年、東京堂）、そのうち六例が声聞地（巻二一～三四）・菩薩地（巻三五～四九）に関する巻を書写している。内訳は声聞地三例・菩薩地三例となる。したがって『瑜伽師地論』の中では特に声聞地・菩薩地の巻に興味関心が寄せられていたといえる。こうした関心はむろん出家者である師僧のものであり、師僧の指導をうける優婆塞らは書写する巻の内容の理解はなかったであろう。こうした実例を考えると、『瑜伽師地論』書写は全百巻を書写するのではなく、関心の抱かれる特定の巻だけを書写することが多かったといえよう。

大鳥布施屋と布施屋里

「天平十三年記」に大鳥布施屋が大鳥郡大鳥里にありと記される。大鳥里は『和名抄』の大鳥郷にあたる。延喜二十二年（九二二）の『大鳥神社流記帳』に「布施屋里」があり、大鳥郡の条里復元図（米倉二郎「古代の和泉地方に関する二三の歴史地理的考察」『史林』二〇巻一九号、一九三五年）によると上村《かむら》（堺市西区上《かみ》）の集落を中心とする六町四方の地とされる。近世の『和

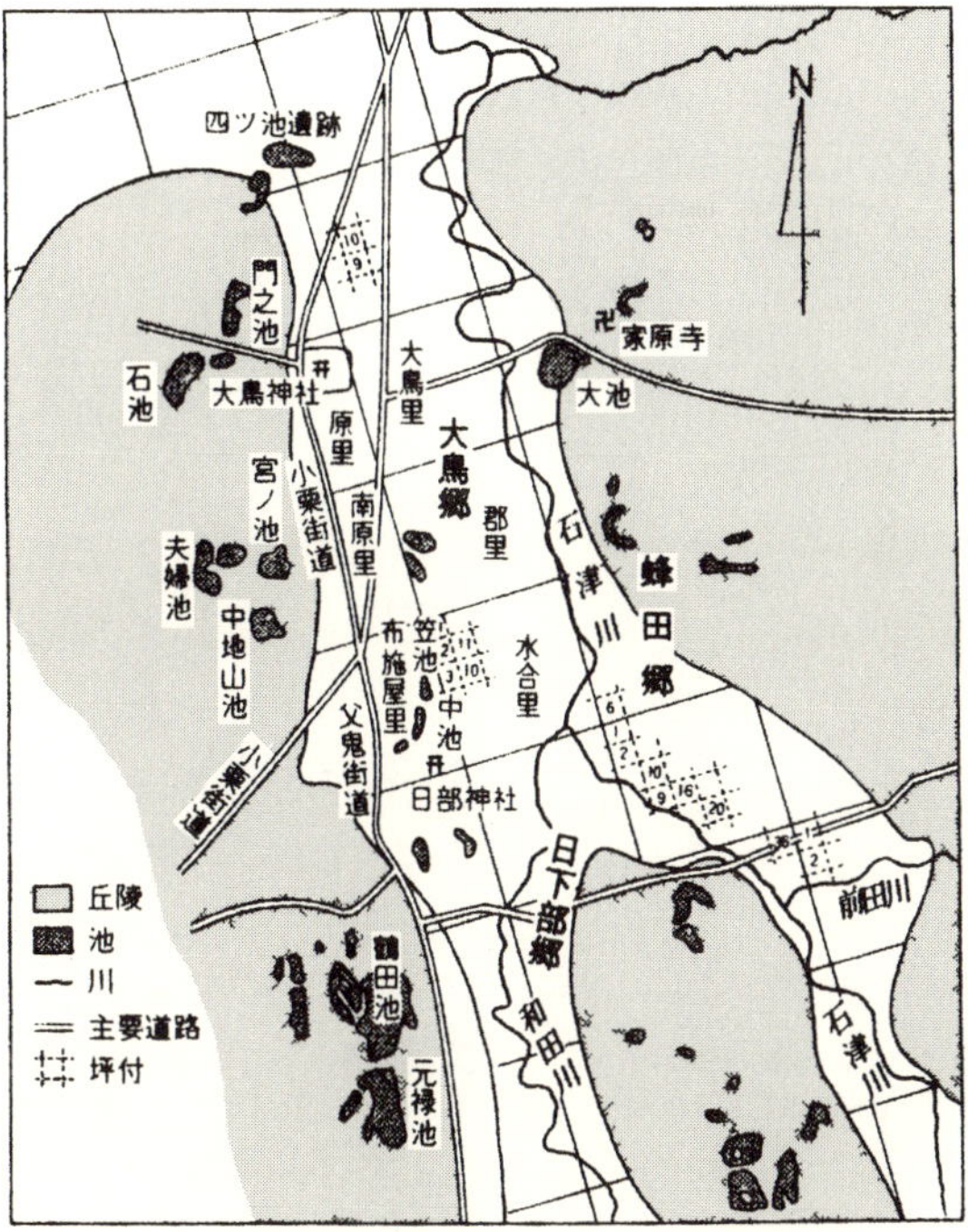

鶴田池と布施屋里・日部駅（日部社周辺）
（『堺市史　続篇第一』より作成）

泉志』に上村は大鳥郷所属とするに一致する。鶴田池の南端に鶴田池院があったとすると、池院から北上して約一キロの地が布施屋里の中心にあたる。大鳥布施屋はこの布施屋里のどこかに所在したはずで、その場所は現在の上の交差点、小栗街道の本線から父鬼街道が分岐するその交差点近くが考えられる。

布施屋里という条里里名が成立したのは、大鳥布施屋が存在したからであり、その布施屋は長い期間にわたり存続したのであろう。街道を行き来する役民や調庸の税物を輸送する人々を収容して寝床と飲食物を供与する施設は、住民に強い印象を与えたのに違いない。そしてその強い印象はかなり長い期間続いた結果、布施屋里という条里里名が成立した。このように考えると、大鳥布施屋はすくなくとも行基の没年・七四九年までは存続していた可能性が高い。九か所の布施屋は、天平十三年の時点で現存三所・破損六所という惨状を呈したが、大鳥布施屋はその惨状を免れて存続していたのである。

修行道場としての頭陀院（菩提院）・同尼院

頭陀院（菩提院）は天平九年（七三七）九月一日、大和国添下郡矢田岡本村に起工された。頭陀尼院も同年同所に起工されたが起工月日の記はない。所在地について、享保十九年（一七三四）の『五畿内志』は、葛上郡伏見村（御所市大字伏見）の菩提寺について「僧正行基建、宝亀四年十一月勅施入当郡田三町」とし菩提院に充てる。『新日本古典文学大系　続日本紀』の宝亀四年十一月二十日条の補注に、菩提院は「現在の奈良県御所市伏見の菩提寺」とするのは『五畿内志』説に従うものである。菩提院の所在地は添下郡であるから葛上郡の菩提寺に比定するのは不適当である。

前著（『行基と律令国家』）では「矢田岡本村」にひかれ、『和名抄』の矢田郷にあたる大和郡山市矢田町付近を想定した。しかし原文に「頭陀院菩提」とあるから、頭陀院は法名で菩提は地名による呼称とみるべきであるから、現在も菩提山があり、興福寺領菩提荘があった大和郡山市小泉町付近とする永山修一説（「天平年間の行基の活動に関する一試論」『史学論叢』九号、一九八〇年）に従いたい。

一九八七年に菩提山東尾根頂上付近が発掘調査された結果、菩提山では、弥生時代にできた集落が古墳時代前期に廃絶し、後に墓域となり、七～八世紀に再利用が始まった。白鳳時代の瓦も出土するので、藤原宮用瓦を焼く瓦窯があったとも考えられるという（大和郡山市教委『菩提山遺跡発掘調査概要報告書』一九八八年）。

菩提院は、現在の大和郡山市菩提山付近に所在したとする永山説をさらに詳細にしたのは吉川真司氏である。彼は、菩提山の西尾根の裾部から出土した八世中ごろの小型軒丸瓦三点に注目する。出土地点は「地域的には斑鳩東端というべき」地であり、「西方四百メートルの法起寺も同じく岡本（斑鳩町大字岡本）にあり、菩提院と何らかの関係をもっていたらしい」という。三点の瓦のうち二点は法起寺の瓦と同范であるから、菩提山には寺

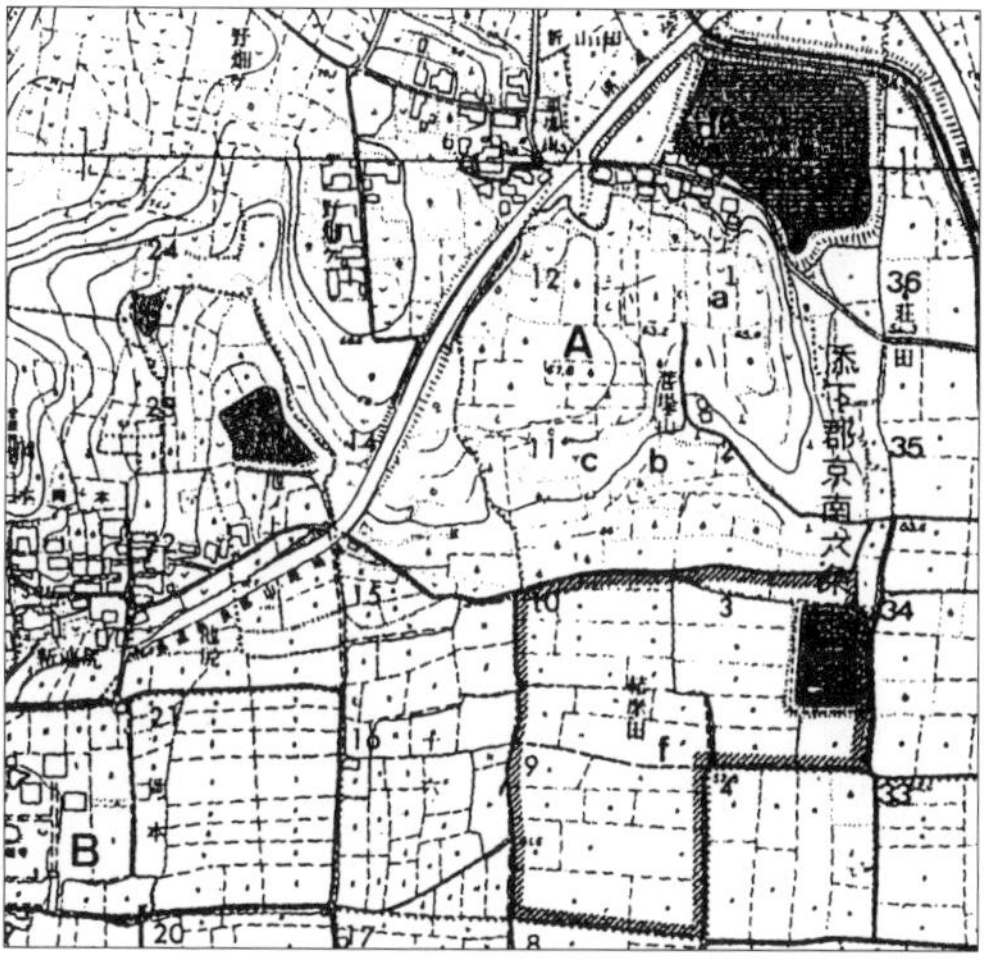

大和郡山市菩提山と頭陀院（吉川真司作図）
A：菩提山　B：法起寺

院か瓦窯が存在し、菩提山瓦が他の寺院で使用した形跡が見られないから寺院が存在したという。そしてこの瓦を葺いた寺院が菩提院であったと推定する（「行基寺院菩提院とその寺田」薗田編『古代日本社会の史的展開』塙書房、一九九九年）。

菩提山には、「興福寺大乗院末寺の菩提山宝峰院や報恩院、それに一時菩提山に移建されていた興福寺竜華院がみられる」というから（朝倉弘「大和国登美庄・鳥見庄考」『霊山寺と菩提僧正記念論集』一九八八年、霊山寺）、奈良時代の菩提山にはそれら寺院またはその前身寺庵が複数存在したらしく、前記天平時代瓦が行基の菩提院のものかどうか疑問がもたれる。ましてや発掘調査が行われていないので寺院址なのか瓦窯址なのか不明なので菩提院の候補地として挙げるのはともかく、菩提院址であると確言することはできない。菩提山の地から平城京西四坊大路南端へは約四・二キロで、平城京への往復には困難がない。

頭陀院は頭陀行を修める道場を意味し、頭陀行は集落を離れた静寂な場所に住み、弊衣をつけ毎日托鉢に出て衣食住への執着を捨て心身を陶冶することである。菩提山の地は集落を離れた静寂の地であり、かつ毎日の食を供与される集落を後背地にもつ托鉢行にはうってつけの土地であった。平城京ではすでに喜光寺（菅原寺）が確保されていたが、都市のもつ喧騒と悪徳は修道の志を鈍化させるから、都市から離れた修行道場が必要であり、菩提山の地が選ばれる理由があった。

4　橘諸兄政権下の活動（七十三歳～八十二歳）

橘諸兄政権の成立

天平九年（七三七）は赤疱瘡・もがさと呼ばれた天然痘の流行した年であった。春に九州に発生した疫病は次第に東に広まり、夏を経て秋まで猛威をふるい、「公卿いか天下の百姓まで没死すること、あげてかぞうべからず」という状況に至った。議政官では左大臣藤原武智麻呂・中納言多治比県守・参議藤原房前・同宇合《うまかい》・同麻呂らが倒れ、翌十年（七三八）正月、大納言から右大臣に上った橘諸兄《もろえ》の政権が成立した。現存する四十九院の一つ、岸和田市の隆池院久米田寺の境内に「橘諸兄塚」がある。中世成立の『泉州久米田寺隆池院由緒事』に諸兄公は当寺に帰依し遺骸をこの地に葬ると記してあり、こうした伝承は歴史的事実ではないが、かれが行基の宗教運動の理解者であり後援者であったことを示唆している。

発菩提院（泉橋院）・隆福尼院

天平十二年（七四〇）、発菩提院（泉橋院）と隆福尼院が山城国相楽郡大狛《おおこま》村に起工された。起工月日の記述はない。隆福尼院はこれより前の天平三年に大和国添下郡登美村に起工済みであり、一代の間に同名の尼院二か所を建立するのは不自然であるから、どちらかの尼院名には誤記があるらしい。

大狛村は『和名抄』の大狛郷に当るとすると、該当域は京都府木津川市山城町上狛から北河原の地域とされる。現在、上狛の木津川右岸の堤防近く、国道二四号線泉大橋北詰西に、玉竜山泉橋寺があ

泉橋寺
（木津川市山城町上狛）

って泉橋院の後身と称している。境内には礎石や土壇が残り、奈良時代の瓦片が出土するので、現境内は創建時の境内の一部であったと考えられる。創建時の塔跡は現境内の北約百余メートルの地にあったらしく、大正七年（一九一八）の調査によると、塔心礎（径四尺八寸、高さ三尺七寸）が残っていた（『京都府史跡勝地調査会報告　二』一九一九年）。出土した蓮華文瓦は軒丸瓦・軒平瓦ともに平城宮式のもので、平城宮使用の瓦が直接運びこまれたと見られるという（坪之内徹「平城宮系軒瓦と行基建立寺院」『ヒストリア』八六号、一九八〇年）。

行基の諸活動にたいする政府要人らの容認と保護は、先述のように養老年間に始まっていた。藤原房前や阿倍広庭らの容認策は、天平十年（七三八）右大臣に任じた橘諸兄にも引き継がれたのである。

大狛郷には天平十三年以前に泉寺布施屋（所在地は高麗里）が設置されているが、設置時期は寺より先行していた。この布施屋は泉寺（泉橋院）に近接していたのでこのように呼ばれたのであるから、その所在地は、泉橋院と北方の第一次山城国府との間の道路上に求められる。この道路は北上して国府の中軸線をたどり、さらに綴喜郡井出町玉水集落東背後の段丘上に推定される橘諸兄の相楽別業へ到る。南下すれば泉大橋を渡り作り道を経て平城京へ到る交通の要所である。

泉大橋の所在地泉里は『和名抄』の水泉《いつみ》郷に当り、木津川が西流から北流に変る屈曲点の南岸であり、山城町下川原から木津町木津の一帯の地域とされる。木津町にあった泉木津は藤原京・平城京造営の際に材木調達の拠点になり、次にのべる恭仁《くに》京造営の際にも木材資材調達の拠点であった。泉大橋は平城京と恭仁京を結ぶ結節点にあったから、政府側も泉大橋を保護する必要があり、ひいては橋の維持管理にあたる泉橋院への公的援助が与えられたのである。

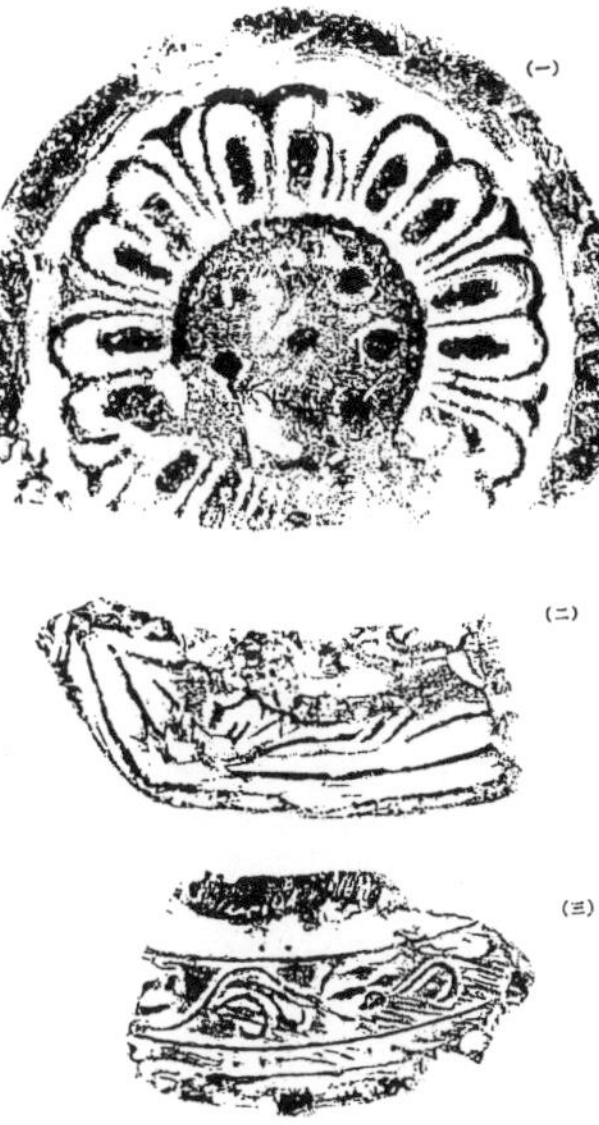

泉橋寺の古瓦
（『京都府史跡勝地調査会報告一』）

天平十二年（七四〇）八月に始まった大宰少弐《しょうに》藤原広嗣の反乱のなか、聖武天皇は十月末に平城京を出て東国を巡り、年末に相楽郡恭仁郷に入り都を造らしめた。十三年十一月に都は恭仁大宮と名付けられ、諸宮殿が一応の完成をみたことを示している。

十三年十月、畿内と諸国の優婆塞を使役して賀世《かせ》山の東の河に橋を造り、

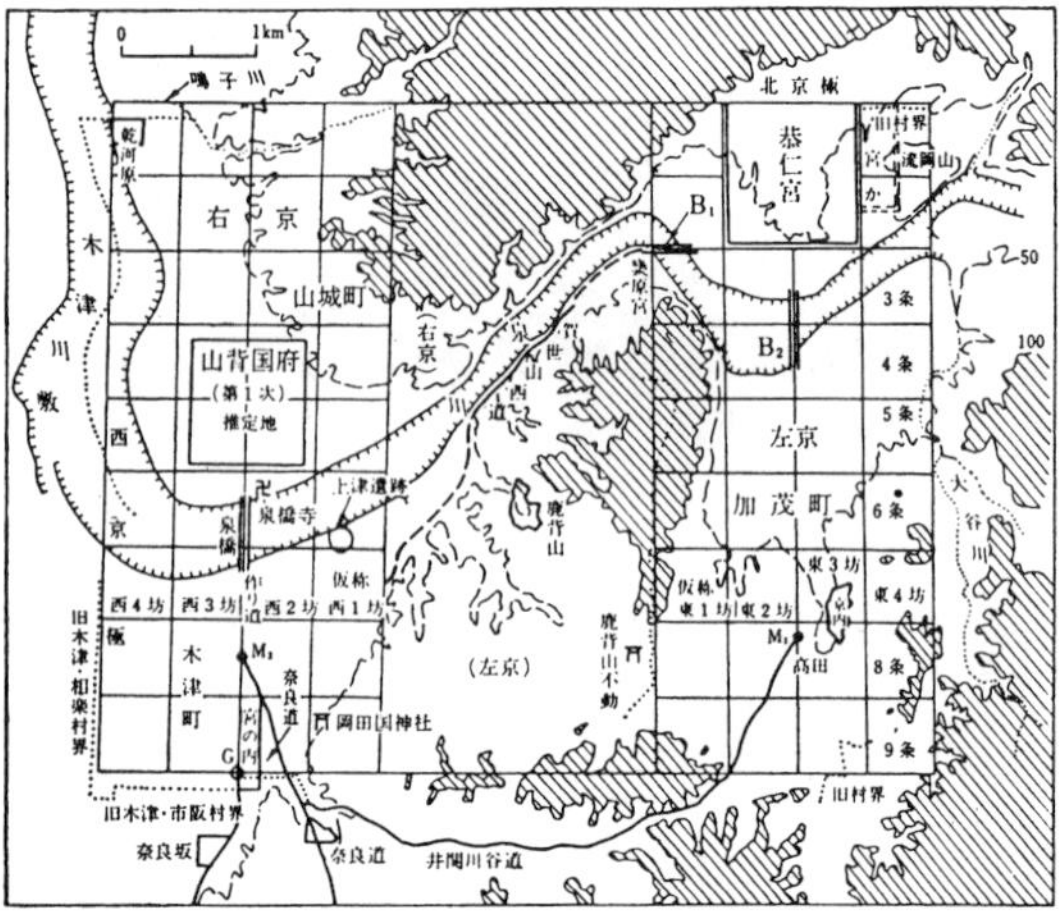

泉橋寺泉大橋と賀世山東河橋
（B1点は井上光貞推定地，B2点は足利健亮推定地，足利作図）

完了後に優婆塞七五〇人に得度が認められた。彼ら在俗信者らは労役提供の代償として無条件に出家することを認められたのであり、この優婆塞らが行基の徒と推定されることは、諸論が一致している。

賀世山は賀茂町の中心部に鹿背《かせ》山の地名が残り、その東の河は木津川（泉川）のことで、恭仁宮に近い所に橋を架け造宮工事の資材運搬のために便利を図ったものと考えられる。

さて天平六年（七三四）の得度制度では、出家志望者に対して法華経または最勝王経を暗誦すること、仏道修行三年以上が必要条件とされた（『続日本紀』）。したがって工事参加者に対し無試験で出家を認めたことは、国家の恩恵であり承認であった。行基の仏教活動は天平十二年年末の時点で国家的承認を得たのであり、それは聖武天皇と橘諸兄を首班とする政府の意向を表しているといえる。

泉大橋造営工事のために資材の集積や工事事務所が必要であり、このため天平十二年の泉橋院起工があったと考えると、両工事はほぼ並行するものの、やや泉橋院の起工が早かったであろう。これらの工事は恭仁京造営工事に先んじるものであったから、そこには相楽郡に宮都を建設するという計画がいち早く行基のもとに知らされていたと考えざるをえない。その報知者とは右大臣橘諸兄であったろう。かれは天平十三年、行基に食封五十を施し（『行基年譜』）、四十九院の久米田寺では檀越として記録されているのである。

聖武天皇は天平十二年五月に諸兄の相楽別業に幸しており、その際行基集団の工事の様子を見る機会があったろう。「一枝の草一握の土を持ち」架橋工事に従事する行基の知識集団をみて、天皇は感銘を受けたであろう。大仏造営に至る天皇の意図の形成には、河内国大県《おおがた》郡知識寺（大阪府柏原市太平寺町二丁に廃寺跡が残る）の盧舎那仏を礼拝したことと共に、行基集団の泉橋院・泉大橋工事を見て感銘を受けたことを見逃すことはできないであろう。

泉福院・布施院・布施尼院

天平十二年（七四〇）、泉福院・布施院・布施尼院が山城国紀伊郡石井村に起工された。起工月日の記述はない。石井村は『和名抄』の石井郷にあたり、近世の『山城名勝志』は伏見九郷のうち御香宮より西追手筋までを石井村と称するという。近代の『日本地理志料』は堀内・上三栖《かみみす》・下三栖・景勝の四村とする。中世の下三栖荘の後身である近世の下三栖村のうち、現在の京都市伏見区横大路下三栖の城ノ前町・宮ノ後地区は宇治川に面している。四十九院の多くが交通の要地に立地していたことを考慮すると、所在地は水上交通の盛んな宇治川辺かと思われるが、参考になる遺跡もなく所在地は未詳とせざるをえない。

大仏勧進

天平十五年（七四三）十月、聖武天皇は盧舎那《るしゃな》仏像を造る寺地の起工のため、近江国紫《し》香楽《がらき》宮に行幸した。このとき行基は、弟子らを引率して仏像造営のための勧進を行った（『続日本紀』）。これより先、聖武天皇は天平九年三月、国ごとに釈迦三尊像・大般若経の造営を命じたが、国ごとに仏舎を設ける構想は発展し、十三年（七四一）二月には国分寺建立の詔を発した。この間、十二年二月の難波行幸のおり、河内国大県郡知識寺の盧舎那仏像を拝して、造像の志を抱いたのである。知識寺の本尊像は五丈余（十五メートル余）と伝えられる大仏であった。

国分寺の造営は国司の任務であり、工事は遅々として進行しなかった。十五年十月の大仏造立の詔に「一枝の草、一把《にぎり》の土を持ち造像を助けむと情《こころ》に願うものは、ほしいままに聴《ゆる》さむ」とあり、知識という同信者集団により造営を行う姿勢を明らかにしたことは、国分寺造営詔に見えないところである。国分寺造営のように、財物に富める人が単独で行う作善行は、道俗貴賤の男女が少財を集積して共同で行う作善行に匹敵しえないと、諸経典の繰り返し説くところである（『優婆塞戒経』『像法決疑経』）。

大仏造営の際に行基が勧進を行ったということは、弟子らが行基の伝記を記した『大僧正舎利瓶記』と正史の『続日本紀』行基卒伝に見えないのはなぜであろうか。これについて、「大仏造営が人民の苦難を増大するものであり……心すすまぬものであった」、「大仏勧進はほとんど特記すべき実績をあげえぬものであった」と解するむきもある（二葉憲香『古代仏教思想史研究』永田文昌堂、一九六八年）。

行基が没した三年後の天平勝宝四年（七五二）四月、大仏開眼法会が開催され、孝謙天皇は法会の主役を務める四人の僧侶に敬請書を発した。四人とは開眼師菩提・華厳経の講師隆尊・呪願師道璿《どうせん》・都講師景静であった（『東大寺要録』）。都講師景静は『舎利瓶記』に名前の見える行基弟子筆頭であり、三十四名の行基弟子名を記す『大僧正記』にも筆頭弟子としてあげられている。景静の勤めた都講師は、法会の司会者であり華厳経に関する質問を発して講師の解説を引き出す役であった。景静が行基没後の開眼法会に際してこうした重要な役割をあてられたのは、大仏造営の勧進役を担った行基とその集団への評価が高く、勧進への報償としての意味を持つものであったことは間違いない。行基とその集団は大仏造営勧進について大いに実績をあげたと為政者は評価したのである。

ただ、『舎利瓶記』に大仏造営への勧進記事が見えないのは、『舎利瓶記』の撰者真成らが「心すすまぬもの」と評価したことを示している。行基集団の中には、大仏造営勧進について、積極的に協力するものらと共に、真成のように「心すすまぬもの」と評価するものらとが混在していたのであろう。

天平十七年正月、七十八歳の行基は大僧正に補任された。これまでの行基は師位を得たものの、寺の三綱・国ごとの国師・中央の僧綱に任じられたことはなかったから、凡僧からの直任であった。当時、僧正玄昉・大僧頭行達・少僧頭栄弁・律師行信の体制が整っていたのに、更にその上に大僧正を設けたのである。この異例の直任から、大僧正補任は聖武天皇の意思に基づくものであったことが窺い知られる。

「舎利瓶記」はこの叙任の際、「しかりと雖も、もって懐《こころ》にあらず」とし大僧正補任を悦ばなかっ

表4-3　天平十七年建立の五院

「年代記」の院名	所在地	「天平十三年記」の随伴施設
大福院（御津）二月八日起工	摂津国西城郡御津村	
大福尼院	同右	
難波度《わたり》院	摂津国西城郡津守村	比女嶋堀川　白鷺嶋堀川
枚松院	同右	同右
作蓋部《さやべ》院	同右	同右

たことを記している。しかし、行基らが造営した諸施設の中心をなす院の維持と、彼の活動を支えた弟子僧らの未来を考えると、大僧正への就任はなにがしかのプラスを生むことが予想され、これを受け入れたのである。

摂津国西城郡の五院

大僧正補任のあった天平十七年（七四五）、行基は摂津国西城郡に五院を建設した（表4-3）。一年間に五院の建設をなしとげたことは、行基が七十八歳という高齢にあったことを考えると驚異的なエネルギーといえるが、院・諸施設の建設はこれが最後となったから、最晩年の仕事であった。

難波御津の大福院・同尼院

大福院（御津院）は大阪市中央区三津寺町に大福院三津寺が現存し、行基開創の御《み》津《つ》院の後身と称している。隣接の八幡町に御津八幡宮があり、この辺一帯は難波御津の地であったと考えられる。承久二年（一二二〇）二月の石清水八幡宮文書に「摂津国三津寺　畠三反〈在八幡河合〉」とあり、承久二年以前に三津寺荘に八幡宮が勧請されていたことが分かる。三津寺荘を引き継いだ近世初めの三津寺村は、元和六年（一六二〇）の市街地拡張により農地はすべて市街地に転換され三津寺町の名として残った。このあたりの土地は奈良時代には陸地化していたが、大阪湾に面していたので風波の影響を受けやすい土地であった。天平勝宝五年（七五三）六月、摂津国御津村は暴風に伴う高潮におそわれ、人家の損壊百十余と水死五六〇余人の損害を受けた（『続日本紀』）。この記事によれば御津村はかなりの人口を擁する町場であったことを窺うことができる。難波御津には外国使節の来着だけでなく、西方諸国からの上り船、西方諸国への下り船が輻輳していたから、人の往来の激しい町場であった。貨物を積載した船が来着すると、港ではすぐに貨物の輸送や売買の相談が行われたであろう。

大福院三津寺
（大阪市中央区三津寺町）

大福院と同尼院は難波御津をめざして来る商人や運送業者のための祈りの場・休息の場であるとともに、貨物の輸送や売買の相談をする場所であったに違いない。大福院と同尼院を建設した行基の信者集団は、貨物の保管・輸送や売買に従事することによって利益を得たのであり、大福院・同尼院を建設するための労力や資材の寄付は、結果として充分な利益をもたらしたのである。

難波度院・枚松院・作蓋部院

難波度《わたり》院・枚松院・作蓋部《さやべ》院の三院が起工された西城《にしなり》郡津守村には、天平二年に善源院（川堀院）と同尼院が設けられ、比売嶋《ひめしま》堀川・白鷺嶋堀川・度布施屋もそのころに営まれていた。二つの堀川の工事は莫大な労力と資材を要するものであり、津守村に結集した行基集団の巨大さと構成員の富裕さをあらわしている。これら工事の十五年後にさらに三院の建設が行われ、結局津守村には行基の五院が並び立つという偉観を呈した。先述したように、二つの堀川は西国からの貨物を積載した船舶の停泊地であり、岸壁には行基集団に属する人々の営む貨物の保管倉庫が並び立ち、西国から来た人々と行基集団員と間に交易が行われていた。善源院はそうした交易に携わる人々の祈りの場・休息の場であるとともに、交易のための交渉の行われる場でもあった。善源院起工の十五年後に更に三院が設けられたのは、津守村における来航船舶数の増大と交易が更に盛況を呈したことを物語っている。

報恩院・長岡院

『行基年譜』の八十二歳条に、報恩院は河内国交野郡楠葉郷に、長岡院は菅原寺の西岡にあるといい、「已上両寺、四十九院の他なり、年号を記さず云々」とある。この二院のことは『行基年譜』の編者泉高父が参考にした「年代記」に記載されるが、泉高父の判断によると、起工年の記事がないので四十九院にかぞえるべきでない、との意味であろう。しかし「年代記」に記載されていたのであるから、後世の我々はやはり四十九院の中にいれるべきである。

交野郡楠葉郷には、神亀二年（七二五）久修《くす》園院（河内山埼院）が起工され、楠葉布施屋が設けられていた。平城右京の菅原寺（喜光寺）は養老六年（七二二）の起工であり、両院とも行基の活動の初期に起工された道場である。先にのべた天平十七年起工の五院が、かつて行基が活動した地域に建設されたことを考えると、この両院も天平十七年以後、或いは行基没後まもなく建設されたものかと思われる。報恩院の名は、行基の恩に報いるための院の意味かと考えられるからである。同院の遺跡についてはなんの知見も得られない。

長岡院については奈良市菅原町の菅原遺跡から発見された基壇跡がそれではないかという論がある（『菅原遺跡』奈良大学、一九八二年）。遺跡は推定西京極大路の西方四二〇メートル、ほぼ二条大路の延長線上に位置する。基壇は南北六メートル・東西五メートル以上（西端は削平され東西の全長は不明）の規模で、版築により造成されていた。出土した軒丸瓦・軒平瓦・鬼瓦は平城宮軒瓦編年と対比すると、第Ⅲ期に当るものが多く年代は天平十七年（七四五）から天平勝宝年間（七五七）に位置づけられるから、この時期に基壇建物が創建されたと想定できるという。年代と菅原寺の西方に当るという点から、行基の長岡院の可能性が高いという。また長岡院の名称から、長岡大臣と号した藤原永手（七一四〜七七一）が造営に関与した可能性があるという。しかし永手が右大臣に任じたのは天平神護二年（七六六）正月のことで、左大臣として六年間在官し没した。従って長岡大臣と号したのは天平神護二年（七六六）正月以後のことであった。菅原遺跡の基壇建物は天平十七年（七四五）〜天平勝宝年間（七五七）の成立といい、この時期の永手は天平勝宝四年大倭守・同六年左京大夫・同八年参議を経ずに権中納言に任じたから、この時期に長岡大臣の称は成立していない。長岡院と長岡大臣藤原永手を結びつけるのは無理がある。

菅原遺跡の地は菅原寺の西方にあたり、天平十七年〜行基没後まもなくの建立との二点で長岡院に比定できるものの、菅原遺跡の地が長岡という地名であったという証明ができないので、今のところ参考地として止めるのが適当であろう。

大庭院

この他、大庭院が和泉国大鳥郡上神郷《かみつみわごう》大庭村にありとし、天平勝宝二年（七五〇）三月十五日報恩のために起立したといい、「今のごときは行基院と号す」とある。大庭院は行基の法恩に報いるため没後に起工されたのであり、これらの記事は「年代記」からの引用と見られる。「今のごとき云々」の今とは「年代記」が編集成立した時期を意味する。

大鳥郡上神郷《かみつみわごう》大庭村は近世の大鳥郡大庭寺《おばでら》村、現在の堺市南区大庭寺の地区にあたり、現存する真言宗来迎寺は別名を大庭寺というものの、創建の事情は未詳で行基の大庭院との関係も不明である。大庭院に比定されるような遺跡も発見されていない。

上神郷《かみつみわごう》大庭村を本拠とする氏族に神別系の大庭造《おおにわのみやつこ》氏があり、大庭院の建設に大檀越として貢献したと考えられる。大野寺土塔の瓦銘のなかに「大庭」があり、土塔の瓦を焼成した窯跡出土の瓦銘に「大庭造國□」があった。大庭氏は神亀四年（七二七）の段階ですでに行基集団の構成員であったから、行基没後の翌年、大庭院建設に尽力したのである。

「年代記」と四十九院の概念の成立

「年代記」は、起工年月日不明の二院と行基没後の一院を入れるという無理をしてまで四十九か所の院名を掲載するから、行基四十九院の観念が成立した時期に編集されたことは明らかである。行基は最初から四十九か所の院を建てる意図をも持ったわけではない。

行基が学んだ『瑜伽師地論』が弥勒菩薩の所説であるところから、兜率天に住む弥勒菩薩の宮殿が四十九所あるという経説（観弥勒上生経）に結び付けられ、行基没後に四十九院の観念が成立したのである（井上薫説）。

宝亀四年（七七二）十一月の勅に行基の「修行の院は惣じて四十余処」と記され、『続日本紀』の行基卒伝に「留止する処にみな道場を建て、その畿内に凡そ四十九処」とあるから、『続日本紀』の編纂が完成した延暦十六年（七九七）には行基四十九院の観念が成立していた。

行基四十九院の観念は宝亀四年（七七二）以後延暦十六年（七九七）の間に成立したことになる。したがって「今」とは宝亀四年（七七二）～延暦十六年（七九七）の間であり、「年代記」はこの時期に成立したことが窺い知られる。

「年代記」が信頼性に富むことは、堺市土塔町の大野寺土塔の出土瓦銘に「神亀四年丁卯年二月三日起」（□は欠文）とあり、「年代記」の記す年月日どおりであったことから証明された。こうした信頼性を保っていることからも、年代記の成立時期は延暦十六年（七九七）以後でなく以前とみなければならないのである。

「年代記」編者が調べた時点で報恩院・長岡院の起工年月日は不明になっていたのであり、恐らく寺勢は衰退し起工年次に関する文書はむろん伝承も採録できなかったのである。「年代記」が編纂された時期は、行基没後まもまく、おそらく没後二十・三十年以内と見てよいであろう。

第五章　行基流仏教の国家的承認

1　八世紀の難波と瀬戸内海漕運——行基の諸施設と関連して

天平十八年官符の内容

延暦十五年（七九六）十一月の太政官符は大宰府の上申書を引用し、同書に天平十八年（七四六）七月の太政官符が引用されている（『類聚三代格』巻十六）。この天平十八年の官符は行基の時代の商業と漕運に関する格好の資料なので、すこし触れてみたい。

十八年の官符には、①官人・百姓・商旅の徒が豊前の草野津《かやの》（福岡県行橋市）・豊後の国埼津《くにさき》（大分県国東町《くにさき》）や坂門津《さかと》（大分市坂ノ市付近カ）から自由に出港し国産品を持ち出すのを禁止し、②ただ豊後・日向などの国々が兵衛・采女の資養物と人を運送する船を、国埼津を経て上京させる場合は禁止の限りではないという。これにたいし大宰府は、上記の三港は姦徒が多く従来から往来を禁止できなかった。また通行許可証（過所）を持っていても豊前の門司を経ずに航行し、これら姦徒はみな難波に集合するという。そこで大宰府としては、摂津国司が過所を検査しもし過所を持たずまた門司の検査を経ないときは、法により処分するようにされたいという。③これにたいし延暦十五年十一月、太政官は、今後は公私の船が三港から出港するのを許し、過所は旧来通り大宰府が発給し門司の検察を経ずともよいとし、長門・伊予等も承知せよと命じた。長門・伊予等とは山陽・南海の諸国を意味するから、難波に往来するのは西海・山陽・南海道の諸国の船舶であった。

律令国家は物資の輸送は陸上によるのを原則とし、瀬戸内海の交通を規制した。関門海峡には長門関（「関市令」1）が置かれ、豊予海峡には辺境守備の施設（戍《じゅ》）が置かれて交通を禁止していた。西海道諸国の物資が流失するのを防ぐためと考えられる。霊亀二年（七一六）五月、豊予海峡の戍を五位以上の者の使者に限り往来を許したのは（『続日本紀』）、往来禁止にもかかわらず現実に豊予海峡の交通が旺盛であったことを示している。

従来九州から中央への漕運は、大宰府が過所を発行しこれを豊前の門司で確認したあと難波への漕運がなされていたのであるが、天平十八年頃にはこの手続きを経ずに瀬戸内海を往来する船舶が多く存在したことが分かる。これら手続き無視の船舶が姦徒と表現されているのであるが、官人を含めて豊前・豊後・長門・伊予の百姓・商旅の徒が船舶を使用して国産品を中央地域へ運送し商売に従事していた事実に注目される。

天平二年（七三〇）九月の詔（『続日本紀』）は、平城京と諸国に盗賊が多く発生して人家を略奪し、海上の船舶を侵略していると述べ、所在地の官司に逮捕するよう命じている。盗賊・海賊はいつの時代にも存在するから、この記事は盗賊の規模が大きくかつ集団的なものであったことを示している。また、海上の船舶とは瀬戸内海を往来する公私の船舶であり、天平二年の段階ですでに大規模・集団的な海賊行為が発生していることに注目される。すこし後の時代になるが、貞観四（八六二）年五月には、備前国が中央へ貢納する官米八十石を輸送する船舶が海賊に襲われ百姓十一人が殺害されるという事件がおきた。政府は、山陽・南海両道の十三ヵ国に命じて海賊の追捕をさせた（『三代実録』）。八世紀の海賊の発生地は周防灘周辺国だけでなく、瀬戸内海全域に及んでいたと考えられる。

摂津難波の行基の施設

前記周防灘の周辺諸国から難波を目指し出港する船舶の中には、時にこうした海賊行為に及ぶものもありまた被害を受けるものもあったであろう。そうした船舶が寄港するのが摂津大輪田泊りであり難波の津であった。大輪田泊りは兎原郡宇治郷に建設されたが、同郷には天平二年（七三〇）に船息院と同尼院が起工されたので、大輪田泊りもそのころの起工と見られる。難波では西城《にしなり》郡津守村に、天平二年に善源院（川堀院）と同尼院が、十七年（七四五）に難波度《わたり》院・枚松院・作蓋部《さやべ》院が起工された。また同郡御津村に十七年起工の大福院（御津院）と同尼院があった。西城郡には天平十三年（七四一）以前に長柄橋・中河橋・堀江橋・度布施屋が建設されており、行基が造営した施設が最も稠密に存在する施設であった。

施設の稠密さは、この地域（西成郡）に定住する人口と行基の活動に同調する人々が多く存在したことを示し、かつこの地域に往来する人々——下級官人・百姓・商旅の徒——が行基集団の一員になることを期待されていたことを示している。

難波沿岸の行基関係施設
（日下雅義原図（『古代景観の復元』）に加筆）

これらの諸施設はこの地域に寄港する人々のためにのみ建設されたわけではないが、行基の視線がこのような漕運に従事する人々――下級官人や百姓・商人・運送業者――に注がれていたことはまず間違いないであろう。

また行基が造成した堀川四所のうち二所は西城郡津守村に所在していた。比売嶋堀川は幅八十丈（約二四〇メートル）・深さ六丈五尺（六尺五寸ヵ）、白鷺嶋堀川は幅六十丈・深さ九尺であった。当時の瀬戸内海を往来した船舶は米五十石（今の約二十二石）～八十石（今の約三十四石）積み、川船（高瀬船）は十五石（今の約六・五石）前後の積載量であった（『大阪府史』第二巻、五八九頁）。

堀川の深さに対して幅が極めて広いのは、多くの海洋船と河川用の船舶を係留させる必要があったからで、海洋船の荷物はここで揚陸されまた河川用船舶に積み替えられた。岸辺には貨物を貯蔵する倉庫が立ち並んでいたはずで、堀川は運河であり船津であった。同時に荒天の際に淀川本流の激浪を避けて避難する停泊地であった。

摂津国嶋下郡の次田《すいた》（吹田）堀川と河内国茨田《まんだ》郡の大庭堀川も淀川の本流支流に造成された運河で、前者は幅二十丈・深さ六尺、後者は幅十二丈・深さ八尺で、やはり河川航行用の船舶の停泊と貨物の積み替えに利用される運河であり船津であった。そしてそこは貨物の売買がなされるいわば私的交易の場でもあった。

『続日本紀』より二五年後に編集された『日本霊異記』は、「行基大徳、難波の江《かわ》を掘開かしめて船津を造り、法を説き化《おし》えたまう」といい、この「船津」は兎原郡宇治郷の大輪田船息だけでなく上記の四か所の堀川を含むものと見られる。

こうした堀川が、姦徒と表現される西海・南海・山陽の諸道からやってくる百姓・商旅の徒の船舶に利用されたことは疑いない。周防灘・瀬戸内海の周辺諸国から国産品を携えて難波にやってきた商人・漕運業者・手工業者らは、大輪田泊りで明石海峡越えの苦労を癒し、ついで西成郡津守村の善源院や難波度院・度布施屋、また同郡御津村の大福院などで休息することができた。

南海道の紀伊・土佐・阿波の地域から難波を目指しやってくる漕運商人らは、和泉国沿岸部を北上し日根郡日根里の神前《こうさき》船息で停泊することができた。現在の貝塚市神前地区で近木川の河口に作られた施設であった。ついで彼らは摂津国に入り住吉御津に停泊したが、ここには呉坂院と沙田院があり航海の安全を祈ることができた。商人・漕運業者らに安息の利益を与えた行基の諸施設は、やがて彼らが行基集団の一員や同調者になる契機となったであろう。

行基の教説の中には、商人・運送業者らを対象とした教えがあったと明示することはできないが、上記の諸施設の造営から、行基の教説は農民のみならず、商業・運送業・手工業などに従事する人々を対象とするものであったと考えられる。そうした教説の中心には、農業農民のみが尊いのではなく、いかなる生業であれ勤労に従事することは尊く、勤労による生活の安定と富の蓄積を積極的に肯定する教説があったと考えられるのである。

難波の市

難波京に官設の市があったことは、『続日本紀』延暦三年五月条から分かる。この市の設置は、難波宮が皇都となった天平十六年以前、藤原宇合《うまかい》が知造難波宮事に任じた神亀三年（七二六）には確実にさかのぼるものであろう。『続日本紀』記事によればガマの群れが「難波市」より南に行進し四天王寺に入ったというから、推定京域図からこの市は西市で東西の市があったことが窺い知られる。『日本霊異記』によれば、今の生駒郡平群町斑鳩《いかるが》町あたりに所在した平群山寺の六道図が盗まれ、捜索者によりそれは難波市の店舗で発見されたという。盗品を出品し逃走した男は盗人または故買屋とみられ、難波市には店舗を持たない行商人が出品していたことが分かる。『延喜式』によると、東市は月の前半・西市は月の後半に開店したといい、八世紀の難波市も同様であったろう。毎日開店する市場は平城京・恭仁京などの官設市のみであったから、難波の市を目指し西国からやってくる人々は多かったのである。難波京域には多量の商品と人間が集まったから、売買は官設の市だけでなく京域周辺でも行われていたであろう。

漆部伊波と血沼県主倭麻呂

この難波市を利用して富を蓄積したであろう人に漆部《ぬりべ》伊波がいる。漆部伊波は東大寺大仏殿の造営に経済的に協力し、造寺材木知識として商布二万端を献じ、天平二十年（七四八）二月従七位上から外従《げ》五位下に昇階した。東大寺への財物寄進により外従五位下に昇階した人々の献上品は様々であるが、銭千貫の事例が多かったから、商布二万端は銭千貫（百万枚）に見合う価値があったと考えられる。商布は東国や北陸の諸国から進納される麻布であり、また彼は神護景雲二年二月（七六八）に相模国造に任じ相模宿祢に改姓したことから、相模の出身であったと考えられる。この伊波は天平宝字四年十一月（七六〇）の時点で、摂津国西成郡美努《みの》郷の東大寺の荘園の西側に土地を所有していた。この荘園の北側は堀江川に面していた。つまり伊波の土地は堀江川に面していた。

堀江は仁徳天皇の時代に天満砂堆を開削したことに始まる水路で、六世紀ごろまでには一応の整備がなされたと考えられる。現在の大川（天満川）に当たることでは衆論が一致している。

堀江川は船舶の往来の頻繁なところで、漆部伊波がここに土地を確保したのは、ここを往来する船舶・貨物に関する情報をいち早く入手し商機をつかもうとする意図があったとみることができる。西成郡の土地は、西国から運送される商品を仕入れ平城京の市や東国相模への商品輸送をする根拠地であったと見ることができる。

漆部伊波が私財を献上したとき従七位上という下級貴族の位階を帯びていた。こうした下級貴族が行基の弟子であった例をあげることができる。禅師の信厳は「妻子を離れ官位を捨て行基大徳に随った」人で、もと和泉国泉郡の大領を務めた血沼県主倭《ちぬのあがたぬしやまと》麻呂が本名であった（『日本霊異記』中巻二話）。彼の名は天平九年度の『和泉監正税帳』に「（和泉郡）少領外従七位下珍《ちぬ》県主倭麻呂」と見え、また行基の没後まもなく作成された『大僧正記』に「故侍者……信厳法師」と見える。養老の雑令では皇親と五位以上の高官は官設市に人を派遣して店舗での営業行為は認められなかったが、市および市外での出挙《すいこ》や売買行為は認められていた。したがって六位以下の下級官人の商業行為は市であろうと市外であろうと全面的に認められていたのであり、漆部伊波が難波京や平城京の市で商売に従事したように珍県主倭麻呂は和泉国府の市で商売に従事し富を蓄積することができたわけである。珍県主倭麻呂が商業に従事していた証拠はないが、行基の教説の中に商業行為の是認・富の蓄積の是認があったと推定されるうえは、弟子の中には富の蓄積に励むこうした下級官人層が大きな比重を占めていたと考えることができる。神亀五年（七二八）三月、外五位に限り家人などを市の店舗に住まわせ営業することを許した（『類聚三代格』）。これは外五位に進出する郡司が多くなり、市で活動する郡司クラスの地方豪族が多くなった現実を認めねばならなくなったからだと指摘されている（中村修也「奈良時代の商人像」井上編『古代史研究の課題と方法』国書刊行会、一九八九年）。

川派村の女性と河俣人麻呂

前述の比売嶋堀川と白鷺嶋堀川が運河であり港津であったとすると、交通量の多い堀江川に近接して設置されていたと考えられる。『日本霊異記』には「行基大徳、難波の江《かわ》を掘開かしめて船津を造り、法を説き化《おし》えたまう。道俗貴賤集まり法を聞く」とし、ついで河内国若江郡川派《かわまた》村の女性が子供を連れて説法聴聞に出かけた霊験談を記している（中巻三十話）。川派の地は東大阪市川俣《かわまた》地区にその名を残している。この地は行基の時代、南下する淀川の分流と北上する大和川の分流が作りだした広大な汽水湖に面していた。行基が説法した場所は記されていないが

「淵」に面していたとあるから、西成郡津守村か同郡御津村の行基の諸院が考えられる。川俣から船に乗り淀川を西行して聴聞に出かけたのである。かなりの道のりであって彼女の熱心さが窺われるから、この女性は行基集団の一員であったと考えてよいだろう。

川俣地区を本拠とした氏族に川俣（跨）連があり、一族に天平十九年（七四七）九月、東大寺大仏造営の知識として銭一千貫を献上して外従五位下を授けられた河内の人大初位《そい》下河俣連人麻呂がいた。人麻呂が献上した銭一千貫は、難波の官設市を始め行基の四か所の堀川を含む私的交易の場で獲得したものであろう。もしそうなら、人麻呂はかなりの数の船舶を所持して漕運業や商業に従事することによって蓄財に成功したのであろう。人麻呂と莫大な蓄銭の周辺には蓄財に助力する多数の同族が存在したはずであり、かれらの中に行基集団の構成員が存在した可能性はあろう。

板持連真釣　天平勝宝五年（七五三）九月、板持連真釣は銭百万枚を東大寺大仏に献上し、無位から外従五位下に叙せられた。板持連は近世の河内国石川郡東板茂《いたもち》村いまの富田林市東板持を本拠とする氏族で、養老三年（七一九）五月、従五位下板持史《ふひと》内麻呂ら十九人が連姓を賜った。神亀四年（七二七）起工の堺市土塔町の大野寺土塔から出土した瓦銘に「板茂連」があり、この板茂連某は行基集団の構成員であった。養老三年から神亀四年の間は八年であるから、大野寺建立に結縁した板茂連某は、養老三年に史姓から連姓に替わった十九人の内の一人であった可能性が高い。板持連真釣も十九人の一人かまたはその子であったろう。板持連真釣と板茂連某の間は極めて近い血縁関係にあった。

板持連真釣が行基集団の構成員であったとはいえないが、瓦銘の板茂連某が位階を帯びる下級官人かまたは官人になることをめざす官人予備群に属していたことは間違いない。行基集団の中核部分はこうした下級官人層であったと考えるのである。

2 行基の死（八十二歳）

菅原寺の臨終

行基は天平二十一年（七四九）二月二日の夜、平城右京の菅原寺東南院において臨終を迎えた。釈迦涅槃の姿に倣い右わきを下にし、心身は安らかな状態にあった。遺言として、弟子の光信に諸院の処置を委ね「汝よくよく住持せよ」と命じたという（『行基菩薩伝』）。

遺言を受けた弟子・光信

光信《こうしん》は宝亀三年（七七二）三月、「持戒称するに足り、あるいは看病に名を著す」（『続日本紀』）十人の僧侶が選ばれた折その一人として見え、また行基弟子の名を記した『大僧正記』に翼従の弟子・半位の僧として見える。この時選ばれた十人の僧侶は内供奉《ないぐぶ》十禅師の始まりで、十世紀末に成立した『新儀式』は十禅師について「浄行のものを撰び補」し、または「深山に住み苦行し輩に超えるもの」を任じるという。内供奉十禅師は、浄行や深山苦行により獲得した験力により天皇の安穏を祈り病気平癒を可能にすることを期待された人々であった。浄行とは具体的には持戒・看病の二事を意味するのであろう。光信の宗教属性はこうした持戒・看病・深山苦行に裏づけられた能力にあったことを示している。

半位については天平十九年（七四七）、法隆寺の役僧らが僧綱へ提出のため作成した『伽藍縁起幷《ならびに》流記資材帳』に、寺主・上坐・都維那《つぃな》の署名に次いで、可信半位僧一人と可信複位僧二人の署名があり、半位の僧は寺三綱につぐ地位にあったことを示している。光信の半位はこの可信半位という僧位と同程度ものと見てよいだろう。当時の法隆寺には二六三人（僧一七六・沙弥八十七）の僧侶がいたから、かれら凡僧の上に立つ半位僧の地位はかなり高いものであったといえる。天平宝字二年（七五八）の大宰府観音寺の文書に「上坐半位僧」の署名があり、ここでは上坐僧が半位の僧位を帯びている。光信についてはこれ以外の史料がないが、衆をこえるひとかどの僧侶であったことが認められる。

初七日にあたる二月八日、遺言により大和国平群郡生駒山の東陵に火葬した。火葬を遺言したのは右脇臨終と同じく釈迦の故事にならったのであり、行基は釈迦を追慕しその弟子を自認する人であったことが窺われる。弟子の景静らは泣く泣く遺骨を容器に収め、東陵の山上を結界して納め多宝塔を建て墓標とした。真成は師匠の伝記（『舎利瓶記』）を作り舎利容器に刻ましめた。舎利瓶記を作成した年次は三月二十三日であり、これは七七斎を済ませた二日後にあたる。

行基十大弟子の筆頭・景静

『舎利瓶記』にみえる景静は行基弟子の代表として記されているが、行基弟子僧の名を三十四人分記した『大僧正記』にも筆頭弟子として記され、釈迦の十大弟子になぞらえた行基十大弟子の筆頭でもあり、弓削氏の出身で師位と記される。天平勝宝四年（七五二）四月、東大寺大仏の開眼供養会が開かれ華厳経の講義が行われた。このとき華厳経の講師に隆尊律師が任命され、講師に質問を発し講義を発展させる司会役の都講に景静禅師が任命された。景静は華厳経についての学識が深く学僧として名のとおった存在であったことが窺われる。

『舎利瓶記』をつくった真成

『舎利瓶記』をつくった真成は、『大僧正記』に行基親族の弟子六人分の名を記し、元興寺の僧であり大村氏の出身と記す。元興寺は行基が経典学習のために属した寺院であり、大村氏は行基が慶雲二年（七〇五）に建立した大修恵院の所在地、和泉国大鳥郡大村里大村山の周辺を本拠とする氏族であり、大修恵院建立時の大檀越であった。神亀四年（七二七）起工の大鳥郡大野寺土塔の出土瓦銘文に「大村」銘の瓦二点があり、大村氏は行基の親族として行基の布教活動を初期から支持していたことが分かる。大修恵院の名は須恵器の生産地にちなむものであり、大村氏は須恵器生産の中心地に幡踞する氏族であり須恵器工人らに影響力をもつ氏族であった。大野寺土塔に六万余枚の瓦を葺くことができたのは、大野寺のすぐ近くで瓦の製造と窯の造成という二事ができたからであり、それは須恵器生産の技術を転用したものであり、須恵器工人の動員協力により初めて可能になったものであり、それをなさしめたのは大村氏の力であった。

墓所

火葬の行われた「生馬山の東陵」は生駒山東麓の丘陵を意味しており、奈良県生駒市有里町の行基墓所竹林寺はまさしくこの条件にかなっている。生駒山の東麓は慶雲四年（七〇七）、行基が生母の病気治療のため転地した場所であり、その死後も和銅五年（七一二）まで住んだ場所であり思い出の土地であった。遺言でここを指定したのはそうした事情があったためである。

一二三五年の発掘

竹林寺の所在地が行基墓所であることは、文暦二年（一二三五、嘉禎元年）九月に寂滅が記した注進状（『竹林寺縁起』）によって知ることができる。それによると、行基は天福二年（一二三四）六月、慶恩に託宣し「久しく滅度すると雖も、機感あい催し繁盛の時至る……（墳墓近辺の）不浄を除き崇敬すべき」と述べ、また墳墓の上の石塔内に仏舎利のあることを伝えたので、これを開き見て実際に舎利を得るという不思議があった。

行基の生母も慶恩に託宣し「遺体を顕し奉る」べしと述べた。同年末の夕刻には、慶恩の室内から白煙が立ち上り行基の廟を覆うという不思議なことがあった。翌文暦二年（一二三五）八月、行基は再び慶恩に託宣し、「今月二十五日に我が廟を開き、人の疑心を散じ法徳を顕すべし」と述べた。

ここで数人の僧らが寂滅の草庵を訪ねきて、「汝の帰敬は他に異なり宿縁あるに似る。早く参上を企て顕し奉るべき」と述べた。八月二十五日の朝、廟に参詣すると土民らが集まり託宣に従い「堀り奉る」べしと議すので、道俗ともに廟を発掘した。そして①八角の石筒、②石筒内に銘文を刻む銅製筒、③銅製筒内に「行基菩薩遺身舎利之瓶」の銀札をつけた銀製の瓶を発見した。同年九月寂滅は上記の事情を記して言上した。

以上の記述から「行基菩薩生馬山御廟」と呼ばれる墓所には石塔が建てられ、僧俗に行基墓所であると認識されており、墓所は「牛馬狼藉」「不浄」に満ちた状態にあったものの、付近には慶恩の住舎があり他にも行基崇拝者の坊舎のあったことが記述から推定できる。

慶恩・寂滅

託宣をうけた慶恩のつぎに突然登場する寂滅について、慶恩との関係を示す記述がないが、両名は同一人物であろう。行基にも法行という別名があった。出家して沙弥になった時の名と受戒して比丘になった時の名であろう。

竹林寺（奈良県生駒市有里町）

初度の託宣が天福二年（一二三四）六月二十四日酉の時刻であり、白煙の不思議があったのは同年十二月二十五日の酉の時～日没、再度の託宣が文暦二年（一二三五）八月十一日など、月日から時刻までが記してあるのは同一人だからできることであった。

この後、寂滅は墓所に寺を建立すべく奔走する生活を続け、竹林寺初代の住職になった。その経緯は、嘉元三年（一三〇五）に東大寺の凝然により記された『竹林寺略録』に詳しい。

現在竹林寺の一画に行基墓所という土壇があり、「史跡行基墓」と刻む石碑が建てられ側面に内務省が史跡指定した大正十年三月三日の記がある。

竹林寺は生駒山の東麓、海抜一三〇～一四〇メートルの丘陵上に位置し、その南約五百メートルの輿山《こしやま》と呼ばれる丘陵上に往生院がある。往生院入口に「行基墓所」と刻む石標が立ち、裏面に昭和四十七年建立の旨を刻む。墓所が二か所あるのは矛盾している。

『竹林寺略録』によると、行基は菅原寺で臨終を迎えた際、「死をなす時は遺体を往生院に入れ、かの院より生馬山竹林寺の東陵に葬るべし」と遺誡したという。また一方で、生馬山東陵で火葬したあと遺骨を往生院に納め、竹林寺の奥の院と称したという。行基の時代に往生院も竹林寺も成立していないし、遺骨安置の場所を生馬山竹林寺の東陵と往生院との二説をあげるから矛盾もはなはだしいといえる。

前著では、輿山は鎌倉時代以来の近隣諸村の惣墓の地であり、現在も近辺九集落の墓地になっており、かつて火葬も行われていたことから、往生院を火葬の地、竹林寺所在地を遺骨安置の地と考えた。

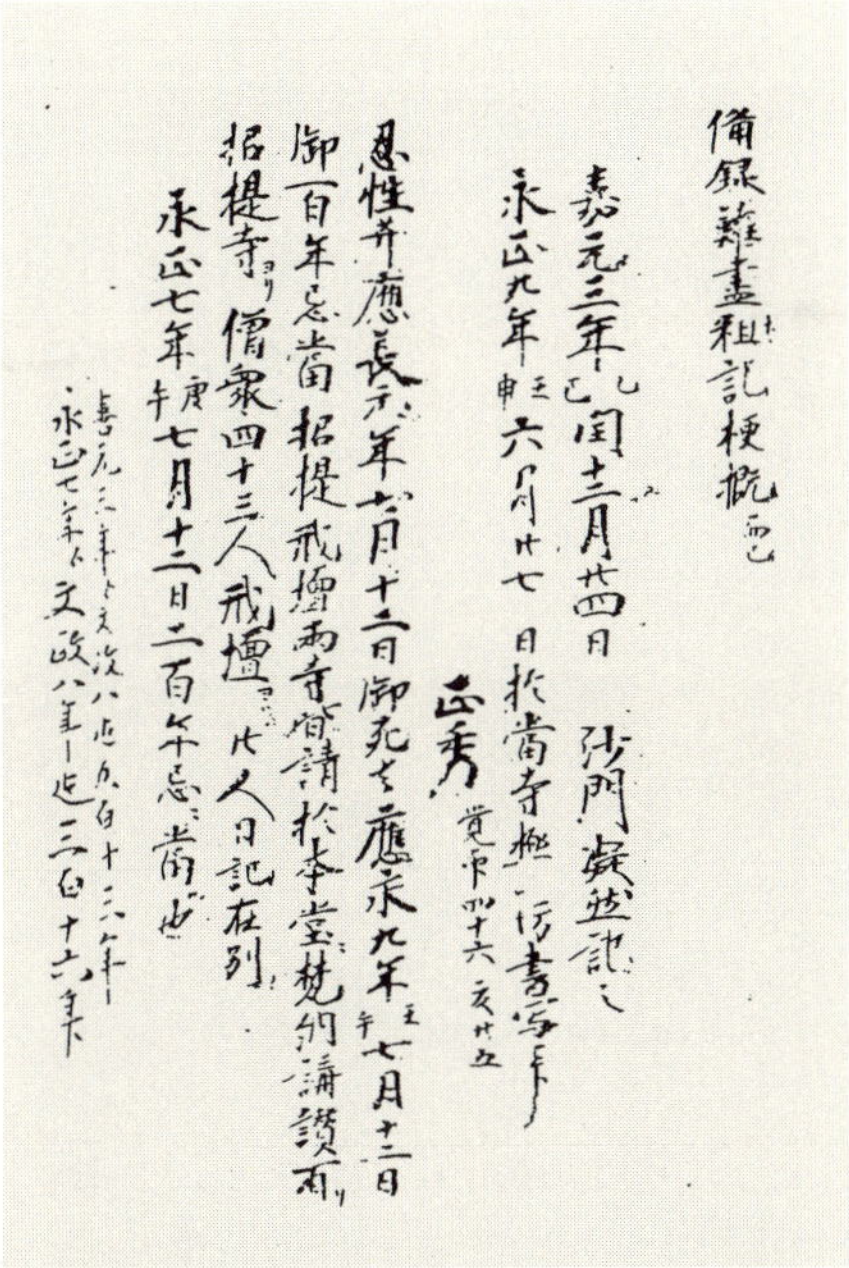

永正九年書写『竹林寺略録』奥書（唐招提寺蔵）

これについては訂正が必要である。

『竹林寺略録』は『大日本仏教全書　寺誌叢書三』に収めるものが流布本として知られている。その奥書に、右の「竹林寺縁起一巻」は「招提寺教学院」の本を借りて書写した、時に「延享四年丁卯四月二日辰刻」とあり、書写したのは「南都菅原喜光律寺　住持寂照謹写」とある。延享四年（一七四七）という江戸中期の書写にかかる本である。

これに対し、唐招提寺に永正九年（一五一二）の書写本がある。奥書に「永正九年壬申六月廿七日於当寺極楽坊書写畢　正秀覚印四十六亥廿五」とある。永正九年（一五一二）は延享四年（一七四七）の二三五年前だから、流布本より重視すべきである。この本の末尾に「世の流布本は多く後世の加筆本によりて、刊行する者なり。この略録は、真に凝然長老の撰出の正本」であるから、修理を加え「律宗戒学院三宝蔵」に収めるといい、昭和二年（一九二七）十一月の書写年次と「竹林寺再興本願仏子智海謹誌」と署名する。智海は唐招提寺第八十代長老のことである。この本と流布本を対照すると本文は大同であるが、最大の異動は流布本にある往生院に関する記述が全く見えないことである。流布本にある十五行ほどがまったく欠けている。「唐招提寺本が原撰本により近いものであるとすると、往生院に関する記事は原撰本にはなく、永正九年以後」加筆されたということになるという（中尾良蔵『改訂増補　竹林寺の歴史』律宗戒学院、二〇〇六年）。これは重要な指摘であり、智海師が流布本は後世の加筆本を刊行したという指摘に合致するものであり、流布本から往生院に関する記述を取り去れば遺骨安置の場所を二か所あげるという矛盾も解消されるのである。往生院に関する記述は後世の加筆によるものとの中尾説に従うべきであろう。

3　行基没後の顕彰

宝亀三年（七七二）三月、戒律を保つことで称賛に値しまたは看病に秀でて著名な十人の僧侶を十禅師とし、天皇の安穏を祈る内供《ないぐ》奉十禅師制が始まった（続日本紀）。十禅師には各二人の童子があてられ、禅師には毎日米三升・童子には米一升五合が給される特権が規定されていた（『三代格』）。

行基弟子らの顕彰

任命された十人のうち、首勇・法義・光信の三人は確実に行基の弟子であり（大僧正記）、清浄も井浄と当て字で表記された可能性を認めれば行基の弟子であった（大僧正記）。神亀四年（七二七）二月起工の大野寺土塔の出土瓦に「井浄」の刻銘があり、『大僧正記』記述に合致している。

十禅師の任命は道鏡以来の内道場禅師の総入れ替えであったとする（佐久間竜『日本古代僧伝の研究』吉川弘文館、一九八三年）と、行基の弟子が三人または四人も選ばれたことは大きな変化で、行基の弟子らの持戒堅固または看病秀逸という属性が称賛され一般僧尼への模範とされたことは、今は亡き行基への顕彰であったといえる。

この翌年には勅令により行基建立の院宇への経済援助も始まった。宝亀三・四年は行基にとどまらず行基の弟子と院宇への公的顕彰の始った時期であった。

行基修行の院宇の顕彰

宝亀四年（七七三）十一月、光仁天皇は勅を発し、行基の修行の院四十余か所のうち、元々田園を持たずまた官の施入田の例に預からず荒廃した六院にたいし寺田の施入を命じた。大和国の菩提院・登美院・生馬《いこま》院、河内国の石凝《いしごり》院、和泉国の高渚《たかす》院に各所在郡の公田三町を、河内国の山埼院に公田二町を施すことにし、公田施入により、仏教の興隆と風雨が時節に従い五穀豊稔になることを願うという。没後二十四年目にして行基の顕彰が行われたのである。これについて考えてみたい。

墾田永年私財法との関係

宝亀三年（七七二）十月の太政官符は、天平神護元年（七六五）三月の勅により天平十五年（七四三）五月の墾田永年私財法が停止されたのをやめ、墾田永年私財法の復活を命じた。天平神護元年三月の勅は、寺院が占定した開墾予定地と百姓が開墾した一～二町を除くほかは、すべての開墾を禁止したのである。この法の背後には、寺田拡大を狙う寺院の支持を得たい道鏡政権の意図があったと想定されている。

道鏡政権の崩壊にともない墾田永年私財法が復活し、田地拡大の方向が明らかになったのであるが、墾田の拡大には既存の溜池・用水網の修繕と新設が必要であった。宝亀五年（七七四）九月・同六年（七七五）十一月、使者を五畿内に派遣し堤防と溜池を修理し築造させたことは、七年余にわたる開墾禁止令が解かれ開墾熱が高まっていたことを物語っている。

こうした開墾熱の高まりとともに、畿内各地に十五か所の溜池と六か所の用水網を造成した行基の事績が回顧され、これら施設の有用性が再認識されその顕彰につながったのである。宝亀四年（七七三）十一月、行基の六院が公田の施入に預かったことは、四十余カ所の修行の院宇が仏教興隆と風雨順時・五穀豊稔を願う官寺とおなじ機能をはたしていると認識されたことを意味する。宝亀四年（七七三）十一月の勅により、行基修行の院宇群は官寺・定額寺に準じる寺格を認められるようになったのである。

施入を受けた六院の公田はおのおの二・三町という小規模なものであったから、自存する他の院宇の所有する田園も六院と同じように小規模で、院宇の規模も同様に小さなものであったと推察される。院宇群には「先朝の日、施入の田あり」といい、聖武〜称徳朝に官による寺田施入のことがあったことを述べるが、施入についてはこれ以外の記事を欠いている。『行基年譜』に引用する「年代記」は行基没後二十〜三十年後に編集されたものと考えられるが、施入田の記事を含まない。したがって院宇群への公田施入は、むしろ宝亀四年以後であったと見た方がよいのである。

天平三年（七三一）起工の崑陽施院には、弘仁三年（八一二）八月の時点で、行基が身寄りのない孤独者のために設置した田地百五十町が付属していた。この田地は摂津国々司が耕作種まきに責任を持ち、収穫物については太政官に報告する規定であり、崑陽施院が耕作種まきに関与する余地の少ない田地であった（『日本後紀』・『延喜式』民部省条）。しかしもともとは、行基の時代に小面積の田地が付属していて崑陽施院が運営していたが、その後に官の田地施入がしばしばあって公田の割合が高くなるにつれて田地の運営権が国司に移り、弘仁三年時には百五十町にまで拡大した経緯が考えられる。崑陽施院に対する官の田地施入は宝亀四年以後に始まったと見られるのである。

上記のように、行基の院宇と行基弟子らを顕彰する機運にともない、行基の弟子または関係者のなかで院宇群の調査が始まった。宝亀三年（七七三）に荒廃した院宇は六院を数えたが、他にも衰退した院宇があったので、それら院宇の興隆のためにまず行基との関係・所在地・創建年次を明確にする必要があったのである。こうした作業を行う中で、兜率天《とそつてん》に住む弥勒菩薩の宮殿が四十九院からなるとの『観弥勒上生経』説に従い、行基の院宇群も四十九院であったとされるようになった。弥勒は行基の属した法相宗が重んじる『瑜伽師地論』の作者であり、釈迦の滅後は未来仏として現在は兜率天に住む弥勒菩薩と同体ともされていたからである。

『続日本紀』の天平二十一年行基没伝に、道場は畿内に四十九處あり諸道にもところどころにあるという。『続日本紀』の完成は延暦十七年（七九七）二月であり、この年次までに四十九院の観念が成立していたことになる。

「年代記」の成立

また道場が畿外にもあるというのは、行基没後やく五十年にして、行基創建を伝承する院宇が畿外にもいくつか成立していたことを物語っている。行基の弟子僧は、『大僧正記』によれば三十四人にのぼり、かれらは出家集団のリーダーであったから、その下にさらに一般僧尼が存在した。大野寺土塔の瓦銘には、僧尼優婆塞らの名が百余名分確認でき、とりわけ『大僧正記』の記す井浄・神蔵・帝安の三人は瓦銘にも見えるから（本文一〇七頁参照）、『大僧正記』の信頼性は高く、行基集団内の出家の弟子の総数は百人を超えていたことが確実である。これらの弟子や孫弟子らが畿内を出て居住し創建した院が、行基関与の院として伝承されていたのであろう。

四十九か所の院を確定する過程で、生地大鳥郡内の花林寺（行基十三歳）・同尼院（同）、大鳥神宮寺（三十五歳）、家原寺（三十七歳）の四院が四十九院外とされ、河内国交野郡の報恩院と平城京菅原寺西岡の長岡院は起工年月の記録がないにもかかわらず四十九院内とされ、大鳥郡の大庭院は行基没後の起工であったが四十九院内とされた。こうした状況のもと、「年代記」が成立したのであり、それは宝亀の末年頃、遅くとも延暦の初年までであったと考える。「年代記」の成立とあい前後して『大僧正記』も成立した。

「年代記」が四十九院とした報恩院・長岡院について、安元元年（一一七五）成立の『行基年譜』を編集した泉高父宿祢は「已上の両寺は卌九院の外なり、年号を記さず云々」と注記した。所在地の記述のみで起工年月日の記述がないので四十九院でないと判断したのである。こうした注記は他にもあり、天平六年起工の沙田院について、「在所を知らず、摂津国住吉云々」という。また行基没後の起工である大庭院について、「今の如くんば行基院と号す」とし、四十九院でないことを示唆する。

泉高父宿祢は、右の四院の替わりに花林寺・同尼院・大鳥神宮寺・家原寺の四院を四十九院のうちと考えたらしい。大鳥神宮寺と家原寺の記述が『行基年譜』に見えるからそのことが知れる。『行基年譜』の初めに大鳥神宮寺の記事があり首部は欠失している。正和五年（一三一六）成立の『行基菩薩縁起図絵詞』にはしばしば「安元記録」の名が見え、これが『行基年譜』に相当する。同絵詞の花林尼院の項に「安元記録」が引用されているので、泉高父は花林寺・同尼院も四十九院のうちと考えていたことが分かる。

延暦十二年（七九三）、施暁が律師に任じられ僧綱の一員になった。施暁は行基の孫弟子であり光信の弟子であった（僧綱補任）。光信は宝亀三年に十禅師に任じられ、『大僧正記』の記す三十四人のリーダー僧の一人であった。施暁は同十七年（七九八）少僧都にのぼり同二十三年（八〇四）没した。宝亀年間における行基弟子と四十九院の顕彰が、行基孫弟子施暁の律師補任につながったと考える、その可能性は高いであろう。

第六章　行基の思想と現代の行基伝承

1　行基の思想基盤

福田思想

行基の行った諸事業は、諸仏典の説く福田《ふくでん》思想を直接の思想基盤としている。福田とは福徳を生み出す田の意味で、仏・僧・父母・貧者などに物心を施せば福徳・功徳を得るという考えに基づき、これを田にたとえて福田という。もとは仏陀のみが福田であったが、福田の範囲は次第に拡大して、阿羅漢・衆僧・父母・師長・病人・貧者までも意味するようになった。さらに福田思想の発展にともない、福田の語句は布施を受ける者から布施のさまざまな行為までも意味するようになった。福田思想は布施行を支える思想であり、布施行は仏になろうと志して修行する菩薩の行うべき六波羅蜜の筆頭に位置するから、菩薩（大乗）仏教の発展とともに福田思想も発展している。

福田思想は小乗部派仏教の時代にすでにかなりの成熟を示している。たとえば大衆部の律蔵である

『摩訶僧祇律』は、①広い道の脇に井戸を掘り利用させ、②果樹を植え果実を与え、③木陰を作り人を憩わせ、④橋梁渡船を設け人々の便利を図る、などの事をする人は功徳として天人世界に生れかわるという。上座部の律蔵である『四分律』もほぼ同様のことを述べている。

大衆部と上座部の分裂は紀元前三世紀の第二結集の際に求められ、同紀中頃のアショーカ王時代には教団の分派活動が盛んになって、各部派はそれぞれ経蔵律蔵を保持していたという（奈良康明『仏教史 I』山川出版、一九七六年）。『摩訶僧祇律』や『四分律』の所説は前三〜二世紀のものと見られる。

経蔵の中で最も早く成立したのは阿含《あごん》系経典で、紀元前二世紀には成立していたという。そのうちの『増一阿含経』や『雑阿含経』『長阿含経』にも、福田思想が見える。

『増一阿含経』は、①公共の園を設ける、②樹林を設ける、③橋梁を設ける、④大船を作る、⑤住居を作る、などの事をなす比丘（出家者）は必ず天人世界に生れかわるという。

『摩訶僧祇律』『四分律』や阿含系経典は、福田行の実践により行者は天人世界に生れる福を得るといい、『増一阿含経』は福田行の実行者は比丘であるという。

紀元前一世紀のころ、大乗仏教運動が盛んになるにつれ、福田思想も大乗仏教に受け継がれ発展したようで、仏教徒による実践例がいくつか確認されている。それらは「全ての人に解放された居住舎」「一切衆生への供養としての浴池」などであり、これらの施主は仏になりたいと願う人々であるという（静谷正雄『初期大乗仏教の成立過程』百華苑、一九七四年）。

大乗の仏典では福田行の果報は天人界に生れることではなく、「仏になる功徳を得る菩薩の因縁行」（『菩薩五十縁身経』）「この上ない仏の悟りの境地を求める」こととされていて、福田行は菩薩の行うべき修行とされる。これら経律の説く福田行を表にすると**表6-1**のようになる。

福田行の実践

　これらの福田行が実践された例を中国僧の事例から見てみよう。天監十八年（五一九）成立の『高僧伝』と貞観十九年（六四五）成立の『続高僧伝』は、それぞれ約五百人の僧尼の伝記を含み、行基の修学期である持統末年〜文武朝（六九一〜七〇七）に確実に日本に伝来していた。進むべき道を模索中の行基が、その答えを見出すべくこれらを閲覧したことが考えられる。実践例をまとめると**表6-2**のようになる。

　この表から見ると、十二種の福田行のうち行基は七種を実行している。さらに布施屋と院は、人の居住する舎屋であるから、そこに井戸・樹蔭・かわやなどが当然に付属していたであろう。また崑陽施院は「聾《ろう》盲《もう》瘖《おん》瘂《あ》孤独卑賤」の類を収容し卑賤は多くの場合病人を意味したから、医薬の投与もあったと考えねばならない。宝亀二年（七七一）の十市郡の東大寺布施屋には果樹が植えられていたが、これは行基の布施屋にならったものであろう。行基の布施屋には果樹が植えられていたと考えられる。結局、行基の場合、確認できないのは浴室の設置のみである。行基が神戸市北区の有馬温泉を開き、湯治を勧めたという弘安二年（一二七九）の記録（『温泉山薬能記』）はあるが、奈良平安期の記録に行基の温泉治療のことは見えず、事実としては疑わしい。

　両高僧伝中における僧尼の多種類福田行実践例をあげると、開皇九年（五八二）没した万天懿の例

表6-1　福田の種類

経律	福田	果福	出典
摩訶僧祇律（四）	曠路作美井 種植園果施 林樹施清涼 橋 船渡人民	常生天人中	大正22・260下～261上
四分律（三二）	施園果 種植諸園樹 作橋 船 施諸浴池 施人居止	彼人得生天	大正22・798中
雑阿含経（三六）	穿井供渇乏 種植園果 林樹蔭清涼 橋 船以済度 造作福徳舎 客舎給行旅	縁斯得生天	大正2・261中
増一阿含経（二七）	造作園観 造作林樹 造作橋梁 造作大船 作房舎住処	此人（比丘）必生天	大正2・699上
菩薩行五十縁身経	作井 種樹 作橋梁 作舎 悪道平正 飢渇者先飯食	佛身端正無比因縁	大正17・773下～774中
六十華厳経（六）	施池井泉流 曠野作大樹 造立諸橋梁 作舟船 療衆病 良薬無尽蔵	以得菩提	大正9・435下～436中
諸徳福田経	近道作井渇乏得飲 園果 樹木清涼 安設橋梁 作牢堅船 浴池 僧房堂閣 施医療 道辺作圊厠	行者即生梵天	大正16・777中
まとめ	(1)井戸 (2)園果 (3)樹蔭 (4)橋梁 (5)渡船 (6)浴池（室） (7)僧房堂閣 (8)旅客舎 (9)道路 (10)飲食 (11)医薬 (12)圊厠		

表6-2　福田の実践例

福田	中国僧の例	出典	奈良時代の例	行基の場合
(1)井戸	慧斌、造漉嚢或施道俗、建義井一区、六四五卒	続高僧伝二〇	元興寺道昭	
(2)園果	慧旻、梓樹栽植数十万株、六四〇代末卒	続高僧伝二〇	東大寺普照	
(3)樹蔭	景楽寺北義井里、有桑樹数株、庇陰多有憩者、六世紀	洛陽伽藍記一		
(4)橋梁	僧淵、錦水江波没溺者衆、欲架飛橋、六〇二卒	続高僧伝一八	道登、道昭	高瀬大橋、山崎橋等六所
(5)渡船	△明度、買購船舶、渡人為己任、十一世紀	真福寺本、往生浄土伝	道昭、寿応の船瀬	船息二所
(6)浴室	慧満、願生安養、浴僧為業、六四二卒	続高僧伝二二		
(7)僧房堂閣	法意、好営福業、起五十三寺、四一〇代卒	高僧伝一三	霊異記の山寺、里名寺等	道場四九処
(8)旅客舎	△五台山普通院、有飯即與、無飯不與、八四〇代	巡礼行記二	東大寺の布施屋	布施屋九所
(9)道路	法純、王路難岨、躬事塡治、六〇三卒	続高僧伝一八		直道一所
(10)飯食	法素、在江表、遊適所至、皆設万人大会、隋末	続高僧伝二九		崐陽施院
(11)医薬	慧達、癘疫大行、百姓斃、建大薬蔵、六一〇卒	続高僧伝二九	四天王寺興福寺の施薬院	
(12)圊厠				
				堀四所
				陂
				池十五所
				溝七所
				樋三所

＊中国僧の例は奈良時代に最も近接した例を一つ抽出した。△印は奈良時代以後の例。

がある。彼は①僧尼に飯食を与え、②貧窮者に与え、③囚人を教化し、④家畜を救い（放生）、⑤公共井戸を設け、⑥三か寺を建て、⑦病人を収容したと記される。行基の実践の多様さには及ばない。

さらに行基は、経典や中国僧尼の実践例にまったく見えない川堀（運河）・堤防・ため池・用水路網など、舟運・水防・灌漑施設を建設していることは注目すべき点である。灌漑施設の建設の場合、多く院と呼ばれる修行道場と結合していた。栄原氏が中国の事例を考慮せずに、院と結合した灌漑施設の造営が行基の独自の運動形態であったと述べたのはもっともな指摘であった（栄原永遠男「行基と三世一身法」『国史論集』一九七二年）。

ただ彼の事業は「天平十三年記」の記すように、交通と農業の二種類であったと見なすことはできず、井戸・樹林・医薬・かわやなど生活と救済施設の造営も伴なっていたのであり、行基の場合、経典の教示する多様な福田行をすべて実践したところに特色があった。こうした点に経典主義的性格を見出すことができるであろう。

福田思想は奈良時代には在家の社会にまで浸透していた。養老三年（七一九）十一月の元正天皇勅に、天下の僧侶が神叡・道慈のように徳と智を備えたなら「善根を植える福田」となるとあり、天平十八年（七四六）三月の聖武天皇勅に、三宝を興隆させることは「国家の福田」となるとあり、在家の社会においても福田思想は理解されていたといえる。

さて福田思想は布施行を支える理論であり、先にみた経典の福田行は対社会的行為である布施行に含まれる。布施行を含め六波羅蜜の修行は、大乗の修行者である菩薩にとって必修の行であり、この点から行基が生前から菩薩と称されていた事実に注目しなければならない。

行基の時代に菩薩と自称した一群の僧尼が存在したことは先に触れたが、菩薩思想は大乗仏教と小乗仏教を決定的に区別する思想である。静谷正雄氏は「原始大乗の主軸となる思想は……誰でも作仏（成仏）の誓願をおこして菩薩の道を進むならば、その人は菩薩であり、将来必ず作仏できるとする凡夫の菩薩の思想である」とし、こうした思想を「誰でもの菩薩」と名づけた（『初期大乗仏教の成立過程』百華苑、一九七四年）。

奈良時代の自称の菩薩たちは、人から菩薩と尊称された僧尼とくらべると、活動範囲は狭い村落にかぎられ、血縁または地域社会を単位とした小規模な宗教的集団を形成し、かれらは正式の手続きを経ない出家者または在家者であったと考えられる。かれらはまさしく「誰でもの菩薩」「凡夫の菩薩」といい得る人々であった。

自称の菩薩たちが、大乗菩薩の本来的な在り方に気づいて自称していたのなら、かれらが出現する天平十三年ごろ、菩薩思想の理解はかなり深まっていたといえる。菩薩の自称は経典の許すところであるから、かれらは経典の教示に忠実に従おうとする経典主義、復古主義的な性格を有していたといえよう。こうした経典主義は、経典の示す福田行をすべて実行しようとする行基の態度にも見えるので、行基の思想には復古主義的な性格が認められる。行基は菩薩を自称したわけではないが、かれとても自称の菩薩たちと同じように「成仏の誓願を起して菩薩の道を進むならば、その人は菩薩である」ことを自覚していたはずである。悟りを求める大乗仏教の修行者、菩薩であるとの自覚こそ、政治権力の抑圧に対して終始行基を屈服させることのなかった基盤であったろう。

さて菩薩であるとの自覚をする修行者は、いかにしてその行を実践するのであろうか。これについて、「六波羅蜜の修行に関連して、菩薩は成仏の修行のために〝願を立てる〟ことが重視されている」「菩薩はいかなる困難にも退転しない決意を起すべきである。これを弘誓の鎧をきると表現されている。この決意を具体的に示すのが〝願〟である」と説明される（平川彰「大乗仏教の特質」『大乗仏教とは何か』春秋社、一九八二年）。例を示せば、師仏の前で阿閦《あしゅく》菩薩は十一種の誓願をのべ、法蔵菩薩は二十四種の誓願をのべ、長い自利利他の修行を経て阿閦仏・阿弥陀仏に成仏したのである。

この菩薩の立てる誓願にについて参考になるのは、三階宗を立てた信行（五四一～九六年）が開皇三年（五八三）に発した十六種の誓願である。これは布施供養に関する誓願で、仏法・離悪・修善に関する項を除くと、①飲食、②食器、③衣服、④房舎、⑤床坐、⑥灯燭、⑦鐘鈴、⑧香、⑨柴炭、⑩洗浴の十種を、成仏の日まで不断無尽に施そうとするものであった。のち①飲食は細分化して、①うち米、②もち米、③麹、④油脂、⑤粟米、⑥小豆、⑦大豆、⑧柴、⑨作食人、⑩塩味、⑪蜜、⑫はじかみ、⑬ごま、⑭酪、⑮菘菜諸雑菓の十五種を数えるようになった。信行の集団は、こうした生活必需品を無尽に布施しようと発願した出家と在家の集団であり、布施の前提として財貨の集積のため、出家者は托鉢行を在家者は喜捨行を不断に行っていた。

行基の場合も信行のように、諸経典の勧める福田行を実践しようとする誓願を発したのである。その誓願の内容は表6－1に見える項目を含み、その実践の過程で諸経典に見えないため池・堤防・用水路網のような農業施設の造営の願を加わってきたのである。これらは、集団内の出家の弟子たちをいかにして政権の抑圧から守るかという課題と、在家の信者たちの私富の拡大という現実の要請があって、墾田の三世一身法に触発されて出現してきたものと考えるのである。

2　行基の教化と菩薩戒

行基の教化行為と菩薩戒

戒とは「よく整えられた心とそれに基づく身口の行い、さらに一言でいえば、正しい心に基づく正しい行いである」ということができる（荒巻典俊「菩薩行と戒」、日本仏教学会『仏教における戒の問題』平楽寺書店、一九七五年）。菩薩の道（行）は「正しい心に基づく正しい行い」の範囲内で実践される。菩薩戒は小乗戒を止揚した大乗戒のことで、小乗の「七衆戒を菩薩の律儀戒の内容とし、小乗戒相も持戒の心構えによっては大乗戒になりうる」との論もあるが、「瑜伽戒あるいは梵網戒を大乗戒とみてそれぞれの戒相を判別」（土橋俊高「大乗戒と小乗戒」前掲『仏教における戒の問題』）するのが一般的である。

行基の教化行為と戒相の関係について考察したのは、二葉憲香氏と石田瑞麿氏の二人である。二葉氏は、行基によって撰びとられたのは『瑜伽師地論』の説く瑜伽戒であり、それは「本地文中菩薩地第十五初地瑜伽處戒本」に説く、在家出家通受の一切戒たる三聚浄戒中の饒益有情戒の諸相であるという。そして行基が、①民衆のための事業の助成者になった、②大仏勧進に協力した、③布施屋と院を建設した、④托鉢行の際に強いて余物を請求した、⑤聖武天皇が抑圧の態度をやめ仏法を求めた時これを受け入れた、ことなどを饒益有情戒の戒相と関連づけている。

石田氏は行基が、①病人の家に赴き医療を施した、②僧坊を建てた、③民衆を教化した、④僧尼の記籍をたて僧綱の支配下に置くことに抵抗した、ことなどを『梵網経』の説く四十八軽戒と関連づけている。教えられるところが多いが、両者とも行基の教化行為をすべて取り上げて論じているわけではないので、私見を立てる余地があると思う。『続日本紀』に見える行基の教化行為と菩薩戒との関係について考えてみよう。

養老元年四月壬辰詔の文言と戒

①小僧行基ならびに弟子らは、街衢《ちまた》に零《お》ち畳《かさな》りて妄りに罪福を説く。

これは善因に善果・悪因に悪果のあることを経典の事例をもって示し、因果の理恐るべし諸善奉行せよと説くことであろう。「妄りに説く」とは、疫病の流行や天災頻発の原因を為政者の徳性の低さにむすび付けて説くことであろう。

『梵網経』の第三十九軽戒に、菩薩は常に一切の衆生を教化し、あらゆる場所に僧坊・仏塔を立て、一切の衆生のために大乗経律を講説すべしとある。第四十五軽戒に、菩薩は山林川野に入っても一切の衆生を教化し菩提心を発さしむべしとある。両条とも、菩薩はあらゆる場所に拠点を作り衆生を教化すべしと説くのだから、行基らの行為はこの軽戒により正当化される。またこの軽戒により、僧尼の禁止事項である「別に道場を立て衆を聚めて教化し併せて妄りに罪福を説く」(「僧尼令」第五条) ことも正当化される。梵網戒と僧尼令は相対立する。

②朋党を合せ構え、指臂を焚き剝ぐ。

集団で、指を切って灯の芯に捧げ腕の皮を剝ぎ経を写し捧げることである。「僧尼令」の第二十七条に焚身捨身の禁止が掲げられるが、仏典では成仏を志す修行者の行として高い評価を与えられている。『梵網経』の第十六軽戒に、菩薩は後学の者らに苦行を説くべきであり、または自身で身を焼き臂を焼き指を焼くべしとし、もしそうしなければ出家の菩薩とはいえないという。ここでは先学後学の菩薩が徒党を組んで捨身行を実践することが奨励されており、第四十四軽戒でも皮を剝ぎ紙となし仏戒を書写すべしとある。梵網戒では焚身捨身が出家の菩薩のなすべき行として規定されている。奈良時代には捨身の事例が他にもあり、平安時代になると益々多くなるので（吉田靖雄「捨身行の展開とその思想」『日本古代の菩薩と民衆』吉川弘文館、一九八八年）、行基の徒らにもこの行為があったとみてよいのである。

③門を歴《へ》て仮説し、強いて余物を乞う。

家々を巡り説法し、食物以外の物品を強要することである。前半部は『梵網経』第十五軽戒に、菩薩は仏弟子から外道・悪人に至るまで一切の衆生に大乗教を教えるべしとあり、また第三十九軽戒の一切の衆生を教化すべしとの文言により正当化される。後半部の食物以外の物とは大宝令の注釈書である古記によると、衣服財物の類である。托鉢の際に食物だけでなく衣服などのもろもろの生活用品を受けることは、『瑜伽師地論』の第四軽戒の認めるところである。物品を強要することは、同論第三十九軽戒に、菩薩が窮乏する人々に施すため、在家の人々に衣服・飲食物・寝具・医薬品などを請求すべきであり、供与しない場合は軽戒違反になるという文言により正当化される。

④詐りて聖道と称し、百姓を妖惑す。

偽称するに悟りを得たとし、人々を妖しく惑すことである。聖道とは小乗仏教における四果聖人のことで、悟りの境地の階位を意味する。大乗仏教では四果は菩薩の進むべき十段階の修道過程に組み込まれ、第四地から第七地に相当する。したがって行基の集団の中には、みずから菩薩の階位に進んだと称する者がいたことになる。

果〈悟り〉を得た菩薩は、神足や天眼などの超人間的な神通力を備えるに至る。本項は、教化に際し行基の徒が神通力をえた聖人であると称したことを意味する。『瑜伽師地論』の第四十三軽戒は、教化に際し必要がありながら神通力を行使しない場合は、戒の違反になるという。

天平十五年十月乙酉条の文言と戒

「皇帝、紫香楽宮におわし盧舎那仏像を造り奉らむとし、始めて寺地を開く。ここにおいて、行基法師は弟子らを率いて衆庶を勧誘す。」

本項について二葉氏は、『瑜伽師地論』の四重戒・第六軽戒に仏法を求める者があれば惜しみなく法を施せとあるので、「天皇が弾圧の態度を捨てて行基に法を求めた時、行基がこれに応じたことは無理なく了解することができよう」という。このほか『瑜伽師地論』の第十七軽戒に、菩薩を侵犯した人が悔い改めたのに嫌悪することの禁止が関連する。

これらの戒は、為政者が養老元年いらいの行基抑圧策をすて大仏造営に協力を求めた際、行基をして協力せしめる基礎となったと考えられる。

天平二十一年二月丁酉条の文言と戒

①都鄙《いなか》を周遊して衆生を教化す。

本項を悪く表現すれば養老元年条の①と同じになる。『梵網経』の第三十九・第四十五軽戒に関係する。

②器に従いて誘導し、みな善に赴かす。

『舎利瓶記』にいう「誘化して休まず、人は慈悲を仰ぐ」と同じ意味である。追随する者は千余と記される集団を、年齢性別身分に応じて説法し教化したとの意味である。『梵網経』の第四十軽戒に、菩薩は戒を授けるにあたり国王大臣百官から出家在家となく奴婢鬼神まで撰ぶことなく授戒せよと説いている。

③自ら弟子を率い、諸要害の處に橋を造り堤を築く。

これについては表6－2・表6－3を参照。

④和尚の霊異神験は事に触れて多し。

本項を悪く表現すれば、いつわり聖道を得たと称し人々を妖惑したとなる。なお前頁の④参照。

⑤留止する処にみな道場を建てたり。

これについては表6－1を参照。

『日本後紀』弘仁三年八月癸丑条の文言と戒

摂津国にある惸独田一百五十町は、……故大僧正行基法師、孤独を矜《あわれ》み置くところなり。

『崑陽寺鐘銘』に、院家の田地からあがる利は聾者盲人孤独者卑賤の者に与えるとある。崑陽寺が

表6-3　教化と大乗戒

年月日	行基の教化の諸相	該当する大乗戒 梵網戒	該当する大乗戒 瑜伽戒	その他
養老元・4・23条	①零畳街衢妄説罪福 ②合構朋党焚剝指臂 ③歴門仮説強乞余物 ④詐称聖道妖惑百姓 ⑤有乞食者三綱連署、午前捧鉢告乞	39軽戒・45軽戒 16軽戒・44軽戒 15軽戒・39軽戒 47軽戒	4軽戒・39軽戒 43軽戒	法華経、涅槃経 四分律、摩訶僧祇律
天平15・10・19条	皇帝御紫香楽宮、為奉造盧舎那仏像始開寺地、於是、行基法師、率弟子等勧誘衆庶		2重戒・6軽戒 7軽戒・17軽戒	
天平21・2・2条	①周遊都鄙教化衆生 ②随器誘導咸趣于善 ③於諸要害処造橋築陂 ④霊異神験触類而多 ⑤留止之処皆建道場	39軽戒・45軽戒 40軽戒	43軽戒	表6-1・6-2参照 表6-1・6-2参照
弘仁3・8・28条	在摂津国惸独田、…為矜孤独所置也	9軽戒	34軽戒・38軽戒	

崑陽施院と呼ばれたのは、孤独者に食物を病者に医薬を給与していたからであり、食物資生具の供与は菩薩の行として『瑜伽論』第三十八軽戒に見える。病者の看病は『梵網経』第九軽戒、『瑜伽師地論』第三十四軽戒の命じるところである。

以上検討したことをまとめると**表6－3**のようになる。この表から分かるように、行基の教化の諸相は大乗菩薩戒をその根底におき、菩薩戒は梵網戒と瑜伽戒を合せのむものであり、けして梵網戒または瑜伽戒の単受ではなかった。このような戒相から、行基の思想には多くの学僧がもつところの宗派の経典に固執する態度を見ることができないのである。

3　行基と塔婆信仰

塔婆信仰とは

行基が神亀元年（七二四）に起工した和泉国大鳥郡の清浄土院には十三重の塔が付属しており、同四年（七二七）に起工した同国同郡の大野寺には十三重の土塔が付属していた。また彼が没した天平二十一年（七四九）二月、遺言により大和国平群郡生駒山の東陵に火葬し葬り、弟子らは葬地を結界し追慕し多宝塔を建てたという（『舎利瓶記』）。葬地は遺言により決定されたから、遺言のなかに多宝塔のことも含まれていたらしい。

大野寺の土塔が神亀四年に起工されたことは出土の軒丸瓦銘文から明らかになり、これらの事実から行基が塔婆信仰を抱いていたことは確実といえる。ここでは行基と卒塔婆信仰について考えてみたい。

塔婆(stupa:卒塔婆)は釈迦生存中に建設された形跡があり、仏弟子の須達長者は釈迦の爪と髪を貰い受け爪髪塔を建設し供養したという(『十誦律』第五六)。また釈迦滅後に、仏舎利を八分して各国に仏舎利塔を建設したが、同時に舎利を入れた瓶を安置した瓶塔、焦炭を収めた炭塔、生前の髪を収めた髪塔も起こされたという(『長阿含第四遊行経』)。ついで前三世紀ころのアショーカ王は、前代の仏舎利塔に収めた仏舎利を回収し、新たに八万四千の宝篋を作り一篋に舎利一粒を収めインド各地に八万四千の塔を建立したという伝承がある(『阿育王伝第一』)。同王は釈迦の誕生所・成道所・転法輪所・涅槃所などにも塔婆を建立したが、これらの塔婆には仏舎利の納置がなく釈迦の遺徳を顕彰する記念塔であり、制多(制底・支提)と呼ばれたが、中国・日本では仏陀遺跡が存在しないので制多(caitya, 制底・支提)もないのだと説明される(橋本凝胤「仏教教理上より見たる塔婆」『塔婆の研究』一九四三年)。

インドのサンチー(sanchi)の古塔の塼造部はアショーカ王の造成になり、前二世紀に砂岩をもって規模を増大したものとする見解もあり、古い時代の塔婆の原型を知りえる資料といえる。

中国における仏塔建設は三国時代に始まり、呉の孫権(一八二〜二五二)は康僧会のすすめにより塔を建て建初寺と号したというが、塔の大きさ・材質については不明である(『高僧伝第一』)。北魏の熙平元年(五一六)に洛陽の永寧寺に建てられた木造九層の塔は高さ千尺であり(『洛陽伽藍記第一』)、現存最古の塔である河南省嵩嶽岳寺の十五重の塼造塔は北魏の正光年中(五二〇〜二五)の建造で高さ二百尺に達するという(『望月　仏教大辞典』「塔」の項)。中国における塔の建造は塼造化と高層化が著しいといえる。

日本では敏達天皇の十四年（五八五）二月、蘇我馬子が大野丘（奈良県橿原市）に塔を建て仏舎利を柱頭に収めたというから、高さ形容は不明のものの木造であった。ついで七世紀の法隆寺の五重塔以来、伽藍の中に位置する塔婆は木造で高層化が著しくなった。

インド仏教への関心

大野寺建立時の伽藍配置はどのようなものであったのか知りえないが、土塔の基壇が約五三・八メートル四方の巨大さをもっていること、土塔の建設に多数の檀越が協力し資材と労力の提供がなされたことから、伽藍のなかでは土塔という塔婆が主要な建造物であったと考えられる。金堂は作られたのがどうか不明であり、塔婆に僧院が付設する簡素な施設であったことも考えられる。古代の大野寺の地は「縦横荒野」「寂寞無人之地」と表現され（『行基菩薩縁起図絵詞』）、近世の土塔村は定住農家が存在しないほどの農業用水の不足の地であったから、僧院もきわめて小さいものであったろう。

もともとインド仏教では金堂が存在せず、仏舎利を奉安する塔婆が中心であったが、やがて僧坊や講堂が遺法研究のため重んじられ、さらには釈迦仏・過去仏・未来仏を安置し礼拝するようになり、塔婆の信仰が二義的になった。歴史的動向を考慮すると、大野寺が塔婆中心の伽藍であったとすると、インド仏教的・原始仏教的な性格をもっていた可能性が認められるのではないだろうか。

土塔のような階段状の低層仏塔は奈良市高畑町の頭塔と岡山県熊山町の熊山遺跡の例があり、斎藤忠氏はこうした四角錐状の低層塔婆が中国・朝鮮で見られないのに対し、東南アジアには存在するとしいくつもの事例をあげ、土塔・頭塔らは東南アジア系とした（「我が国における頭塔・土塔等の遺跡の源流」『大正大学研究紀要　五七』、一九七二年）。筆者はこれに従い、行基または弟子のなかに南海仏教と接触した者があったと考え、天平八年（七三六）来日した菩提僊那との交友関係から行基のインド仏教への関心を指摘した（『行基と律令国家』）。これに対し岩永省三氏は中国の塼塔を土塔の発想源と見るのがもっとも妥当とし、ついで行基が養老年間に平城京に進出し下級官人への布教を始めた際に、養老二年（七一八）に帰国した遣唐使の参加者などから唐土における仏教・寺院の情報を獲得し、かの地への憧憬を強めていた可能性が強いという（「段台状仏塔の構造と系譜」『史跡土塔　遺構編』二〇〇七年）。土塔・頭塔らが中国系・朝鮮系・東南アジア系のどの系譜に属するのか、考古学建築学などの立場での今後の論の発展に期待したい。ここでは行基や弟子らが舎利信仰を抱いていたことを指摘するにとどめたい。なお舎利は肉身舎利であれば釈迦信仰を現し、法身舎利であれば経典信仰を現すという。

天平九年に書写された形跡のある『右繞仏塔功徳経』は、仏塔を右回り（仏像や塔の右辺から左辺に巡る、南→西→北→東へ）に巡り礼拝する者の功徳を在家者と出家者に分けて列記している。仏像や塔婆はその周囲を巡り礼拝する信仰対象であるから、土塔も基壇の周りを巡行しつつ礼拝する施設であったはずである。したがって基壇の外に巡行するための小道があったはずであるが調査書をみてもその記述がなく、基壇まわりの小道を念頭においた調査がおこなわれたのかどうかも不明である。

塔婆の造営については功徳の大なることが諸経典に述べられ、『造塔功徳経』『造塔功徳延命経』には、寿命延長・天人界に生れる・無間の罪を滅ぼす・菩提を得るなどの功徳を述べ、『右繞仏塔功徳経』は八難を避ける・福徳財宝を得る・天人界に生れるなどの功徳を記している（『望月　仏教大辞典』『仏書解説大辞典』）。土塔造営に参加した人々はこれらの功徳、特に寿命延長・八難を避ける・福徳財宝を得るなどの現実的な功徳を得ることを期待したのでなかろうか。

4　行基と神祇信仰——特に伊勢信仰について

大鳥神社の天照神奉賽

行基の生家であった家原寺（大阪府堺市中区家原寺町）の所在した古代の和泉国大鳥郡蜂田郷に西接して大鳥郷があり、郷内には式内大鳥神社（明神大）がありその敷地（堺市西区鳳北町一丁）内に行基が創建に結縁したという神宮寺である神鳳寺があった。神鳳寺は明治の廃仏に際し破却され瓦片を含めその痕跡をとどめない。大鳥神社は古代以来幕末まで天照大神を奉賽していたが、明治になり神道の国教化が強くなると天照大神の奉賽は禁止され、現在に至っている。

伊勢信仰の特色は、①一般人の私的奉幣・私的信仰を禁止し、②仏寺を忌み憚った（伊勢大神宮寺が大神宮の祟りにより移転するの類等）。③平安時代末の戦乱あい継ぐころから熊野三山参詣をはじめとして社寺参詣の風が起こり、大神宮にも御師が起こって信仰宣布につとめ、僧侶の参詣も多くなった（『国史大辞典』）という。伊勢神宮に対する私的奉幣と僧侶の参詣は十一世紀ごろに始まるという。

ところで、元亨二年（一三二二）成立の『元亨釈書』巻十八に、聖武天皇は東大寺創建にあたり伊勢の神意を探ろうとし、天平十三年（七四一）ひそかに行基を参詣させた。神は「もとよりある常住の月輪は煩悩の迷雲を爍破す。われ今遭いがたきの大願に逢い、渡るに船を得るがごとし。また得難き宝珠を受け暗きに炬《かがりび》を得るがごとし」と喜んだという。伊勢神宮への勅使は五位以上の貴族を任じたが、僧侶を勅使として派遣した例はない。行基が代参したという記事に信頼性があるのだろうか。また奈良時代には伊勢神宮への私的奉幣と信仰の禁止が存在したから、地方で天照大神や豊受大神を祭ることはなかったというが、行基の生地である大鳥郡蜂田郷に西接する大鳥郷には伊勢信仰の存在した形跡がある。これらについて考察してみたい。

大鳥神社と伊勢信仰

『新撰姓氏録』和泉国神別の大鳥連条に「大中臣朝臣と同じ祖、天児屋命《あまのこやねのみこと》の後」とあり、古くは祖先神の天児屋根命を祀ったものと考えられる。現在の祭神は日本武尊《やまとたけるのみこと》と大鳥連祖神の二座とし、日本武尊を祀る由緒は、同尊が没して白鳥に化し大和琴引原・河内古市を経て最後に当地に留まったという伝承によるという。延喜式に大鳥神社（明神大）・大鳥神社（鍬靫）・大鳥美波比神社・大鳥井瀬神社・大鳥浜神社（鍬）の五社をのせ、大鳥神社（明神大）が他の四社を摂社とすることは平安時代に始まり現代に続いている。

斉衡二年（八五五）八月十八日の日付を記す『大鳥五社大明神並別当神鳳寺縁起帳』（国立史料館）に、「当社は即ち日本武尊遊化の叢地、大日孁貴《おおひるめむち》降臨の霊地なり」とするので、祭神は日本武尊と天照大神（大日孁貴）であった。延喜二十二年（九二二）四月五日の日付を記す『大鳥太神宮五社流記帳』（内閣文庫）にも、大鳥神社を「正一位勲八等天照大明神一所」としている。天照大神を祭神としてあげたのは、大鳥神社（明神大）の境内に鎮座する大鳥美波比神社の祭神が天照大神であったからである。前記流記帳に、「正一位介波比社一所、大鳥社内座中宮是也」とあるので、美波比神社が大鳥神社（明神大）内に鎮座したのはこれより古く、八世紀〜九世紀初めであったろう。八世紀の大鳥神社（明神大）には天照大神の信仰・伊勢信仰が存在したと考えられる。

前記延喜二十二年の『大鳥太神宮五社流記帳』に、大鳥神社（明神大）の「御狩場野四所」が西原瓦山・南原・葛原・伊勢治原にあるという。西原瓦山については遺存地名がないので現在地のどこに当るのか不明であるが、南原・葛原は古代の大鳥郡に南原里・葛原里があり、先学が大鳥郡条里の研究により地図上に明示している（米倉次郎「古代の和泉地方に関する二三の歴史地理的考察」『史林』二十の一、一九三五年・岡田隆夫「和泉国大鳥郡における開発と展開」『日本古代社会経済史研究』一九六七年）。それによると、南原里は今の鳳駅前商店街のあたり、鳳東町から鳳南町のあたりであり、葛原里はその西南、鳳南町から鳳西町あたりになる。

「伊勢治原」については大体の場所を示すことができる。それは家原寺の南約七十メートルに準用河川「伊勢路川」が東から西へ流れ、石津川に合流しているからである。

伊勢路川は古代の深井郷・近世の深井村に属す幡池《ばたいけ》からの余水を受けて、深井郷から蜂田郷を貫き流れかつては家原寺の前の大池に流入していた。幡池は昭和四十年代に埋め立てられ、跡地（堺市中区深井沢町）には堺市中区役所が建てられた。大池から中区役所まで約二・五キロの流路である。

古い史料に伊勢路川の名は見えないが、延宝七年（一六七九）の堀上村検地帳に「八田池《はたいけ》」が見え、伊勢路川の存在が推察される。幡池・伊勢路川の存在記録はこれ以前に遡らないが、現代の「伊勢路川」は古代の「伊勢治原」の遺存地名と考えてよいのではないか。

「伊勢路川」は大鳥神社の東方に当り、「伊勢治原」はこの伊勢路川の沿岸に所在し、大鳥郷に東接する蜂田郷に存在した可能性が高い。

「伊勢治原」の名は伊勢信仰に関連することは明らかで、伊勢の神々の祭祀を修治する意味であったろうし、或いは伊勢の神々を遙拝する場所であったことも想定される。

古代の和泉国大鳥郡の大鳥郷・蜂田郷・深井郷などで、国家神・皇祖神である伊勢の神を奉祭することがあったのだろうか。これについては栄原永遠男氏の研究が参考になる。

氏によると、中世前期に成立した『二所大神宮例文』(『群書類従』第一)の「大宮司次第」に見える第三代村山連糠麿(大宝二年任)・第六代高比良連千上(神亀三年任)・第七代村山連豊家(天平二年任)は、河内国丹比郡狭山郷を本貫とする中臣系氏族であり、八世紀の狭山郷には伊勢信仰が定着していたという(「行基と中臣系氏族――伊勢信仰と仏教」『地域の中の古代史』二〇〇八年)。神亀四年(七二七)起工の大野寺土塔の出土瓦銘に「村山連」があり、同氏は行基集団の構成員であったから、天平三年(七三一)起工の狭山池院・狭山池の修繕にも檀越として参加したであろう。村山氏にとって、伊勢信仰を受け入れることと、行基集団に参加して仏教信仰を受け入れることはなんら矛盾することではなかった。

二所神宮には禰宜として荒木田氏(内宮)と度会氏(外宮)があり、その上に大宮司・祭主として中臣（大中臣）氏が任命され、神宮の運営を監察した。大宮司は七世紀中頃に設置され中臣系統の諸氏が勤めたが、宝亀元年（七七〇）以後は大中臣氏の専任になった。

狭山郷の中心を狭山池とし大鳥郷の中心を大鳥神社とすると、両地の間隔は約三・六キロにすぎない。

大鳥郡には中臣系氏族が多く存在し、『新撰姓氏録』によると「大中臣朝臣同祖、天児屋命之後也」とする氏族は十二氏におよぶ。そのうち大鳥郷を本貫とする大鳥連・殿来《とのき》連は大鳥神社（堺市西区鳳北町一丁）・等乃伎《とのき》神社（高石市取石二丁目）を奉賽し、蜂田郷の蜂田連は蜂田神社（堺市中区八田寺町）を奉賽していた。

前出延喜の『大鳥太神宮五社流記帳』に、「鳥居肆基」がありその一は「蜂田圀」に立っていた。大鳥郷と蜂田郷の境界は石津川であったと推定されるが、大鳥神社の東境界を示す鳥居は石津川を超えて蜂田郷内の蜂田神社圏内に建てられていた。また摂社の大鳥井瀬神社は明治の八田荘村大字掘上に鎮座していたが、この地は古代の蜂田郷に属した地域であった。大鳥神社の鳥居や狩場が隣接の蜂田郷内にまで及んでいたことは、大鳥神社が後に和泉国一宮とされたように大鳥神社の威勢を示すものであるが、同時に大鳥神社と蜂田神社の祭祀の共通性を示しているようにも思われる。その共通性とは伊勢信仰と天児屋根命信仰のふたつであった。大鳥神社の狩場野である「伊勢治原」は蜂田郷に存在した可能性が高く、その伊勢治原では大鳥郷・蜂田郷を本拠とする中臣系氏族の人々による伊勢の神々と祖先神の奉賽が行われていたのではないかと考えるのである。

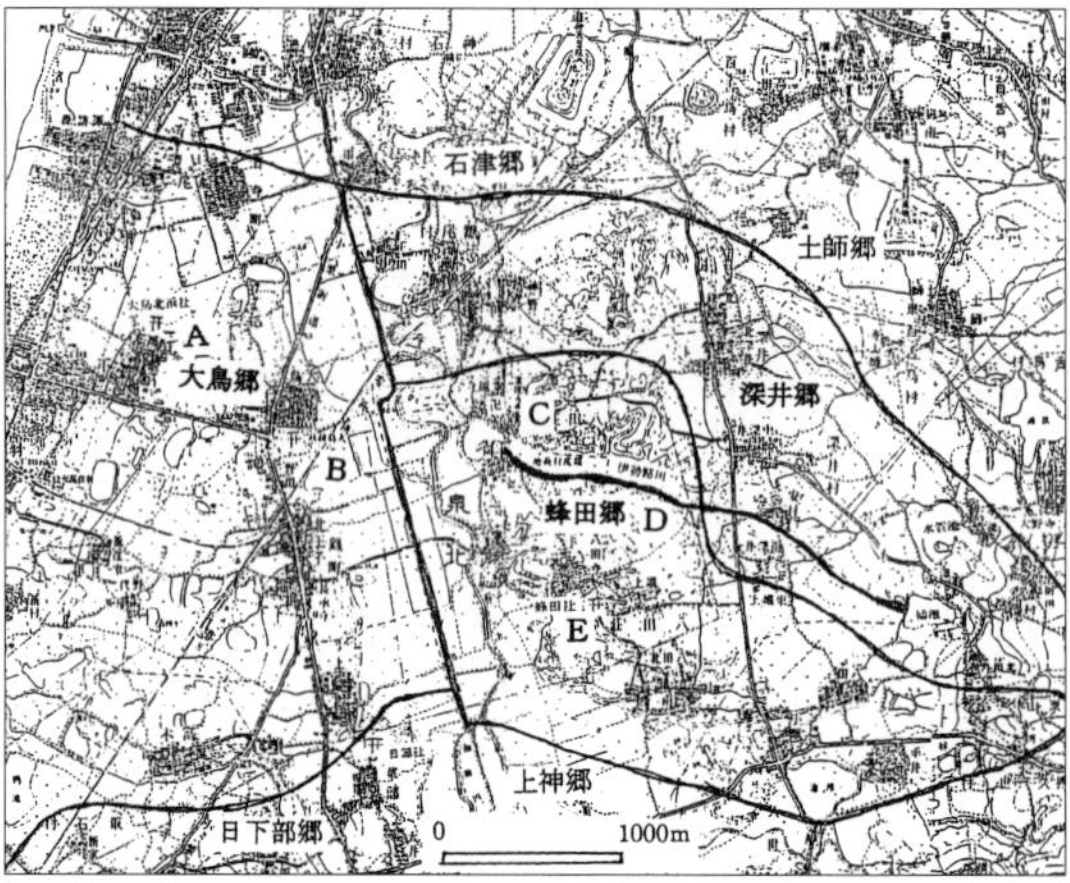

伊勢治原（伊勢路川辺）と伊勢神信仰
A：大鳥北浜社　B：大鳥神社　C：家原寺　D：伊勢路川
E：蜂田神社

以上述べたように、行基が生まれ育った大鳥郡蜂田郷には、伊勢信仰が根づいていた。行基が生まれながらに伊勢信仰を受容したことは極めて自然のなりゆきであった。十四世紀成立の『元亨釈書』に、天平十三年（七四一）行基は勅命により仏舎利を伊勢神宮に奉納したこと、大神は「我遭い難きの大願に逢い、渡るに船を得るがごとし」と喜んだという記事（巻十八伊勢皇太神宮）は、従来信用しがたい記事とされてきた。これに対し、次頁の道行知識経を材料として、行基の神宮代参は歴史的な事実であり、神仏同体説が行基にはじまるという古来の説は信頼してよいという説（西田長男「伊勢神宮と行基の神仏同体説」『神道史研究』七―三、四・一九五九年）もあるのは注目すべきである。

和泉郡の沙弥道行と伊勢信仰

和泉地域の伊勢信仰に関して、三重県伊賀市種生の常楽寺の大般若経奥書（『寧楽遺文』下巻補遺）が参考になる。これは天平宝字二年（七五八）十一月に、沙弥道行が願主となり「奉為神風仙大神」「奉為伊勢大神」を名目に、沙弥・沙弥尼・俗人らの知識を引率して写経したものである。知識の中に山君薩比古・山三宅麻呂・県主富継古がみえ、巻五十に後筆で「正元二年（一二六〇）二月十一日於坂本郷桑原村二校了」とあるので、かつて同経は和泉国和泉郡坂本郷桑原村（いまの和泉市桑原町）に所蔵されていたことが分かり、山姓の人々は同郡山《やま》直《たべ》郷（いまの岸和田市山直町辺）の居住者であったとされる（大西源一「伊賀種生の大般若経」『大和文化研究』四巻一号、一九五六年）。『新撰姓氏録』の和泉国皇別に「山公」・神別に「山直」が見えるので、山姓の知識らはこの氏族に連なる人々であったろう。また和泉郡には珍（茅渟）県主が居住していたから、知識の県主富継古はその一族であったろうか。

「神風仙大神」と「伊勢大神」は別神説と同神説があるが、「神風の伊勢」の語句は古典に頻出するから同神説が適当である（田中卓「イセ神宮寺の創建」『芸林』八号、一九五七年）。沙弥道行は、坂本郷や山直郷を含む和泉郡の人々に影響力を持った宗教者であり、彼自信も和泉郡の出身者であったろう。先に大鳥郡大鳥郷・蜂田郷に伊勢信仰が存在したことを述べたが、大鳥郡に南接する和泉郡においても伊勢信仰が存在したのである。

巻九一の識語によると、道行は天平勝宝九年（七五七）六月、「先人の貞節を慕い、大聖の遺風に遵い」「独り里隣を出て遠く山岳に入り」「厳然として閑居し三宝に帰依」していたところ、雷電が轟き生命の危うきにいたった。時に道行は、神社安穏・朝廷無事・人民安定を願い、大般若経の書写を発願したところ雷電は止まったという。

道行はどのような人であったろうか。彼は「善友の勢いを頼り」大般若経の書写を発願したが、全六百巻を書写できたかどうか不明である。しかし巻一八七に道行と知識らの名が記されるから、ここまで書写が進んだことは確かであり、知識の総数は数百人に及んだものと考えられる。道行が和泉郡地域に影響力をもった人であったことは間違いない。

彼は山林における修行を志し実行した人であったが、山林修行は釈迦以来の仏教の伝統であり、大鳥郡出身の行基も長年にわたり山林修行を実践した人であった。

道行の知識となった山氏一族の本拠である山直郷に丹治比部里が含まれ、ここには行基の築造という久米田池（岸和田市池尻町）と隆池院久米田寺がある。丹治比部里は近世の田治米村・現在の岸和田市田治米町辺に比定される。池は、近世には田治米村を含む十二村の三六七町を灌漑した。池の修理費用は十二村で負担したが、田治米村だけは費用の負担がなく、また他の十一村と異なり年中配水を受ける権利を保持していた。これらのことから、造成当時の久米田池は、田治米村地区の人々によって造成され同地区のみを灌漑する小規模な池であったことが推察される。山直郷を本拠とする山氏の一族も久米田池の造成に参加したであろう。そのことは、承和三年（八三六）十二月の「和泉国人右大史山直池作、弟池永」（『日本後紀』）の名が示唆している。かつて行基の久米田池造成事業に参加した山姓一族が、行基亡き後、道行の大般若経書写の事業に参加したのは、道行が行基有縁の人であったためであろう。

また天平九年（七三七）に和泉郡少領であった珍県主倭麻呂は、後に出家して行基の弟子になり信厳と名乗った事実がある。和泉郡には他にも行基の知識に参加した人々がいたはずである。これらのことを考えると、道行のいう「先人」とは行基を意味し、「大聖」とは釈迦を意味することになろう。「道行は行基の弟子ではなかったか」（田中卓説・西田長男説）と考えることには、十分の根拠がある。

道行の大般若経書写の願意（巻九二）は、①「諸大神の社は般若の威光を被《こうむ》り、早く大聖の品に登る」こと、②「天朝聖主」の寿命が永く続くこと、③辞世の際は「弥勒の香台に昇り、想を極楽に棲い、観音の花座を践む」ことだという。①の伊勢の大神を初めとする神々は仏道修行により大聖の境地に達するという思想は、神仏習合思想であり本地垂迹説を生みだす基本であった。この思想は、天平宝字二年（七五八）八月、外従五位下であった僧延慶の著作した『武智麻呂伝』（『藤氏家伝』下）に、越前の気比神宮（福井県敦賀市）の神が「吾は宿業により神たること久し。いま仏道に帰依し、福業を修行せむと欲す。」と述べたのと同一である。

道行が行基有縁の人であり、更には行基の弟子であったと考えると、道行の神仏習合思想は行基の思想を受け継いだものであり、行基その人に神仏習合の思想があったことになるであろう。行基は伊勢の神を含め神祇信仰を受け入れたが、その基礎には仏主神従の本地垂迹説につながる思想があったのではないかと考えるのである。

5　行基墓所の発掘

墓所の発掘

鎌倉時代の文暦二年（一二三五、十月に嘉禎改元）八月、大和国有里村・今の奈良県生駒市有里町で行基墓所の発掘が行われ、行基の遺骨を収めた銀製瓶などが発見された。その子細は、①「生馬山竹林寺縁起」（『大日本仏教全書　寺誌叢書三』）と②「大和国生馬山有里村行基菩薩御遺骨出現事」（『続群書類従　八輯下』）とがある。この事件について少しく述べたい。

①仏教全書本の底本については何の記もないので分からない。②続群書類従本は、正平七年（一三五二）閏二月、東寺の杲宝《ごうほう》（一三〇六〜六二）が竹林に参籠した際に「彼の寺の縁起、要を取り抄書」したもので、それを延享四年（一七四七）七月、大和国を巡行した賢宝が竹林に参詣したおり書写し、さらに東寺観智院にあったこの記録を法橋浄厳が書写し、文政二年（一八一九）五月、塙保己一が入手したとある。②本は来歴が分かり杲宝の自筆本が天理図書館に現存する点で貴重であるが、両本を比較すると②本は①本の省略本であることが分かる。従って発掘の状況は①本によるべきである。

杲宝が竹林寺の縁起を抄書したその日の十六日前、二月二十五日に竹林寺の本尊前で十カ条の誓願を発した（『竹林寺十種大願』）。二月二日は行基の命日であるから、杲宝は二月二日の忌日法会に参列し、その後も翌月まで参籠し本尊前で誓願を発した状況が推察できる。願文には、「ここに大聖文殊師利菩薩ありて、現に大和州生馬霊所に住み、親しく濁る末世に智慧なき衆生を利す」と記し、文殊菩薩と行基を重ね合わせている。かれは行基の尊崇者であり帰依者であったとして誤りない。さて墓所発掘の次第は次のようであった。

慶恩に行基・行基母が託宣

天福二年（一二三四）六月二十四日の夕刻、行基の霊が僧慶恩にのりうつり、「仏法繁盛の時がきたので墓所の不浄を除き崇敬せよ」と命じた。慶恩らは疑念を起し「瑞相を示し下されるなら信敬します」と答えたところ、更に「わが墳墓の上の石塔の二層中に舎利があるので開き見よ、わが事は大鳥郡の善光寺（行基生家の家原寺に同じ）にある」と託宣したので、同月二十六日石塔を解体すると託宣のとおり舎利二粒を発見した。しかし群衆はこの石塔は近世に立てたものだとなお疑念を持った。

その後、行基の母の霊が慶恩にのりうつり、「まず十二人の僧侶で祈禱しついで遺体を顕し奉り疑念を散ぜよ」と託宣した。十二月二十五日の夕刻には、慶恩の室内に火の気のない煙が発生し、立ち上って行基墓所を覆うという不思議があった。

翌文暦二年（一二三五）八月十一日、行基の霊は「今月二十五日に我が廟を開け」と慶恩に命じた。

寂滅の発掘

同月二十一日、善光寺（家原寺）の僧数人が寂滅（慶恩に同じ）の草庵に来てご廟を発掘するよう勧めた。寂滅はなお躊躇していたが、二十五日にご廟を参詣したところ、集まった住民らは「廟を開け」との聖言に従うべきというので、僧俗協力して発掘を始めた。やがて①八角の石筒が出現し、その中に②鎖のかかった銅筒があり、その中に③銘文を刻む銅筒があり、さらにその中に④銀製瓶があり首に「行基菩薩遺身舎利之瓶」との銘文のある銀札が付けられていた。

寂滅は上記のことを記し注進した。この注進状から次のことが判明する。
①有里村の行基墓の場所は近隣の僧俗住民によく知られていた。没後五百年に近いのに、墓所の場所が正確に認知されていた稀有の事例といえる。
②行基だけでなく行基の母が託宣したのは、この場所が行基母に有縁の土地であったことを物語る。つまりこの場所はかつて行基が母の看病をした生馬仙房であったことが窺い知られる。
③慶恩の室内に発生した白煙が行基廟までたなびいたとの記述から、慶恩は廟の近くに居住していた。廟辺には慶恩の他にも行基の帰依者が住んでいたらしい。
④寂滅の注進状に、慶恩への託宣の年月日だけでなく時刻をも記すから、託宣を受けた慶恩と発掘した寂滅は同一人と推定できる。
⑤行基の舎利は、石筒・銅筒・銘文付の銅筒・銀瓶の四重容器に収められ、その丁寧さは仏舎利埋納の様子と似ている。出家の弟子たちも行基を菩薩として崇めていたといえる。
さて、遺骨を収めた舎利瓶は亡失したが、その模作品が唐招提寺にあり、発掘時の姿を窺うことができる。舎利瓶は、嘉禎二年（一二三六）六月、京の中山観音堂辺で展覧され、参詣の人々は粉になった遺骨を自由に取りだした（『百錬抄』）。発掘に参加した寂滅は墓所に寺を建立すべく努力したと記録されるから（『竹林寺略録』）、展覧も寂滅の企画で参詣者に喜捨を請う行為であったと見られる。

舎利瓶を納めた銅製筒には行基の伝記が刻まれ、行基が没した天平二十一年二月二日の満中陰まもなく、弟子の真成が記したとある。法諱（仏教上の実名）・系譜・出生年・出家年・享年など『続日本紀』に見えない記事があり貴重である。

唐招提寺蔵の『大僧上舎利瓶記』は雲母金粉を散らした華麗な料紙に記しているが、一行の字数が十五〜十八字と不揃になっている。現存の墓誌板は四行十八字が残り、字配りを復元すると一行二十字・十七行になるという。屋代弘賢《やしろひろかた》（一七五六〜一八四一）旧蔵の『行基大僧正舎利記』（内題は「大僧正舎利記」）はこの墓誌を収め、一行二十字に配している（宮内庁書陵部蔵池底叢書）。最後の年月日と「沙門真成」は二行取りで、計十八行にしている。また唐招提寺本の「大僧上」は屋代本では「大僧正」と正しく記される。これらのことから墓誌銅筒が完形を保っていた時代に字配りを忠実に書写した人があったことが窺えるが、この屋代本はどの本を底本としたのか分かっていない。

現存の墓誌銅筒破片は、大正四年（一九一五）に梅原末治《うめはらすえじ》氏が調査した際、有里村の行基門人の子孫という高瀬音吉氏が所蔵していたものであるという（井上薫「大僧正舎利瓶の出現」『行基』）。

鎌倉時代、鎌倉の極楽寺を拠点に仏教福祉事業を展開した忍性（良観坊一二一七〜一三〇三）は、行基の崇尊者であった。今の奈良県磯城郡三宅町に生れた忍性は、出家前の十四歳（寛喜二年〈一二三〇〉）の時、文殊菩薩像を刷りたて人に配るという事業を行ったように、熱烈な文殊信仰者であった。貞永元年（一二三二）十六歳のとき、今の大和郡山市額田部町の額安寺で出家し、桜井市阿部の安倍寺（崇敬寺とも）に毎月参詣したのは、本尊の文殊像を礼拝祈念するためであった。天福元年（一二三三）十七歳になり東大寺で受戒した。嘉禎元年（文暦二年に同じ）十九歳のとき、毎月生駒を参詣すること六年間に及び、延応元年（一二三九）二十三歳のとき十四日間生駒に参籠し、淫酒を断つことを誓願し菩提を祈念した(以上『性公大徳譜』)。この生駒とは有里村の行基墓所を意味する。

忍性は遺言により遺骨を三分して、極楽寺・竹林寺・額安字に納めるよう命じた(『忍性骨蔵器銘文』)。三か寺の墓所は近年学術調査され、ほぼ同文の銘文を記す骨蔵器が発見されている。竹林寺の忍性墓の場合、八角の石製底板の上に忍性の銅製骨蔵器を安置し、その上を八角の石製外容器で覆っていた。行基舎利瓶も八角の石製外容器で覆われていたことを考えると、嘉禎元年(文暦二年に同じ)以来六年にわたる毎月の生駒廟参詣は、忍性にとって極めて深い印象記憶を残したといえる。こうした状況を考えると、忍性は文暦二年八月の行基墓所発掘に立ち会っていたことが考えられる。たとえそうでないとしても、発掘後まもなく墓所を参詣し、残された八角石製外容器などを実見したことは確実といえる。

忍性は行基を尊敬し行基の生き方に倣おうとした帰依者であったといえる。この時代、行基に倣おうとした僧侶に、源平の争乱時に焼亡した東大寺大仏・大仏殿を再興した重源(一一二一~一二〇六)があり、戒律復興の運動を展開した叡尊(一二〇一~九〇)があり、忍性・杲宝《ごうほう》もかれらに続いている。行基流の仏法・諸人利益の仏法に倣おうとした人はいつの時代にも存在したが、それらの人々は多くは無名の仏教者で歴史に名を残すことがなかった。現在、北日本から南九州まで、「行基が我が寺を開いた」「わが寺の仏像は行基の自作」という伝承が七七〇余か寺に残っているが、そうした伝承は、いつの時代にも存在した行基弟子を自認する人々のなしたことが、時間の経過とともに変化したものであったのでないかと想像する。

6 現代に増幅する行基伝承・行基信仰

大和川の行基橋

大阪市東住吉区と松原市の間を流れる大和川に行基大橋が架かっているが、そのいわれはどのようであるのか？ 右のような質問を「堺行基の会」会員から受けたことから、少々調べたことが本稿の骨子となった。行基大橋の北詰は大阪市東住吉区公園南四丁、南詰は同区矢田七丁目であり、この地区に行基が関係したという確実な古代史料が存在する。

大阪市東住吉区公園南四丁〜矢田七丁周辺は古代の河内国丹比《たじひ》郡依羅《よさみ》郷にあたり、近世の丹北郡矢田部村・枯木村などはその一部であった。河内国神別の矢田部首・摂津国神別の矢田部造らは、近世の丹北郡矢田部村つまり古代の丹比郡依羅郷を本貫とする氏族であったと考えられる。丹比郡依羅郷は摂津国住吉郡大羅《おおよさみ》郷に隣接し、ふたつの郷は大化前代の依羅屯倉《みやけ》に含まれていたらしい。

行基が神亀四年（七二七）に建設をはじめた大野寺（大阪府堺市土塔町）の土塔から出土した瓦の刻銘に、「矢田部連田々伱古」が四点、「矢田部連龍麻呂」が八点が見える。総計十二点の「矢田部連」刻銘は千二百余点にのぼる刻銘瓦のなかで最大の点数を占めるので、矢田部連は大野寺建立の際に多大の資材の寄付をした氏族であったことを示唆している。他に「依羅」が一点ありこの氏族も丹比《たじひ》郡依羅《よさみ》郷か住吉郡大羅《おおよさみ》郷を本拠としていた。

矢田部氏が行基の知識に加わり大野寺建立に参加したことは確実であるが、矢田部氏がこの地に定

大野寺土塔出土瓦銘
「矢田部連龍麻呂」
（『史跡土塔——文字瓦聚成』）

住していて大野寺のある和泉国大鳥郡土師郷へ通ったのか、または大鳥郡内に移住していたのかは定かでない。しかし両地——行基池（後述）から大野寺まで直線で約七キロ——は日帰りが充分に可能な距離にあったから、丹比郡依羅郷に居住していた可能性がある。

この地における中世の行基伝承・行基信仰の存在を指摘することはできない。伝承と信仰は近世・現代のものである。それらを考察するとこの地区は、現代において行基信仰・行基伝承が拡大深化している土地であるということが分かった。

大阪市東住吉区矢田七町目周辺の行基伝承

昭和五十三年（一九七八）以前の地図には行基大橋はむろんのこと、この橋を南北に通る道路—長居公園東通り—そのものが存在しない。昭和四十九年（一九七四）の市街地図を見ると「矢田新橋（工事中、大阪市総務局）」とある。ただし地図にはバス停

「矢田行基橋」が記されるので、「矢田新橋」は完成時に「行基橋」になることが予定されていた。

行基大橋を訪ねると橋北詰の記念碑に「昭和五三年六月竣工」と刻んであるのに気づく。大阪市建設局の仕事で、長さ二一〇メートルの連続合成桁橋という。現在では橋北詰に大阪市営バスのバス停「矢田行基大橋」と「東住吉行基橋郵便局」が存在し、行基信仰行基伝承が色濃くなっている。

この土地は古来、河内国丹比郡依網郷に属したが、近世には丹北郡枯木村と呼ばれた。延宝七年（一六七九）刊行の『河内鑑《かがみ》名所記』に、「天見《あまみ》山と云う社、枯木村領内にあり。あまぎしといいならわすと也。……七カ村の氏神と也。行基居住の寺あり」という。現在は阿麻美許曽《あまみこそ》神社（天見山神社）と称し、式内社である。享和元年（一八〇一）の『河内名所図会』に「阿麻美許曽神社（鍬靫。延喜式に出づ）南枯木村の南のかた、天見丘にあり。……この近隣の七カ村の本居の神なり。むかしこの村に行基大士住みたまうとて、その旧跡あり。」という。

枯木村は近世に北条氏の狭山藩（大阪狭山市に陣屋）一万一千石の領地であった。藩の代官が享和二年（一八〇二）に編集した『狭山藩領村方明細帳』（大阪府立中之島図書館蔵）によると、枯木村には灌漑池が四カ所あり、それらは「四カ所共天水懸り溜り」であり、その内の最大のものが長さ七十間（約一二六m）横十四間（約二五m）の行基池であると記す。さらに枯木村の氏神について、境内地七反九畝六歩に「真言宗　無本寺　天見山　神宮寺　看坊当時留守居快賢」ありと記す。

枯木村は宝永元年（一七〇四）の新大和川工事に伴い南北に分断され、阿麻美許曽神社は南枯木村領になった。神社には真言宗（無本寺）の神宮寺があり、当時快賢という僧が留守居を勤めていた。

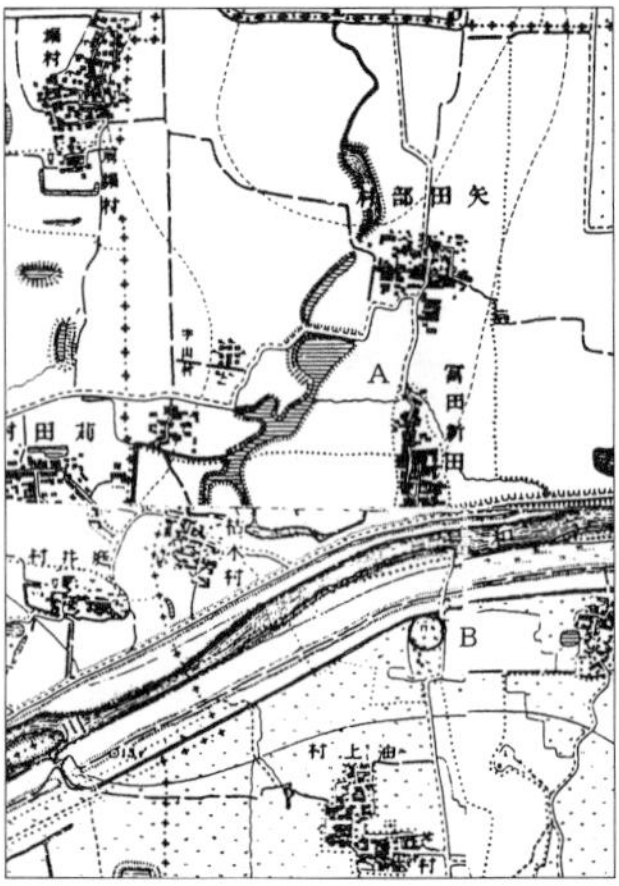

枯木村の溜池

A：行基池　B：阿麻美許曽神社

この神宮寺は前述『河内鑑名所記』の「行基居住の寺あり」に相違ない。

大正十一年（一九二二）の『大阪府全誌　第四冊』は中河内郡矢田村大字枯木の阿麻美許曽神社項において、「明治初年の神仏分離により神宮寺は廃絶し……社頭は老楠木鬱葱し、東北隅に行基池あり。池の北方に行基塚といえるあり。東西二間・南北一間半、高さ五尺の封土なり。村老の口碑によれば、昔行基の住せし所にして、塚はその墓なりという」とある。ここに見える「行基池」「行基塚」は神社境内ではなく大和川の北岸にあり、行基池は神社の東北約六百メートルの地に、「行基塚」はその西方の矢田部山墓地にある。

江戸時代枯木村の行基池を明治以後の地図で探す

明治二十年（一八八七）製版の仮製二万分の一地形図「摂津国天王寺村」「丹北郡金田村」の境目に枯木村（北枯木村）があり、北の矢田部村との間に四つまたは五つの溜池が記されている。北から三番目、半円形の最大の池が行基池であろう。

昭和十八年（一九四三）、住吉区から東住吉区が分区した。分区十八年を記念して昭和三十六年（一九六一）『東住吉区史』が編集された。その付図を見ると、矢田枯木町の周辺には「行基橋」はむろん橋を南北に通る「長居公園東通り」も存在しないが、矢田部町七丁目に「行基池」が記される。明

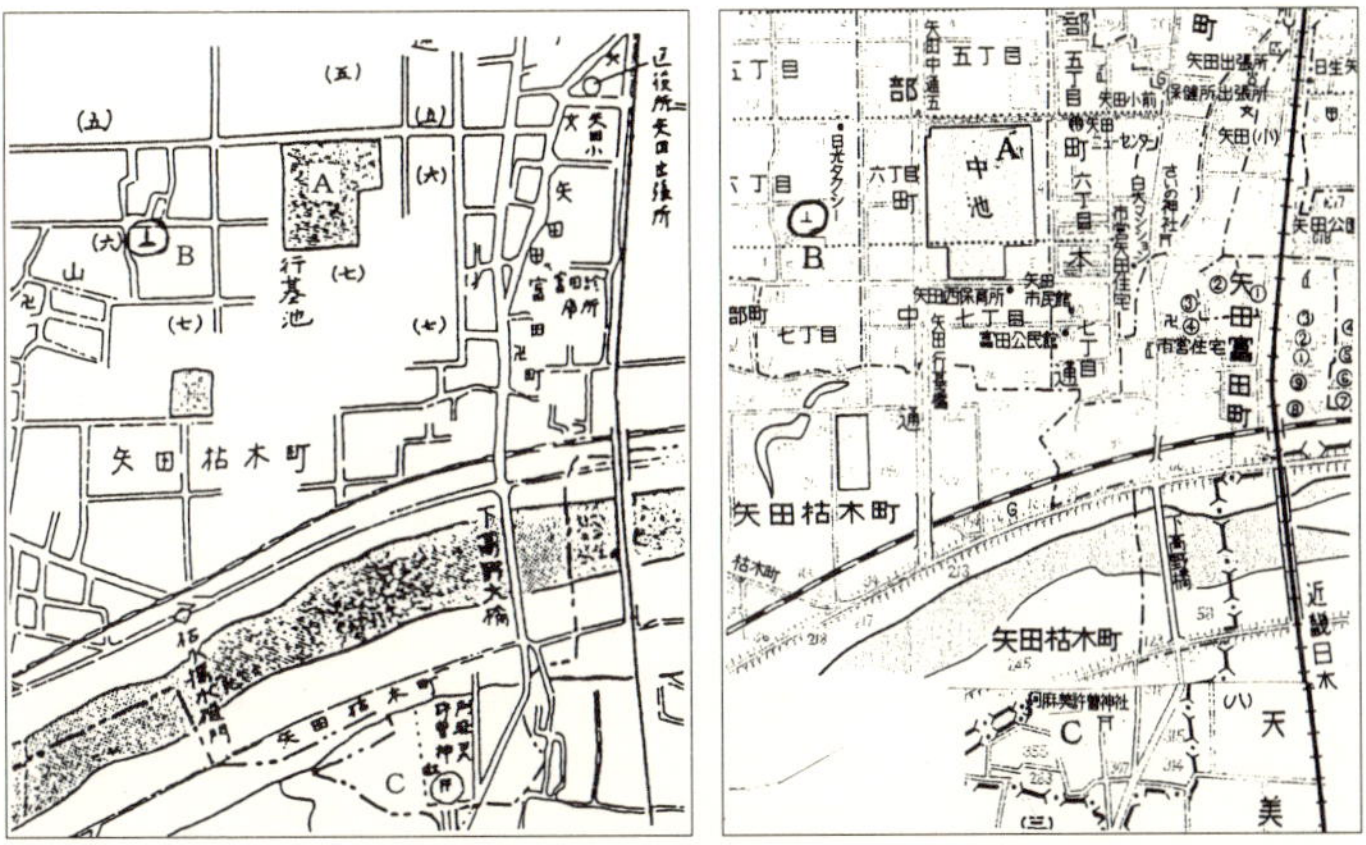

昭和36年，47年の地図

A：行基池　B：矢田部山墓地　C：阿麻美許曽神社

左：1961年『東住吉区史』付図　右：1972年『東住吉区詳細図』(日地出版)

治の地図では半円形であった池が四角に整形されている。東住吉区は昭和二十年以後、区画整理が大規模に行われそれぞれに伴い町名の変更が幾度もなされた。

昭和四十七年一月の「東住吉区」地図（日地出版）によると、長居公園東通りは大和川北岸まで完成し市バス停「矢田行基橋」が設けられているが、「行基大橋」はまだ着工されていない。矢田矢田部町六丁目と七丁目にかけて中池が記される。中池は『東住吉区史』付図に見える「行基池」に相違ない。東側にあった突出部がなくなり南側が突出し、区画整理が続行されている様子が窺える。

昭和四十八年四月の地図で、中池（行基池）は一部を残し埋め立てられたことが分かる。矢田行基橋はまだ着工されていない。昭和四十九年七月の地図では、中池は全て埋め立てられ「矢田小予定」になっている。行基大橋は「矢田新橋工事

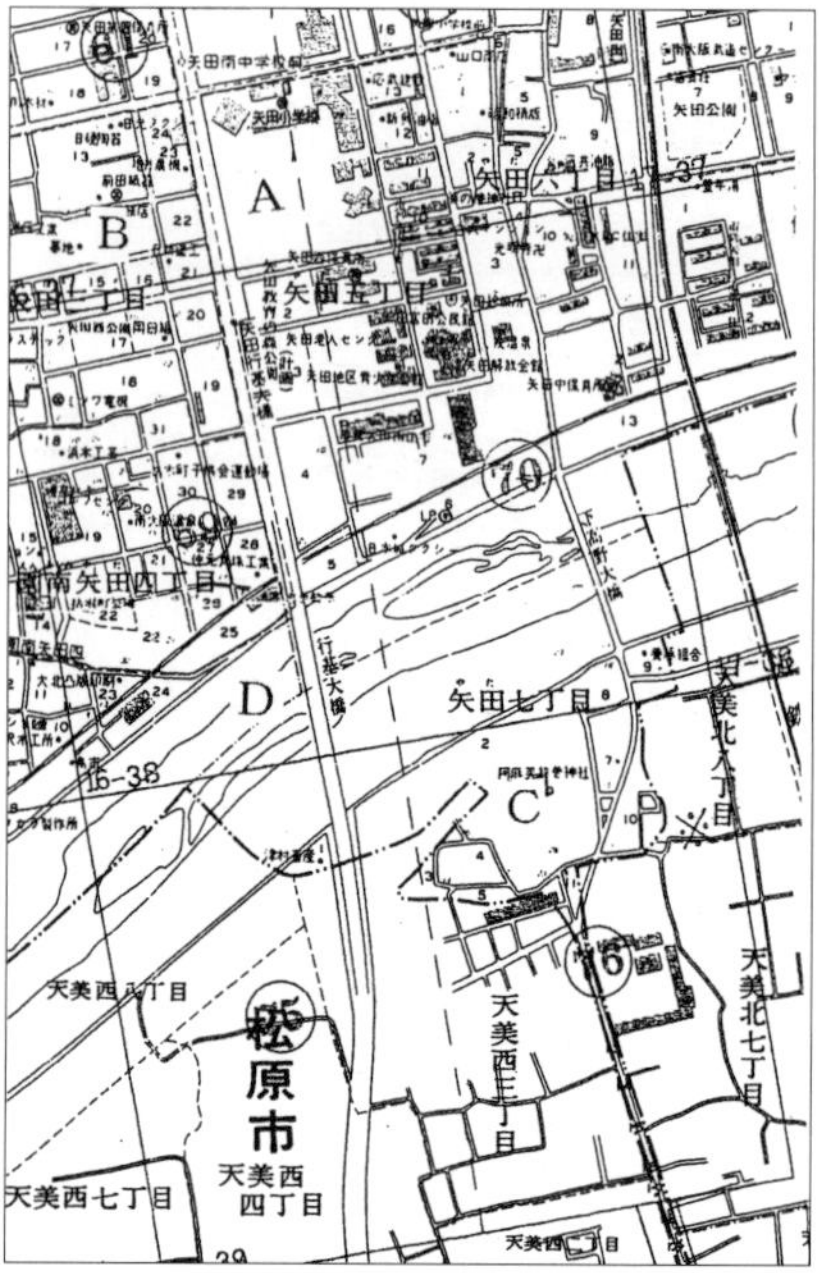

昭和57年大阪市精密住宅地図（『吉田地図』）
A：行基池跡　B：矢田部山墓地
C：阿麻美許曽神社　D：行基大橋

中」とあり、大和川の北詰～南詰まで図示されている。

昭和五十七年の地図（吉田地図㈱）によると、「行基大橋」は完成し、「長居公園東通り」は南岸の松原市から堺市へ延伸している。「行基池」のあったところは「矢田小学校」になって池の姿はない。

「行基菩薩安住之地」碑石と行基墓

筆者は平成二十一年（二〇〇九）四月十七日、東住吉区矢田七丁目の阿麻美許曽神社を探訪した。大和川の南岸で道は錯雑するが巨大な楠木が遠くから神社の場所を教えてくれている。鳥居をくぐりすぐ東に「行基菩薩安住之地」と刻む石碑（縦一七六×横三五×厚さ十五センチ）があり、裏面に昭和三十一年五月五日建立とあるが建立者の記はなかった。在宅の年配の神職に境内の行基遺跡のことを尋ねると「そのことは聞いたことはあるが場所は分からない。先代の時にすでに不明になっていた」といい、さらに行基の墓が矢田三丁目の墓地にあると地図を出して教えてくれた。

同年五月十三日に神職のいう「行基の墓」を訪ねた。十八世紀初めの大和川付け替え工事により、流水のなくなった西除川川床に富田新田が開発された。枯木村は、新大和川により南と北に分断され、南枯木村のうち農地を奪われた人々は富田新田に移住した。往年の富田新田いまの矢田三丁目に「矢田富田町墓地」がある。『東住吉区史』はこの墓地を「矢田矢田部山墓地」とし「山の墓は付近の行基池とともに行基の開いたものといわれる。墓地内に行基の墓がある」と記す。墓地は周辺の住宅地と同じレベルにあるから、かつての山は削平されてしまったようだ。

方形の墓地は中央に低い仕切りがあり、東側墓地と西側墓地に区分される。東側墓地入口奥の小屋根下に地蔵像があり「文化四年（一八一七）」の刻銘が見え、その隣に「行基菩薩之墓」と刻む石碑（一三六×十六・五×二

「行基菩薩安住之地」石碑
（阿麻美許曽神社内）

「行基菩薩之墓」石碑

「南無行基大菩薩」石碑（右側）

十五センチ）がある。建立年次の記はないが一見して近年のものであることがわかる新しいものである。生花が供えられていた。

西側墓地でお参りの人に「行基の墓」を尋ねると、「知らんが行者さんの墓ならあそこだ」と案内してくれた。石碑（七〇×二十五×二十四センチ）正面に「南無行基大菩薩」とあり、他の三面に、①七十八歳にして大僧正になり墓の造営を始めた、②天平勝宝元年（七四九）正月皇帝皇太后皇后に菩薩戒を授けた、③同年二月二日菅原寺東南院で入寂した、④延享五年（一七四八）二月二日に千年遠忌を修めた、⑤「河州丹北郡矢田部邑弥明寺三昧聖中」と記す。碑文の全文は『東住吉区史』に収められている。

石碑の下の四段の八十七センチにおよぶ台座は極めて新しいものである。ここにも生花が供えられていた。すぐ隣に「為行清法師」と刻む延宝七年（一六七九）銘の墓碑があり、ここにも生花が供えられていた。

三昧聖は中世・近世に墓地を管理し火葬埋葬を取り仕切った下級宗教者で、彼らの伝承によると、共同墓地は行基が聖武天皇の許可を得て作り、また火葬の技術を行基が彼らに教え伝えたという。

行基伝承・伝説の多くは近世のものであり、中世にまで遡りえるものはすくない。この土地では、古代に確実に行基集団に属した矢田部氏があって「田々你古」「龍麻呂」の名を残した。矢田部氏は行基の知識の一員、それも有力な在家の一員であったから、行基または出家の弟子を招いて小院を構えたことも想像できる。その小院が近世の神宮寺として残ったのかとも想像される。しかし残念ながらそうした想定を裏付ける中世の資料がない。

この土地では、十七世紀後半に確認できる行基伝承・行基信仰が昭和四十年代まで継続した。同年代に大規模な土地整理事業が展開したが、同五十年代以後になると新設された橋梁に「行基大橋」の名を冠し、バス停「矢田行基大橋」が出現した。大橋の建設とバス停の設置は大阪市の行為であったが、行政側は土地の歴史的事情を考慮しまた地域の要望を取り入れて「行基大橋」の名を採用したのであろう。これらに続き平成九年、「(長居) 公園南郵便局」が「東住吉行基橋郵便局」に改称された。行基信仰行基伝承が現代でも増幅している地域であるといえる。

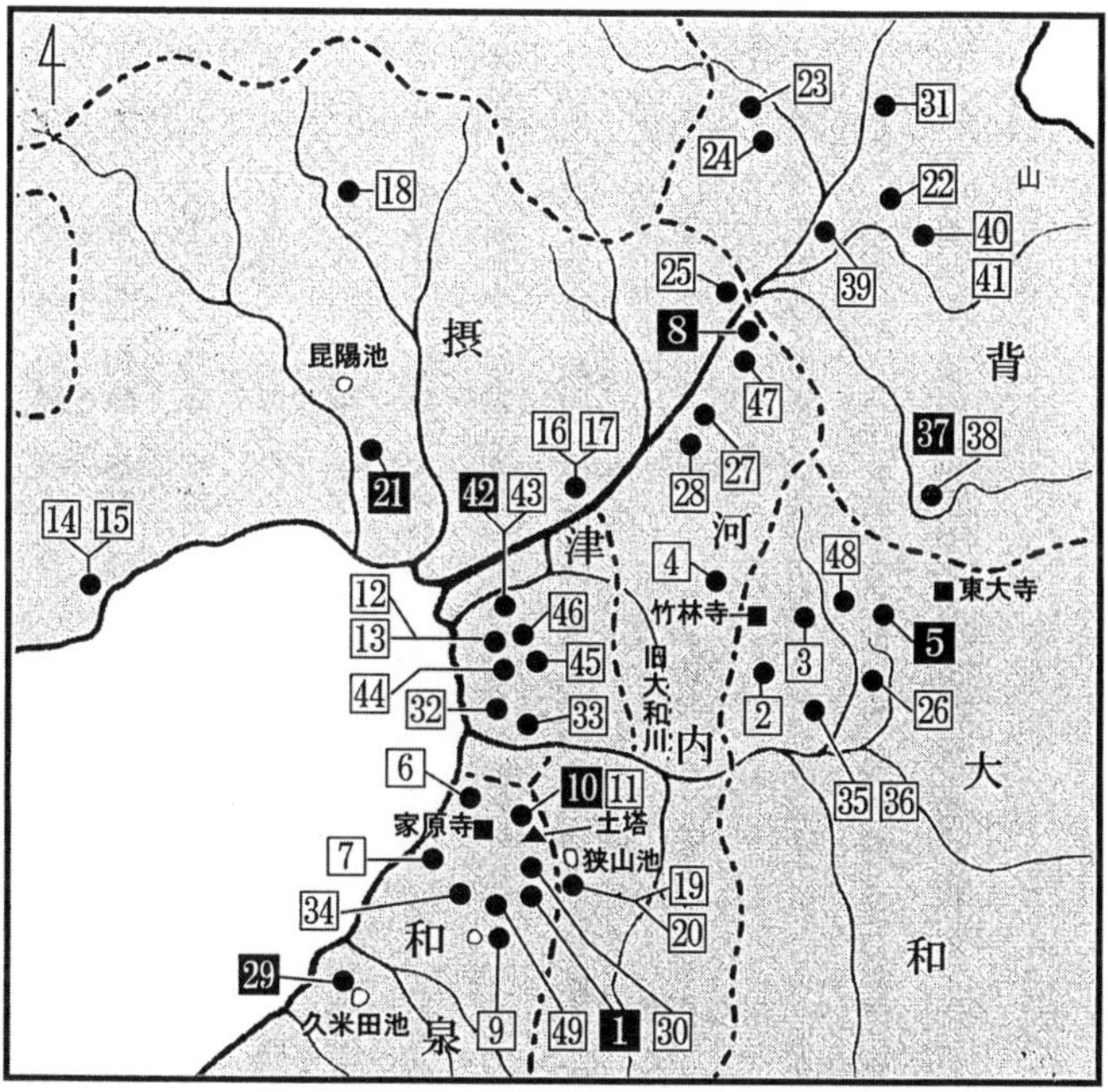

付図１　四十九院分布図

1 大修恵（高蔵）院
2 恩光寺
3 隆福（登美）院
4 石凝院
5 喜光（菅原）寺
6 清浄土（高渚）院
7 同尼院
8 久修園（山崎）院
9 檜尾池院
10 大野寺
11 同尼院
12 善源（川堀）院
13 同尼院
14 船息院
15 同尼院
16 高瀬橋院
17 同尼院
18 揚津院
19 狭山池院
20 同尼院
21 崑陽施院
22 法禅（檜尾）院
23 河原院
24 大井院
25 山埼院
26 隆福尼院
27 枚方院
28 薦田尼院
29 隆池（久米多）院
30 深井尼院（香琳寺）
31 吉田院
32 沙田院
33 呉坂院
34 鶴田池院
35 頭陀（菩提）院
36 同尼院
37 発菩提（泉橋）院
38 隆福尼院
39 泉福院
40 布施院
41 同尼院
42 大福（御津）院
43 同尼院
44 難波度院
45 枚松院
46 作蓋部院
47 報恩院
48 長岡院
49 大庭院

■ 現存寺

付表1 『行基年譜』にみえる四十九院

■現存寺	『行基年譜』所引「年代記」 寺院（現寺号）	所在地	建立年	年齢	所在地の現在名（または推定地域）
■1	大修恵（高蔵）院（高倉寺）	和泉国大鳥郡大村里大村山	慶雲二（七〇五）	三八	大阪府堺市高倉台二丁
2	恩光寺	大和国平群郡床室村	霊亀二（七一六）	四九	奈良県生駒市有里町
3	隆福（登美）院	大和国添下郡登美村	養老二（七一八）	五一	奈良市大和田町追分
4	石凝院	河内国河内郡日下村	四（七二〇）	五三	大阪府東大阪市日下町
■5	喜光（菅原）寺（喜光寺）	平城右京三条三坊	六（七二二）	五五	奈良市菅原町
6	清浄土（高渚）院	和泉国大鳥郡葦田里	神亀元（七二四）	五七	大阪府高石市四丁目
7	同尼院	和泉国大鳥郡草部郷高石村	元 〃	五七	同
■8	久修園（山崎）院（久修園院）	河内郡交野郡一条内	二（七二五）	五八	大阪府枚方市楠葉中之芝二丁目
9	檜尾池院	和泉国大鳥郡和田郷	三（七二六）	五九	大阪府堺市檜尾
■10	大野寺（大野寺）	和泉国大鳥郡大野村	四（七二七）	六〇	大阪府堺市土塔町
11	同尼院	同	四 〃	六〇	同
12	善源（川堀）院	摂津国西城郡津守村	天平二（七三〇）	六三	大阪市西成区
13	同尼院	同	二 〃	六三	同
14	船息院	摂津国兎原郡宇治郷	二 〃	六三	神戸市兵庫区
15	同尼院	同	二 〃	六三	同
16	高瀬橋院	摂津国嶋下郡穂積村	二 〃	六三	大阪市東淀川区
17	同尼院	同	二 〃	六三	同

18	揚津院	摂津国河辺郡楊津村	二 〃	六三	兵庫県猪名川町木津
19	狭山池院	河内国丹比郡狭山里	三（七三一）	六四	大阪府大阪狭山市
20	同尼院	同	三 〃	六四	同
21	昆陽施院（昆陽寺）	摂津国河辺郡山本村	三 〃	六四	兵庫県伊丹市寺本二丁
22	法禅（檜尾）院	山城国紀伊郡深草郷	三 〃	六四	京都府伏見区深草谷口町
23	河原院	山城国葛野郡大屋村	三 〃	六四	京都市
24	大井院	山城国葛野郡大井村	三 〃	六四	京都市右京区天竜寺造路町
25	山埼院	山城国乙訓郡山前郷无水河側	三 〃	六四	京都府大山崎町・大阪府三島郡島本町
26	隆福尼院	大和国添下郡登美村	三 〃	六四	奈良市大和田町追分
27	枚方院	河内国茨田郡伊香村	五（七三三）	六六	大阪府枚方市伊加賀
28	薦田尼院	同	五 〃	六六	同
29	隆池（久米多）院（久米田寺）	和泉国泉南郡下池田村	六（七三四）	六七	大阪府岸和田市池尻町
30	深井尼院（香琳寺）	和泉国大鳥郡深井村	六 〃	六七	大阪府堺市深井
31	吉田院	山城国愛宕郡	六 〃	六七	京都市左京区吉田神楽岡町
32	沙田院	摂津国住吉	六 〃	六七	大阪市住吉区
33	呉坂院	摂津国住吉郡御津	六 〃	六七	大阪市住吉区長峡町
34	鶴田池院	和泉国大鳥郡凡山田村	九（七三七）	七〇	大阪府堺市草部
35	頭陀（菩提）院	大和国添下郡矢田岡本村	九 〃	七〇	奈良県大和郡山市小泉町
36	同尼院	同	九 〃	七〇	同
37	発菩提（泉橋）院（泉橋寺）	山城国相楽郡大狛村	一二（七四〇）	七三	京都府木津川市山城町上狛
38	隆福尼院	同	一二 〃	七三	同

39	泉福院	山城国紀伊郡石井村	一二 〃	七三	京都市伏見区
40	布施院	同	一二 〃	七三	同
41	同尼院	同	一二 〃	七三	同
42	大福（御津）院（三津寺）	摂津国西城郡御津村	一七（七四五）	七七	大阪市中央区三津寺町
43	同尼院	同	一七 〃	七七	同
44	難波度院	摂津国西城郡津守村	一七 〃	七七	大阪市西成区
45	枚松院	同	一七 〃	七七	同
46	作蓋部院	同	一七 〃	七七	同
47	報恩院	河内国交野郡楠葉郷	年月不明		大阪府枚方市楠葉
48	長岡院	菅原寺西岡	同		奈良市疋田町
49	大庭院	和泉国大鳥郡上神郷大庭村	勝宝二（七五〇）	没後	大阪府堺市大庭寺

付表2　行基が造営・修理した農業関係施設

（『行基年譜』引用「天平十三年記」による）

施　設	所　在　地	備考　施設が関係をもつ院（建立年代）
狭山池	河内国丹比郡狭山里	[19]狭山池院　尼院（天平三）
土室池	和泉国大鳥郡土師郷	[10]大野寺（神亀四）
長土池	同所	[10]大野寺（神亀四）
薦江池	和泉国大鳥郡深井郷	[30]深井尼院（香琳寺）（天平六）
檜尾池	和泉国大鳥郡和田郷	[9]檜尾池院（神亀三）
茨城池	和泉国大鳥郡峰田郷	
鶴田池	和泉国大鳥郡草部郷	[34]鶴田池院（天平九）
久米多池	和泉国泉南郡丹比部里	[29]隆池院（天平六）
物部田池	同所	[29]隆池院（天平九）
崑陽上池	摂津国河辺郡山本里	[21]崑陽施院（天平三）
崑陽下池	同所	[21]崑陽施院（天平三）
院前池	同所	[21]崑陽施院（天平三）
中布施屋池	同所	[21]崑陽施院（天平三）
長江池	同所	[21]崑陽施院（天平三）
有部池	摂津国豊嶋郡箕丘里	
古林溝	河内国茨田郡古林里	
崑陽上溝	摂津国河辺郡山本里	[21]崑陽施院（天平三）

昆陽下池溝	同所	21昆陽施院（天平三）
長江池溝	同国西城郡	
物部田池溝	和泉国泉南郡物部田池尻	
久米田池溝	同国	29隆池院（天平六）
高瀬堤樋	河内国茨田郡高瀬里	16高瀬橋院　17同尼院（天平二）
韓室堤樋	河内国茨田郡韓室里	
茨田堤樋	河内国茨田郡茨田里	
比売嶋堀川	摂津国西城郡津守村	12善源院　13同尼院（天平二）
白鷺嶋堀川	摂津国西城郡津守里	44難波度院　45枚松院　46作蓋部院（天平十六）
次田堀川	摂津国嶋下郡次田里	
大庭堀川	河内国茨田郡大庭里	

付表3 行基が造営した交通関係施設

（『行基年譜』引用「天平十三年記」による）

施設	所在地	備考 施設が関係をもつ院（建立年代）
泉大橋	山城国相楽郡泉里	[37]発菩提（泉橋）院 [38]隆福尼院（天平十二）
山崎橋	山城国乙訓郡山崎郷	[25]山崎院（天平三） [8]久修園院
高瀬大橋	摂津国嶋下郡高瀬里	[16]高瀬橋院（天平二）
長柄(橋)	摂津国西城郡	
中河(橋)	同郡	
堀江(橋)	同郡	
直道	自高瀬生馬大山登道	[16]高瀬橋院（天平二）
大輪田船息	摂津国兎原郡宇治郡	[14]船息院 [15]同尼院（天平二）
神前船息	和泉国日根郡日根里	
大江布施屋	山城国乙訓郡大江里	
泉寺布施屋	山城国相楽郡高麗里	[37]泉橋院（天平十二）
崑陽布施屋	摂津国河辺郡崑陽里	[21]崑陽施院（天平二）
垂水布施屋	摂津国豊嶋郡垂水里	
度布施屋	摂津国西城郡津守里	[44]難波度院（天平十七） [12]善源院（天平二）
楠葉布施屋	河内国交野郡楠葉里	[8]久修園院（神亀二）
石原布施屋	河内国丹北郡石原里	
大鳥布施屋	和泉国大鳥郡大鳥里	
野中布施屋	和泉国大鳥郡土師里	[10]大野寺（神亀四）

参考文献一覧

第一章　若き日の修行と修学

井上光貞「王仁の後裔氏族と其の仏教」（『日本古代思想史の研究』岩波書店、一九八二年）
高石市教育委員会『高石市史　第二巻』（一九八六年）
佐伯有清『新撰姓氏録の研究　考証編第六』（吉川弘文館、一九八三年）
和田　萃「蜂と古代史」（『高岡市万葉歴史館紀要』九号、一九九九年）
加藤謙吉「古志史とコシ国」（佐伯編『日本古代史研究と史料』青史出版、二〇〇五年）
堺市教育委員会『国史跡　土塔』（二〇〇九年）
中野榮治『葛城の峯と修験の道』（ナカニシヤ出版、二〇〇二年）
薗田香融「古代仏教における山林修行とその意義」（『南都仏教』四号、一九六七年）
中野幡能「六郷満山の史的研究」（『豊日史学』二一五―二、一九五七年）
服部正明『超越と認識』（角川書店、一九七〇年）
高崎直道「瑜伽行派の形成」（『講座大乗仏教――唯識思想』春秋社、一九八二年）
深浦正文「唯識の日本初伝と玄奘道昭の関係について」（『大和文化研究』九―十一）
常盤大定『仏性の研究』（国書刊行会、一九七三年復刻）
平川　彰「大乗仏教の特質」（『講座大乗仏教　I』春秋社、一九八二年）

第二章　苦悩と思索の日々

矢吹慶耀『三階教の研究』(岩波書店、一九四〇年)
大屋徳城「奈良朝における仏教典籍の伝来について」(『寧楽』、一九二八年)
石田茂作『写経より見たる奈良朝仏教の研究』(東洋文庫、一九三〇年)
井上光貞「行基年譜特に天平十三年記の研究」(『律令国家と貴族社会』吉川弘文館、一九七一年)
田村圓澄「行基と民衆仏教」(『日本仏教史　2』法蔵館、一九八三年)
堺市教育委員会『史跡土塔——文字瓦聚成』(二〇〇四年)
吉田靖雄「行基の弟子について」(『行基と律令国家』吉川弘文館、一九八七年)

第三章　活動の活発化と国家の弾圧

吉川真司『聖武天皇と仏都平城京』(講談社、二〇一一年)
菅谷文則「奈良市大和田町追分の寺院遺構」(『青陵』十五号、一九七〇年)
東山光師「霊山寺のことども」(『霊山寺と菩提僧正記念論集』霊山寺、一九八八年)
坪之内徹「行基の宗教活動とその考古資料」(『行基の考古学』塙書房、二〇〇二年)
竹岡　林「丹波国」(『古代日本の交通路　Ⅲ』大明堂、一九七八年)
志水正司「菩薩行木簡考」(『日本歴史』六七八号、二〇〇四年)
重松俊章「唐宋時代の弥勒教匪」(『史淵』三号、一九三一年)
藤井直正・都出比呂志『原始古代の枚岡』(一九六七年)
吉田一彦「行基と古代法」(『史報』五号、一九八三年)
足利健亮「河内国」(『古代日本の交通路　Ⅰ』大明堂、一九七八年)

大山崎町教育委員会『大山崎町埋蔵文化財調査報告書　第七集』（一九九〇年）
同　『大山崎町埋蔵文化財調査報告書　第二五集』（二〇〇三年）
栄原永遠男「行基と三世一身法」（『国史論集』一九七七年）
近藤康司「土塔の構造復元」（堺市教委『史跡土塔――遺構編』、二〇〇七年）
吉川真司『聖武天皇と仏都平城京』（講談社、二〇一一年）
堺市教育委員会『史跡土塔――文字瓦聚成』（二〇〇四年）
岩宮未地子「文字瓦の分析と考察」（堺市教委『史跡土塔――遺構編』）

第四章　活動の高潮と有力者の庇護

喜田貞吉「古代の兵庫及び付近の沿革」（『神戸市史』別録1、一九二二年）
千田　稔「五泊の位置」（『埋もれた港』学生社、一九七四年）
同　『天平の僧行基』（中央公論社、一九九四年）
直木孝次郎「摂津国西成郡江北の荘と駅家について」（『ヒストリア』六六号、一九七五年）
和田　萃「行基の道略考」（『環境文化』五八号、一九八三年）
同　「河内の古道」（『探訪古代の道3』法蔵館、一九八八年）
宮城洋一郎「淀川流域における行基の仏教運動」（『日本古代仏教運動史研究』永田文昌堂、一九八五年）
門真市教育委員会『門真町史』（一九六二年）
狭山池博物館『行基の構築と救済』（二〇〇三年）
末永雅雄「狭山池」（『池の文化』学生社、一九六七年）
足利健亮「難波京から有馬温泉を指した計画古道」（『歴史地理研究と都市研究　上』大明堂、一九七八年）

伊丹市教育委員会『伊丹市史　第一巻』（一九七一年）
坂井秀哉「行基による伊丹台地の開発」（『古代地域社会の考古学』、二〇〇八年）
尾田榮章「行基と良田百万町歩開墾計画」（『河川』七三五号、二〇〇七年）
根来・荒木・泉本編『久米田池郷の歴史』（久米田池土地改良区、一九九八年）
出口神暁「久米田池用水の古法古格に就いて」（『和泉志』一号、一九四九年）
竹山増次郎『光明池土地改良区誌』（一九五七年）
井上正雄『大阪府全誌　巻五』（清文堂、一九八五年復刻）
井上光貞「行基年譜、特に天平十三年記の研究」（『律令国家と貴族政権』吉川弘文館、一九七三年）
志水正志「瑜伽師地論検証」（『日本古代史の検証』東京堂、一九九四年）
米倉二郎「古代の和泉地方に関する二三の歴史地理的考察」（『史林』二〇巻一九号、一九三五年）
堺市教育委員会『堺市史　続編第一』（一九七一年）
永山修一「天平年間の行基の活動に関する一試論」（『史学論叢』九号、一九八〇年）
大和郡山市教育委員会『菩提山遺跡発掘調査概要報告書』（一九八八年）
吉川真司「行基寺院菩提院とその寺田」（薗田香融編『日本古代社会の史的展開』塙書房、一九九九年）
朝倉　弘「大和国登美庄・鳥見庄考」（『霊山寺と菩提僧正記念論集』霊山寺、一九八八年）
京都府史跡勝地調査会『京都府史跡勝地調査会報告　二』（一九一九年）
坪之内徹「平城宮系軒瓦と行基建立寺院」（『ヒストリア』八六号、一九八〇年）
足利健亮「恭仁京」（藤岡編『考古地理学』2、学生社、一九八三年）
二葉憲香『古代仏教思想史研究』（永田文昌堂、一九六八年）
奈良大学『菅原遺跡』（奈良大学、一九八二年）

第五章　行基流仏教の国家的承認

日下雅義『古代景観の復原』（中央公論社、一九九一年）
井上　薫『行基』（吉川弘文館、一九八七年新装版）
中尾良蔵『改訂増補　竹林寺の歴史』（律宗戒学院、二〇〇六年）
佐久間竜『日本古代僧伝の研究』（吉川弘文館、一九八三年）

第六章　行基の思想と現代の行基伝承

奈良康明『仏教史　Ⅰ』（山川出版、一九七六年）
静谷正雄『初期大乗仏教の成立過程』（百華苑、一九七四年）
根本誠二「温泉と行基」（『行基伝承を歩く』岩田書院、二〇〇五年）
栄原永遠男「行基と三世一身法」（『国史論集』、一九七二年）
平川　彰「大乗仏教の特質」（『大乗仏教とは何か』春秋社、一九八一年）
荒巻典俊「菩薩行と戒」（日本仏教学会『仏教における戒の問題』平楽寺書店、一九七五年）
二葉憲香『古代仏教思想史研究』（永田文昌堂、一九六八年）
土橋俊高「大乗戒と小乗戒」（前掲『仏教における戒の問題』）
石田瑞麿『日本仏教における戒律の研究』（在家仏教協会、一九六三年）
吉田靖雄「捨身行の展開とその思想」（『日本古代の菩薩と民衆』吉川弘文館、一九八八年）
橋本凝胤「仏教教理上より見たる塔婆」（『塔婆の研究』鵤故郷社、一九四三年）
齊藤　忠「我が国における頭塔・土塔等の遺跡の源流」（『大正大学研究紀要　五七』、一九七二年）
吉田靖雄『行基と律令国家』（吉川弘文館、一九八七年）

岩永省三「段台状仏塔の構造と系譜」（『史跡土塔　遺構編』、二〇〇七年）
米倉次郎「古代の和泉地方に関する二三の歴史地理的考察」（『史林』二十の一、一九三五年）
岡田隆夫「和泉国大鳥郡における開発と展開」（『日本古代社会経済史研究』吉川弘文館、一九六七年）
栄原永遠男「行基と中臣系氏族――伊勢信仰と仏教」（野田編『地域の中の古代史』岩田書院、二〇〇八年）
西田長男「伊勢神宮と行基の神仏同体説」（『神道史研究』七―三・四、一九五九年）
田中　卓「イセ神宮寺の創建」（『芸林』八号、一九五七年）
大西源一「伊賀種生の大般若経」（『大和文化研究』四―一、一九五六年）
井上　薫「大僧正舎利瓶の出現」（前掲『行基』）
井上　正「行基の造仏伝承――その虚実について」（井上薫編『行基事典』国書刊行会、一九九七年）

あとがき

　筆者の居住地は、行基の生地である大鳥郡蜂田郷に属し、家原寺のごく近くに位置する。町内では秋祭りにだんじり（山車）を出すが、だんじりの回路は決まっていて、旧蜂田郷に属する町々は蜂田神社と家原寺に集合し拝礼して、神々と仏菩薩に敬意を忘れない。

　土地の人々は家原寺を「文殊さん」と呼び、新年の拝賀に出かけ、正月十五日には松飾り〆縄などの飾り物を家原寺に持ち込み、トンド焼きの行事に参加する。人々にとって家原寺は親しい存在ではあるが、行基については知るところが少ないのが実情である。筆者もかつてはその一人で、大阪府立高校の教諭を勤めるようになってまもなく、昭和四十年代の初めに井上薫先生の『行基』を購入し、行基について知ることになった。以来行基と付き合って四十余年になる。最近の講演に呼ばれると行基さんと呼ぶことが多い。近くの知人のような感じである。

　高校勤務中に、大阪市天王寺区で火曜の夕刻に行われる続日本紀研究会に参加するようになった。直木孝次郎・亀田隆之・吉田晶の諸先生方が常連で、発言や考証がよく理解できないこともあったが随分と刺激を受けた。

卒業論文や修士論文をタネに論文を書きたいと思いながら年月を過ごし、やっと論文が『続日本紀研究』に掲載されたのは三十三歳の時であった。研究者としてはかなり遅い出発であった。昭和五十六年、大阪教育大学教育学部に着任し、時間的余裕に恵まれたのはありがたかった。同僚の中世史担当の丹生谷哲一教授からは教えられることが多かった。同教授に松本政春氏らの卒業生を交え『中右記』の研究会を結成し、互いに切磋し刺激しあったのは愉快な記憶である。

八年前に大学を定年退職した。年齢相応の不調はあるが、まずまずの健康で過ごしている。

古希を過ぎて想うのは、よい先生方にめぐりあえたことへの、喜びと感謝である。大学在学中には木代修一先生・和歌森太郎先生にお世話になった。木代先生は三年生の時定年で退職されたが、その後もしばしばお宅を訪ね私的な問題について助言をいただいた。

高校在勤中に、論文抜き刷りを送るとこまごまと批評を連ね勉励してくださったのは大阪教育大学の舟ヶ崎正孝先生であった。同じく北海道大学の佐伯有清先生からも、しばしば叮嚀なお手紙をいただいた。昭和六十二年に『行基と律令国家』を発表できたが、その刊行の際に出版社に推薦してくださったのは佐伯先生であった。また大学に勤めるようになり、大学内の組織に対する違和感で困ったときに、乾宏巳先生からは大学人としての処世法を教えられた。

堺市出身の文化人としてわび茶の千利休・和歌の与謝野晶子らは有名だが、行基については地元堺でも知る人が少ないのを残念に思う人々が、行基を顕彰する市民の会を結成する活動を始めた。平成六年九月、市民の方々が井上薫先生を会長にして堺行基の会を発会する際、先生は筆者と宮城洋一郎皇學館大教授を招き協力を要請された。市民団体の消長は激しいのが常であるが、井上先生が十年会長を勤め、以後は筆者があとを継ぎ宮城氏と協力して運営し、本年で創立十九年目を迎え活発に活動を続けている。上記の先生方はすでに幽明界を異にされた。謹んで感謝を捧げご冥福を祈りたい。
本書はできるだけ読みやすいものにするため細かな議論考証を避け、ために先行論文の引用を大幅に省いた。

平成二十五年一月

吉田靖雄

行基略年譜

※『伝』は『行基菩薩伝』、『年譜』は『行基年譜』、『続紀』は『続日本紀』、『瓶記』は『行基舎利瓶記』。

和暦	西暦	齢	関係事項	一般事項
天智 七	六六八	1	和泉国大鳥郡蜂田郷家原《えばら》村に生れる（『伝』）。父は高志《こし》才知、母は蜂田首《はちだのおびと》虎身の娘古爾比売《こじひめ》（『瓶記』）。	
天武 九	六八〇	13	蜂田氏の寺花林院（華林寺）建立（『行基菩薩縁起図絵詞』）。	11月薬師寺建立（『書紀』）。
十一	六八二	15	出家入道する（『伝』）。	
持統 五	六九一	24	受戒し比丘になる、戒師は高宮寺の徳光（『伝』）。	
八	六九四	27		12月飛鳥から藤原京に遷都する（『書紀』）。
大宝 元	七〇一	34		8月大宝律令と僧尼令完成（『続紀』）。
二	七〇二	35	大鳥氏の寺神鳳寺建立（『行基菩薩縁起図絵詞』）。	
慶雲 元	七〇四	37	これまで山林に棲息する（『伝』）。帰郷し生家を神崎院（家原寺）とする（『年譜』）。	
二	七〇五	38	10月和泉国大鳥郡大村里に大修恵院（高蔵院）起工、	

	四	七〇七	40	四十九院の初め（『年譜』）。故京佐紀堂に住む（『伝』）。	
和銅	三	七一〇	43	生馬仙房に移り生母の療育に努める（『伝』）。	3月平城京に遷都する（『続紀』）。
	五	七一二	45	草野仙房に住み苦行する（『伝』）。	
霊亀	二	七一六	49	10月大和国平群郡に恩光寺を起工（『年譜』）。	
養老	元	七一七	50	4月元正天皇、小僧行基と弟子らの民間布教を糾弾する（『続紀』）。	3月右大臣藤原不比等、議政官筆頭になる。11月不比等の子房前参議になる（『公卿補任』）。
	二	七一八	51	4月大和国添下郡登美村に隆福院（登美院）起工（『年譜』）。	
	四	七二〇	53	9月河内国河内郡日下村に石凝院起工（『年譜』）。	8月右大臣藤原不比等没し、大納言長屋王議政官筆頭になる（『公卿補任』）。
	六	七二二	55	2月平城右京に菅原寺（喜光寺）起工（『年譜』）。	3月阿倍広庭、知河内和泉国事に就任（『続紀』）。7月元正天皇、再度民間布教僧を糾弾する（『続紀』）。
	七	七二三	56		4月田地開発のため開墾田の三代私有を許す三世一身法発布

				（『続紀』）。興福寺内に施薬院と悲田院を建立（『扶桑略記』）・同院建立の願主は参議藤原房前（『興福寺流記』）。
神亀元	七二四	57	和泉国大鳥郡葦田里に清浄土院（高渚院）起工・同郡日部郷高石村に清浄土尼院起工（『年譜』）。	2月聖武天皇即位（『続紀』）。
二	七二五	58	9月河内国交野郡一条内に久修園院（河内山埼院）起工（『年譜』）。	
三	七二六	59	和泉国大鳥郡和田郷に檜尾池院起工（『年譜』）。	10月藤原宇合、知造難波宮事に就任（『続紀』）。
四	七二七	60	2月和泉国大鳥郡大野村に大野寺起工・同所に大野尼院起工（『年譜』）。	
天平元	七二九	62		3月左大臣長屋王、謀反により誅殺される（『続紀』）。
二	七三〇	63	2月摂津国兎原郡宇治郷に船息院起工・同所に船息尼院起工。3月摂津国西城郡津守村に善源院（川堀院）起工・同所に善源尼院起工。9月摂津国嶋下郡穂積村に高瀬橋院起工・同所に高瀬橋尼院起工・摂津国河邊郡楊津村に楊津院起工（『年譜』）。	5月皇后宮職に悲田院・施薬院を置く（『扶桑略記』）。
三	七三一	64	2月河内国丹比郡狭山里に狭山池院起工・同所に狭	7月大納言藤原武智麻呂、議政

			山池尼院起工。3月摂津国河邊郡山本村に崑陽施院起工（『年譜』）。8月聖武天皇、行基弟子の一部に出家を許す（『続紀』）。9月山城国紀伊郡深草郷に法禅院（檜尾院）起工・10月大和国添下郡登美村に隆福尼院起工。山城国葛野郡大屋村に河原院・同国同郡大井村に大井院・同国乙訓郡山前郷无水川側に山埼院起工（『年譜』）。	官筆頭になる（『公卿補任』）。8月藤原守合ら参議になる（『公卿補佐』）。
五	七三三	66	10月河内国茨田郡伊香村に枚方院起工・同所に薦田尼院起工（『年譜』）。	
六	七三四	67	11月和泉国泉南郡下池田村に隆池院（久米田院）起工・同国大鳥郡深井村に深井尼院（香琳寺）起工・山城国愛宕郡に吉田院・摂津国住吉に沙田院・同国住吉郡御津に呉坂院起工（『年譜』）。	
九	七三七	70	2月和泉国大鳥郡凡山田村に鶴田池院起工・9月大和国添下郡矢田岡本村に頭陀院（菩提院）起工・同所に頭陀尼院起工（『年譜』）。	全国に赤疱瘡流行し死者多し（『続紀』）。
十	七三八	71		1月右大臣橘諸兄議政官筆頭になる（『公卿補任』）。
十二	七四〇	73	山城国相楽郡大狛村に発菩提院（泉橋院）と隆福尼院起工・山城国紀伊郡石井村に泉福院と泉福尼院起	2月聖武天皇河内国の知識寺で盧舎那仏を拝礼。9月藤原広嗣

			工（『年譜』）。	九州で反乱。12月山城国の恭仁京に遷都（『続紀』）。
十三	七四一	74	行基ら従前の事業を記した報告書（天平十三年辛巳記）を政府に提出（『年譜』）。	2月聖武天皇、国分寺建立の勅発布。10月恭仁京の賀世山東川に架橋し協力の優婆塞七五〇人の出家を許す（『続紀』）。
十四	七四二	75		8月聖武天皇、近江国紫香楽宮を造る造離宮司を任じ同宮に御幸（『続紀』）。
十五	七四三	76		10月聖武天皇、盧舎那仏造営を発願し、行基と弟子ら協力し勧進（『続紀』）。
十六	七四四	77		11月紫香楽の甲賀寺で大仏造立工事が始まり体骨柱を建設（『続紀』）。
十七	七四五	78	1月行基を大僧正に任命。2月大福院（御津院）を摂津国西城郡御津村に起工・同所に大福尼院を起工（『年譜』）。難波度院・枚松院・作蓋部院を摂津国西城郡津守村に起工（『年譜』）。	1月紫香楽宮を新都とする。5月平城京に遷都（『続紀』）。11月玄昉僧正を筑紫観世音寺に左遷（『続紀』）。
天平二一	七四九	82	2月平城右京菅原寺（喜光寺）に病み四十九院を弟	

		子光信に託し没す（『年譜』）。弟子ら遺体を生駒山東麓に火葬。3月弟子真成師匠の伝記を舎利瓶に刻み生駒山東麓の山上に埋納（『瓶記』）。 起工年次不明の四十九院：河内国交野郡楠葉郷の報恩院・平城右京菅原寺西岡の長岡院。

没後の事項

天平勝宝二	七五〇	3月和泉国大鳥郡上神郷大庭村に大庭院起工（最後の四十九院）。
四	七五二	4月大仏開眼の法要を開く。行基弟子景静が都講（司会役）になる（『東大寺要録』）。
宝亀元	七七〇	8月法王道鏡を下野国に左遷（『続紀』）。
三	七七二	3月天皇の安穏を祈る内供奉十禅師を任命（『続紀』）。十禅師の首勇（河原氏）・法義（土師氏）・光信（半位）は行基弟子（『大僧正記』）。
四	七七三	11月光仁天皇、行基建立の六院に水田を寄付（『続紀』）。
弘仁三	八一二	8月行基が攝津国崑陽《こや》寺に設けた水田百五十町を国司に耕作させた（『日本後記』）。
七	八一六	10月太政官命令による行基設置の大輪田船瀬の修繕完了（『三代格』）。
十一	八二〇	最澄が大乗寺の先例として行基の四十九院を指摘（『顕戒論』）。
貞観十八	八七六	3月太政官は山城国泉橋寺と渡し舟・仮橋を守るよう摂津国司に命令（『三代格』）。
延喜十四	九一四	4月三善清行の意見十二箇条に、大輪田泊・魚住泊など五泊は行基の設置という（『本朝

		文粋』）。
延長 五	九二七	12月摂津国崑陽院の雑事は国司と崑陽院別当僧が共同で処理する規定（『延喜式』）。
安元 元	一一七五	9月泉高父宿禰が『行基年譜』を著述（『年譜』）。これ以前氏名不詳者が『行基菩薩伝』を著述。
嘉禎 元	一二三五	8月行基の墓（今の生駒市竹林寺）を発掘し舎利瓶を発見、寂滅が事情を唐招提寺に報告する（『行基菩薩御遺骨出現記』）。
二	一二三六	6月平安京の中山観音堂辺で行基舎利瓶を展覧（『百錬抄』）。
正嘉 三	一二五九	3月東大寺大仏殿で行基舎利供養会を開催、願主は円照（『東大寺続要録』）。
弘長 元	一二六一	4月東大寺大仏殿で行基舎利供養会を開催、願主は円照（『東大寺続要録』）。
二	一二六二	3月東大寺大仏殿で行基舎利供養会を開催、願主は皇室（『東大寺続要録』）。
嘉元 元	一三〇三	8月西大寺の忍性（良観）の遺言により遺骨を生駒竹林寺に分骨（『忍性舎利瓶記』）。
三	一三〇五	閏12月東大寺の凝然が竹林寺の成立事情を記録する（『竹林寺略録』）。
正和 五	一三一六	行覚が『行基菩薩縁起図絵詞』を完成、『行基菩薩縁起図』（『行基絵伝』）三幅も完成（『行基菩薩縁起図絵詞』）。
延享 四	一七四七	3月東大寺で行基の千年忌法要が営なまれた（『行基菩薩千年忌記録』）。
平成 十	一九九八	11月全国六百余か寺が参加する「行基菩薩千二百五十年御遠忌法要実行委員会」が、東大寺大仏殿で同法要を営なみ、堺行基の会々長井上薫が慶讃文を読んだ（『行基菩薩千二百五十年御遠忌記念誌』）。

竹越與三郎 西田 毅
内藤湖南・桑原隲蔵 礪波 護
岩村 透 今橋映子
西田幾多郎 大橋良介
金沢庄三郎 石川遼子
上田 敏 及川 茂
柳田国男 鶴見太郎
厨川白村 張 競
大川周明 山内昌之
西田直二郎 林 淳
折口信夫 斎藤英喜
九鬼周造 粕谷一希
辰野 隆 金沢公子
シュタイン 瀧井一博
*西 周 清水多吉
*福澤諭吉 平山 洋
福地桜痴 山田俊治
田口卯吉 鈴木栄樹
*陸 羯南 松田宏一郎
黒岩涙香 奥 武則
宮武外骨 山口昌男
*吉野作造 田澤晴子
野間清治 佐藤卓己
山川 均 米原 謙
岩波茂雄 十重田裕一
*北 一輝 岡本幸治
中野正剛 吉田則昭
満川亀太郎 福家崇洋
杉 亨二 速水 融
*北里柴三郎 福田眞人
田辺朔郎 秋元せき
*南方熊楠 飯倉照平
寺田寅彦 金森 修
石原 純 金子 務
J・コンドル 鈴木博之
辰野金吾 河上真理・清水重敦
*七代目小川治兵衛 尼崎博正
ブルーノ・タウト 北村昌史

現代

昭和天皇 御厨 貴
高松宮宣仁親王 後藤致人
*李方子 小田部雄次
吉田 茂 中西 寛
マッカーサー 柴山 太
石橋湛山 増田 弘
重光 葵 武田知己
市川房枝 村井良太
*池田勇人 藤井信幸
高野 実 篠田 徹
和田博雄 庄司俊作
朴正熙 木村 幹
竹下 登 真渕 勝
*松永安左エ門 橘川武郎
鮎川義介 井口治夫
*出光佐三 橘川武郎
松下幸之助 米倉誠一郎
渋沢敬三 井上 潤
*本田宗一郎 伊丹敬之
井深 大 武田 徹
*佐治敬三 小玉 武
幸田家の人々 金井景子
*正宗白鳥 大嶋 仁
大佛次郎 福島行一
*川端康成 大久保喬樹
*薩摩治郎八 小林 茂
松本清張 杉原志啓
安部公房 成田龍一
*三島由紀夫 島内景二
R・H・ブライス 菅原克也
金素雲 林 容澤
柳 宗悦 熊倉功夫
バーナード・リーチ 鈴木禎宏
イサム・ノグチ 酒井忠康
川端龍子 岡部昌幸
藤田嗣治 林 洋子
*井上有一 海上雅臣
*手塚治虫 竹内オサム
山田耕筰 後藤暢子
古賀政男 藍川由美
*吉田 正 金子 勇
武満 徹 船山 隆
*力道山 岡村正史
*西田天香 宮田昌明
安倍能成 中根隆行
サンソム夫妻 平川祐弘・牧野陽子
和辻哲郎 小坂国継
矢代幸雄 稲賀繁美
石田幹之助 岡本さえ
*平泉 澄 若井敏明
安岡正篤 片山杜秀
島田謹二 小林信行
前嶋信次 杉田英明
保田與重郎 谷崎昭男
*福田恆存 川久保剛
井筒俊彦 安藤礼二
佐々木惣一 松尾尊兊
*瀧川幸辰 伊藤孝夫
矢内原忠雄 等松春夫
福本和夫 伊藤 晃
*フランク・ロイド・ライト 大久保美春
大宅壮一 有馬 学
今西錦司 山極寿一

*は既刊
二〇一三年二月現在

*古賀謹一郎　小野寺龍太
*栗本鋤雲　小野寺龍太
*塚本明毅　塚本　学
*月　性　海原　徹
*吉田松陰　海原　徹
*高杉晋作　海原　徹
ペリー　遠藤泰生
オールコック　佐野真由子
アーネスト・サトウ　奈良岡聰智
緒方洪庵　米田該典
冷泉為恭　中部義隆

近代

*明治天皇　伊藤之雄
*大正天皇　F・R・ディキンソン
*昭憲皇太后・貞明皇后　小田部雄次
大久保利通　三谷太一郎
山県有朋　鳥海　靖
木戸孝允　落合弘樹
井上　馨　伊藤之雄
*松方正義　室山義正
北垣国道　小林丈広

板垣退助　小川原正道
長与専斎　笠原英彦
大隈重信　五百旗頭薫
伊藤博文　坂本一登
井上　毅　大石　眞
井上　勝　老川慶喜
*桂　太郎　小林道彦
渡辺洪基　瀧井一博
*乃木希典　佐々木英昭
林　董　君塚直隆
*児玉源太郎　小林道彦
*高宗・閔妃　木村　幹
山本権兵衛　室山義正
高橋是清　鈴木俊夫
小村寿太郎　簑原俊洋
*犬養　毅　小林惟司
加藤高明　櫻井良樹
加藤友三郎・寛治　麻田貞雄
牧野伸顕　小宮一夫
田中義一　黒沢文貴
内田康哉　高橋勝浩
石井菊次郎　廣部　泉
平沼騏一郎　堀田慎一郎
宇垣一成　北岡伸一
宮崎滔天　榎本泰子
*浜口雄幸　川田　稔

幣原喜重郎　西田敏宏
関　一　玉井金五
水野広徳　片山慶隆
広田弘毅　井上寿一
安重根　上垣外憲一
*グルー　廣部　泉
*永田鉄山　森　靖夫
東條英機　牛村　圭
今村　均　前田雅之
蔣介石　劉　岸偉
石原莞爾　山室信一
木戸幸一　波多野澄雄
*岩崎弥太郎　武田晴人
伊藤忠兵衛　末永國紀
五代友厚　田付茉莉子
大倉喜八郎　村上勝彦
*安田善次郎　由井常彦
渋沢栄一　武田晴人
山辺丈夫　宮本又郎
武藤山治　阿部武司・桑原哲也
西原亀三　森川正則
小林一三　橋爪紳也
大倉恒吉　石川健次郎
大原孫三郎　猪木武徳
*河竹黙阿弥　今尾哲也
イザベラ・バード　加納孝代

*林　忠正　木々康子
*森　鷗外　小堀桂一郎
二葉亭四迷　ヨコタ村上孝之
夏目漱石　佐々木英昭
巌谷小波　千葉信胤
樋口一葉　佐伯順子
*島崎藤村　十川信介
泉　鏡花　東郷克美
有島武郎　亀井俊介
永井荷風　川本三郎
北原白秋　平石典子
菊池　寛　山本芳明
宮澤賢治　千葉一幹
正岡子規　夏石番矢
高浜虚子　坪内稔典
与謝野晶子　佐伯順子
*種田山頭火　村上　護
*斎藤茂吉　品田悦一
*高村光太郎　湯原かの子
萩原朔太郎　エリス俊子
*原阿佐緒　秋山佐和子
*狩野芳崖・高橋由一　古田　亮
竹内栖鳳　北澤憲昭
黒田清輝　高階秀爾

中村不折　石川九楊
横山大観　高階秀爾
*橋本関雪　西原大輔
小出楢重　芳賀　徹
土田麦僊　天野一夫
岸田劉生　北澤憲昭
松旭斎天勝　川添　裕
中山みき　鎌田東二
佐田介石　谷川　穣
ニコライ　中村健之介
出口なお・王仁三郎　川村邦光
島地黙雷　阪本是丸
*新島　襄　太田雄三
木下広次　冨岡　勝
嘉納治五郎　クリストファー・スピルマン
津田梅子　田中智子
*澤柳政太郎　新田義之
河口慧海　高山龍三
山室軍平　室田保夫
大谷光瑞　白須淨眞
*久米邦武　髙田誠二
フェノロサ　伊藤　豊
三宅雪嶺　長妻三佐雄
*岡倉天心　木下長宏
志賀重昂　中野目徹
徳富蘇峰　杉原志啓

法然　今堀太逸
慈円　大隅和雄
明恵　西山　厚
親鸞　末木文美士
恵信尼・覚信尼　西口順子
覚如　今井雅晴
道元　船岡　誠
叡尊　細川涼一
*忍性　松尾剛次
*日蓮　佐藤弘夫
一遍　蒲池勢至
夢窓疎石　田中博美
*宗峰妙超　竹貫元勝

南北朝・室町

後醍醐天皇　上横手雅敬
護良親王　新井孝重
*赤松氏五代　渡邊大門
*北畠親房　岡野友彦
楠正成　兵藤裕己
*新田義貞　山本隆志
光厳天皇　深津睦夫
足利尊氏　市沢　哲
佐々木道誉　下坂　守
円観・文観　田中貴子
足利義詮　早島大祐
足利義満　川嶋将生
足利義持　吉田賢司
足利義教　横井　清
大内義弘　平瀬直樹
伏見宮貞成親王　松薗　斉
山名宗全　山本隆志
日野富子　脇田晴子
世阿弥　西野春雄
雪舟等楊　河合正朝
宗祇　鶴崎裕雄
*満済　森　茂暁
一休宗純　原田正俊
蓮如　岡村喜史

戦国・織豊

北条早雲　家永遵嗣
毛利元就　岸田裕之
毛利輝元　光成準治
*今川義元　小和田哲男
*武田信玄　笹本正治
*武田勝頼　笹本正治
*真田氏三代　笹本正治
三好長慶　天野忠幸
*宇喜多直家・秀家　渡邊大門
*上杉謙信　矢田俊文
島津義久・義弘　福島金治
吉田兼倶　西山　克
山科言継　松薗　斉
*雪村周継　赤澤英二
織田信長　三鬼清一郎
豊臣秀吉　藤井讓治
*北政所おね　田端泰子
*淀殿　福田千鶴
前田利家　東四柳史明
*黒田如水　小和田哲男
*蒲生氏郷　藤田達生
*細川ガラシャ　田端泰子
伊達政宗　伊藤喜良
*支倉常長　田中英道
ルイス・フロイス　エンゲルベルト・ヨリッセン
*長谷川等伯　宮島新一
顕如　神田千里

江戸

徳川家康　笠谷和比古
徳川家光　野村　玄
徳川吉宗　横田冬彦
*後水尾天皇　久保貴子
光格天皇　藤田　覚
崇伝　杣田善雄
春日局　福田千鶴
*池田光政　倉地克直
シャクシャイン　岩崎奈緒子
*田沼意次　藤田　覚
*二宮尊徳　小林惟司
末次平蔵　岡美穂子
*高田屋嘉兵衛　生田美智子
*林羅山　鈴木健一
吉野太夫　渡辺憲司
中江藤樹　辻本雅史
山崎闇斎　澤井啓一
山鹿素行　前田　勉
*北村季吟　島内景二
貝原益軒　辻本雅史
松尾芭蕉　楠元六男
*ケンペル　B・M・ボダルト＝ベイリー
荻生徂徠　柴田　純
*雨森芳洲　上田正昭
石田梅岩　高野秀晴
前野良沢　松田　清
平賀源内　石上　敏
本居宣長　田尻祐一郎
杉田玄白　吉田　忠
上田秋成　佐藤深雪
木村蒹葭堂　有坂道子
*大田南畝　沓掛良彦
菅江真澄　赤坂憲雄
*鶴屋南北　諏訪春雄
良寛　阿部龍一
*山東京伝　佐藤至子
*滝沢馬琴　高田　衛
平田篤胤　山下久夫
シーボルト　宮坂正英
本阿弥光悦　岡　佳子
小堀遠州　中村利則
狩野探幽・山雪　山下善也
尾形光琳・乾山　河野元昭
*二代目市川團十郎　田口章子
与謝蕪村　佐々木丞平
伊藤若冲　狩野博幸
鈴木春信　小林　忠
円山応挙　佐々木正子
*佐竹曙山　成瀬不二雄
葛飾北斎　岸　文和
酒井抱一　玉蟲敏子
孝明天皇　青山忠正
*和宮　辻ミチ子
徳川慶喜　大庭邦彦
島津斉彬　原口　泉

ミネルヴァ日本評伝選

上代

*卑弥呼　古田武彦
日本武尊　西宮秀紀
仁徳天皇　若井敏明
雄略天皇　吉村武彦
*蘇我氏四代　遠山美都男
推古天皇　義江明子
聖徳太子　仁藤敦史
斉明天皇　武田佐知子
小野妹子・毛人　大橋信弥
*額田王　梶川信行
弘文天皇　遠山美都男
天武天皇　新川登亀男
持統天皇　丸山裕美子
阿倍比羅夫　熊田亮介
柿本人麻呂　古橋信孝
*元明天皇・元正天皇　渡部育子
聖武天皇　本郷真紹
光明皇后　寺崎保広
孝謙天皇　勝浦令子
藤原不比等　荒木敏夫
吉備真備　今津勝紀
*藤原仲麻呂　木本好信
道　鏡　吉川真司
大伴家持　和田　萃
*行　基　吉田靖雄

平安

*桓武天皇　井上満郎
嵯峨天皇　西別府元日
宇多天皇　古藤真平
醍醐天皇　石上英一
村上天皇　京樂真帆子
花山天皇　上島　享
*三条天皇　倉本一宏
藤原薬子　中野渡俊治
小野小町　錦　仁
藤原良房・基経　瀧浪貞子
菅原道真　竹居明男
*紀貫之　神田龍身
源高明　所　功
*安倍晴明　斎藤英喜
藤原実資　橋本義則
*藤原道長　朧谷　寿
藤原伊周・隆家　倉本一宏
藤原定子　山本淳子
清少納言　後藤祥子
紫式部　竹西寛子
和泉式部　ツベタナ・クリステワ
大江匡房　小峯和明
阿弖流為　樋口知志
坂上田村麻呂　熊谷公男
*源満仲・頼光　元木泰雄
平将門　西山良平
藤原純友　寺内　浩
空　海　頼富本宏
最　澄　吉田一彦
*空　也　石井義長
奝　然　上川通夫
*源　信　小原　仁
後白河天皇　美川　圭
式子内親王　奥野陽子
建礼門院　生形貴重
藤原秀衡　入間田宣夫
平時子・時忠　元木泰雄
平維盛　根井　浄
守覚法親王　阿部泰郎
藤原隆信・信実　山本陽子

鎌倉

源頼朝　川合　康
*源義経　近藤好和
源実朝　神田龍身
後鳥羽天皇　五味文彦
九条兼実　村井康彦
九条道家　上横手雅敬
北条時政　野口　実
熊谷直実　佐伯真一
*北条政子　関　幸彦
北条義時　岡田清一
曾我十郎・五郎　杉橋隆夫
北条時宗　近藤成一
安達泰盛　山陰加春夫
平頼綱　細川重男
竹崎季長　堀本一繁
西　行　光田和伸
藤原定家　赤瀬信吾
*京極為兼　今谷　明
*兼　好　島内裕子
重　源　横内裕人
*運　慶　根立研介
快　慶　井上一稔

刊行のことば

歴史を動かすものは人間であり、興趣に富んだ人間の動きを通じて、世の移り変わりを考えるのは、歴史に接する醍醐味である。

しかし過去の歴史学を顧みるとき、人間不在という批判さえ見られたように、歴史における人間のすがたが、必ずしも十分に描かれてきたとはいえない。二十一世紀を迎えた今、歴史の中の人物像を蘇生させようとの要請はいよいよ強く、またそのための条件もしだいに熟してきている。

この「ミネルヴァ日本評伝選」は、正確な史実に基づいて書かれるのはいうまでもないが、単に経歴の羅列にとどまらず、歴史を動かしてきたすぐれた個性をいきいきとよみがえらせたいと考える。そのためには、対象とした人物とじっくりと対話し、ときにはきびしく対決していくことも必要になるだろう。

今日の歴史学が直面している困難の一つに、研究の過度の細分化、瑣末化が挙げられる。それは緻密さを求めるが故に陥った弊害といえるが、その結果として、歴史の大きな見通しが失われ、歴史学を通しての社会への働きかけの途が閉ざされ、人々の歴史への関心を弱める危険性がある。今こそ歴史が何のためにあるのかという、基本的な課題に応える必要があろう。評伝という興味ある方法を通じて、解決の手がかりを見出せないだろうかというのも、この企画の一つのねらいである。

狭義の歴史学の研究者だけでなく、多くの分野ですぐれた業績をあげている著者たちを迎えて、従来見られなかった規模の大きな人物史の叢書として、「ミネルヴァ日本評伝選」の刊行を開始したい。

平成十五年（二〇〇三）九月

ミネルヴァ書房

《著者紹介》
吉田靖雄（よしだ・やすお）
1939年　中国北京市生れ。
1964年　東京教育大学大学院文学研究科修士課程（日本史学）修了。
大阪府立高校教諭を経て，
1981年　大阪教育大学教育学部講師に就任。助教授・教授を経て，
現　在　大阪教育大学名誉教授・堺行基の会々長。
著　書　『行基と律令国家』（吉川弘文館，1987年）。
『日本古代の菩薩と民衆』（吉川弘文館，1988年）。
共　著　『続日本紀　訳注』第１～第４（平凡社，1986～1990年）。
『大阪府史　第二巻』（1990年）。
『新修池田市史　第一巻』（1997年）など。

ミネルヴァ日本評伝選
行《ぎょう》　基《き》
――文殊師利菩薩の反化なり――

2013年２月10日　初版第１刷発行　〈検印省略〉

定価はカバーに
表示しています

著　者　吉　田　靖　雄
発行者　杉　田　啓　三
印刷者　江　戸　宏　介

発行所　株式会社　ミネルヴァ書房
607-8494 京都市山科区日ノ岡堤谷町１
電話代表（075）581-5191
振替口座 01020-0-8076

共同印刷工業・新生製本

ISBN978-4-623-06601-8
Printed in Japan

人名索引

あ　行

か　行

さ　行

た　行

な　行

は　行

ま　行

や・ら・わ行

事項索引

あ　行

か　行

さ 行

た　行

な　行

は　行

ま　行

や　行

ら・わ行